filosofía

EPISTEMOLOGÍA
Curso de actualización

por
MARIO BUNGE

siglo veintiuno
editores

 grupo editorial
siglo veintiuno

siglo xxi editores, méxico
CERRO DEL AGUA 248, ROMERO DE TERREROS, 04310 MÉXICO, DF
www.sigloxxieditores.com.mx

siglo xxi editores, argentina
GUATEMALA 4824, C1425BUP, BUENOS AIRES, ARGENTINA
www.sigloxxieditores.com.ar

anthropos editorial
LEPANT 241-243, 08013 BARCELONA, ESPAÑA
www.anthropos-editorial.com

portada de patricia reyes baca
edición al cuidado de glyke de lehn

primera edición, 1980
© mario bunge
© ariel, barcelona
primera edición en siglo xxi, puesta al día, 1997
octava reimpresión, 2015
© siglo xxi editores, s.a. de c.v.
isbn 978-968-23-2080-4

ÍNDICE

III. FILOSOFÍA DE LA FÍSICA

IV. FILOSOFÍA DE LA BIOLOGÍA

V. FILOSOFÍA DE LA PSICOLOGÍA

VI. FILOSOFÍA DE LAS CIENCIAS SOCIALES

VII. FILOSOFÍA DE LA TECNOLOGÍA

VIII. MORALEJAS

In memoriam
Augusto Bunge
25 abril 1877 - 1 agosto 1943

Médico, primer higienista social
de Latinoamérica, sociólogo,
legislador, adalid de causas
populares y democráticas,
profesor, periodista y poeta.

PREFACIO

En esta edición he introducido algunos agregados y correcciones, casi todos ellos menores, a la primera edición de 1980. Desde entonces he aprendido mucho, pero sigo siendo un realista, cientificista, materialista y sistemista convicto y confeso. No me ha hecho mella la contra-revolución anticientificista iniciada por Thomas S. Kuhn y Paul K. Feyerabend.

En el curso de los dos últimos decenios se ha difundido la filosofía y la sociología anticientíficas de la ciencia inspiradas en Kuhn y Feyerabend. Ellas pueden resumirse así: La investigación científica es una empresa social antes que obra de cerebros individuales; construye colectivamente los hechos en lugar de estudiarlos; no se propone alcanzar conocimientos objetivos acerca de la realidad; sus resultados no son universales sino que valen localmente, por depender del interés material y del consenso; y las teorías rivales son mutuamente "inconmensurables" (incomparables). En otras palabras, esta visión de la ciencia es sociologista (aunque no propiamente sociológica), constructivista (o subjetivista) y relativista.

Esta concepción de la ciencia se opone al realismo científico que habían abrazado Aristóteles, Tomás de Aquino, Galileo, Smith, Ampère, Darwin, Boltzmann, Cajal, Durkheim, Einstein, Popper, y Merton –por mencionar a unos pocos– así como, por supuesto, todos los que exploraron alguna faceta de la realidad y contrastaron sus hipótesis con los hechos. Algunos de los autores más influyentes de esa nueva corriente anti-realista han sido T. S. Kuhn, P. K. Feyerabend, M. Foucault, B. Barnes, D. Bloor, B. Latour, K. Knorr-Cetina, S. Woolgar, H. M. Collins, T. J. Pinch, M. E. Lynch y H. Garfinkel. La *bête noire* de todos ellos es R. K. Merton, el fundador de la moderna sociología de la ciencia, quien en 1942 había señalado las componentes del *ethos* de la ciencia: universalidad, "comunismo" (propiedad común de los hallazgos), desinterés, honestidad, y escepticismo organizado. (Véase su *Sociología de la ciencia* [Madrid, Alianza, 1977].) Sus críticos alegaron que esta concepción de la ciencia es ingenua: que ignora los intereses extracognitivos y el poder político.

Si el sociologismo-constructivismo-relativismo fuese verdadero, no podría serlo, ya que niega la posibilidad de la verdad objetiva y universal. Si fuese verdadero, no habría diferencia entre ciencia y superstición, ni entre pensamiento crítico y pensamiento mágico. Si fuese verdadero, habría ciencia blanca y ciencia negra, ciencia masculina y ciencia femenina, ciencia burguesa y ciencia proletaria. Si fuese verdadero, nadie se esforzaría por averiguar si las hipótesis se ajustan a los hechos. Si fuese verdadero, todas las proposiciones científicas tendrían un contenido social, de modo que todas las ciencias serían sociales. Si fuese verdadero, estaría fuera de lugar toda discusión racional, ya que todo quedaría librado a la convención social y a la intriga política. Si fuese verdadero, la elección entre teorías rivales no dependería de su capacidad de dar cuenta de los hechos objetivos, sino sólo de las relaciones de fuerzas entre equipos científicos rivales. Si fuese verdadero, no habría progreso científico, es decir, no se descubrirían nuevos hechos ni se inventarían ideas más adecuadas acerca de la realidad ni métodos más precisos para ponerlas a prueba. Si fuese verdadero, la adopción de una teoría se parecería más a una conversión religiosa o política que a un aprendizaje crítico. Si fuese verdadero, no habría lugar para preguntas acerca del sentido y la referencia de los constructos científicos, ni acerca de la precisión de las técnicas científicas. Si fuese verdadero, de nada servirían las disquisiciones epistemológicas sobre los conceptos de verdad, prueba empírica, confirmación, método, poder predictivo, etc.: la epistemología sería remplazada por la sociología del conocimiento. (Véase, p. ej., M. Bunge, *Sociología de la ciencia* [Buenos Aires, Siglo Veinte, 1993], y R. Boudon, *Le juste et le vrai* [París, Fayard, 1995].)

¿A qué se debe la popularidad de una doctrina tan manifiestamente falsa, y por añadidura inhibidora de la investigación rigurosa, como lo es el sociologismo-constructivismo-relativismo? Este problema no ha sido abordado por los presuntos sociólogos de la ciencia de nuevo cuño, quienes se distinguen más por sus afirmaciones dogmáticas que por el estudio riguroso de problemas auténticos. Una respuesta tentativa es que dicha popularidad se debe a la concomitancia de las siguientes escuelas y actitudes. Primera: el marxismo, según el cual toda la "superestructura ideal" es creación colectiva de la clase social dominante. Segunda: el facilismo, que hoy campea en las facultades de Humanidades. (En cambio, no se sabe de ningún científico en actividad que haya refrendado la filosofía anticientífica en cuestión.) Tercera: los "giros" lingüístico, hermenéutico, semiótico, retórico y pragmático, que desplazan la atención del hecho al símbolo, de la hipótesis contrastable a la "interpretación" arbitraria, de la verdad a la metáfora, y de la reflexión a la acción. Cuarta: la difusión de las filosofías irracionalistas y del "pensamiento débil" (carente de rigor) característico del llamado posmodernismo (o Contra-Ilustración). Quinta: la confusión de ciencia con técnica, y de ésta con industria y política, con la consecuencia de que se acusa a la ciencia de los males causados por la industria y la política. Sexta: el interés creciente, por cierto legítimo, en la tríada ciencia-técnica-sociedad, con la consiguiente demanda creciente de profesores, y la oferta de improvisadores carentes de la experiencia necesaria para disertar sobre estos asuntos. Séptima: el desinterés de los tradicionales filósofos e historiadores de la ciencia por el contexto social de la investigación científica. Me incluyo, contrito, entre los culpables de este descuido. Pero sigo creyendo que el conocimiento no es válido cuando es aceptado socialmente, sino que es adoptado cuando tiene visos de ser verdadero o eficaz.

Aprovecho esta oportunidad para agradecer a algunos de los amigos que hicieron feliz, instructiva y memorable mi estancia en México durante el año lectivo 1975-1976: Lina Bettucci, Tomás A. Brody, Ana María Cetto, Adalberto García Máynez, Máximo García Sucre, Larissa Lomnitz, Mario H. Otero, Horacio Padilla, Luis de la Peña, Rafael Pérez Pascual, Emilio Rosenblueth, Fernando y Licha Salmerón, y Luis Villoro. Todos ellos me dieron ideas y consejos, afinaron mi apreciación (crítica) de los tesoros mexicanos, y me ayudaron a sortear algunos de los obstáculos de la espesa y exótica maraña burocrática mexicana.

Por último, los interesados en profundizar en algunos de los temas tratados en este libro pueden consultar las siguientes obras del autor:

Treatise on basic philosophy, 8 tomos (Dordrecht-Boston, Reidel, 1974-1989).
Materialismo y ciencia (Barcelona, Ariel, 1980).
Economía y filosofía (Madrid, Tecnos, 1982).
Lingüística y filosofía (Barcelona, Ariel, 1983).
El problema mente-cerebro (Madrid, Tecnos, 1985).
Seudociencia e ideología (Madrid, Alianza, 1985).
Racionalidad y realismo (Madrid, Alianza, 1985).
Filosofía de la psicología, con Rubén Ardila (Barcelona, Ariel, 1988).
Mente y sociedad (Madrid, Alianza, 1989).
Sistemas sociales y filosofía (Buenos Aires, Sudamericana, 1995).
Ciencia, técnica y ética (BuenosAires, Sudamericana, 1996).
Intuición y razón (Buenos Aires, Sudamericana, 1996).
La causalidad (Buenos Aires, Sudamericana, 1997).
Sociología de la ciencia (Buenos Aires, Siglo Veinte, 1993).
Foundations of biophilosophy, con Martin Mahner (Berlin-Heidelberg-Nueva York, Springer, 1997).
Encontrando filosofía en las ciencias sociales (México, Siglo XXI, en prensa).

Social science under debate (Toronto, University of Toronto Press, en
     prensa).
Philosophy of science, 2 tomos (New Brunswick NJ, Transaction Pub-
     lishers, en prensa).

MARIO BUNGE
Foundations and Philosophy of Science Unit
McGill University, Montreal, 1997

PREFACIO A LA PRIMERA EDICIÓN

La ciencia se ha convertido en el eje de la cultura contemporánea. Y, por ser el motor de la tecnología, la ciencia ha venido a controlar indirectamente la economía de los países desarrollados. Por consiguiente, si se quiere adquirir una idea adecuada de la sociedad moderna, es menester estudiar el mecanismo de la producción científica, así como la naturaleza de sus productos.

La ciencia es hoy día objeto de estudio de varias disciplinas, cuya unión constituye la ciencia de las ciencias. Ellas son la epistemología o filosofía de la ciencia, la historia de la ciencia, la psicología de la ciencia, la sociología de la ciencia, la politología de la ciencia, y acaso alguna más.

La ciencia de las ciencias contribuye en mayor o menor grado a la elaboración de políticas de la ciencia, o sea, programas de desarrollo (o de estancamiento) de la investigación científica y de las relaciones de ésta con la investigación tecnológica. La política de la ciencia que se elabore depende directamente de la filosofía de la ciencia que inspire a los planeadores y decisores en materia política. Una filosofía idealista sugerirá el modelo de la ciencia como torre de marfil; una filosofía empirista inspirará el fomento de la investigación empírica sin guía teórica; una filosofía pragmatista inspirará menosprecio por la investigación básica; y así sucesivamente. Solamente una epistemología realista podrá inspirar una política fecunda de la ciencia, una política que fomente el desarrollo integral e ininterrumpido de la investigación básica tanto como de la investigación aplicada. De aquí la importancia política, no sólo cultural, de la epistemología en nuestro tiempo.

Este libro trata solamente de una de las ciencias de la ciencia: la epistemología, que es también la más antigua de todas ellas. Ofrece, pues, una visión parcial de la ciencia, que el lector interesado en completar deberá ensamblar con las imágenes de la ciencia que suministran la historia, la psicología, la sociología y la politología de la ciencia.

Este libro es un curso de actualización que trata de problemas epistemológicos de actualidad. En este sentido complementa al tratado sistemático *La investigación científica* (Barcelona, Ariel, 1969 y ediciones posteriores) del mismo autor. Pero ambos libros son de lectura independiente.

Las páginas que siguen fueron expuestas, en forma de cursos o de conferencias, en la Universidad Nacional Autónoma de México, en la Universidad Autónoma Metropolitana y en el Colegio Nacional, también de la ciudad de México, en el curso del año académico 1975-1976. A juzgar por las largas y apasionadas discusiones que siguieron a mis exposiciones, éstas estaban cargadas de dinamita intelectual. Es mi deseo que algunas de ellas saquen de quicio al lector, motivándole a emprender o profundizar investigaciones epistemológicas. Los mejores libros no son los que más dan, sino los que más exigen: los que le fuerzan a uno a trabajar más y mejor.

MARIO BUNGE
1980

I. INTRODUCCIÓN

1. ¿QUÉ ES Y PARA QUÉ SIRVE LA EPISTEMOLOGÍA?

1. LA RECIENTE ECLOSIÓN DE LA EPISTEMOLOGÍA

La epistemología, o filosofía de la ciencia, es la rama de la filosofía que estudia la investigación científica y su producto, el conocimiento científico. Mera hoja del árbol de la filosofía hace un siglo, la epistemología es hoy una rama importante del mismo.

Para comprobar la afirmación anterior basta advertir el peso relativo de las publicaciones y de los congresos en este campo. Mientras hace un siglo no había ninguna revista especializada en epistemología, hoy hay al menos cinco de nivel internacional –*Philosophy of Science*, *The British Journal for the Philosophy of Science*, *Biology and Philosophy*, *Philosophy of the Social Sciences* y *Synthese*– así como algunas publicaciones nacionales. También hay colecciones enteras de libros dedicados a temas epistemológicos

El número de cátedras de epistemología se ha multiplicado (a veces excesivamente) y son cada vez más numerosas las universidades que tienen departamentos o institutos de epistemología, a veces juntamente con lógica o con historia de la ciencia. Se realizan numerosas reuniones nacionales e internacionales, en particular congresos internacionales cuatrienales organizados por la International Union for the History and Philosophy of Science.

Hay, además, diversas organizaciones nacionales de funcionamiento regular, tales como la Philosophy of Science Association (Estados Unidos), la British Society for the Philosophy of Science, la Canadian Society for the History and Philosophy of Science, y la Asociación Española de Lógica, Metodología e Historia de la Ciencia. Además, en Argentina, Colombia, México, Panamá, Uruguay y Venezuela hubo sociedades de lógica y epistemología de vida breve, como casi todas las asociaciones de bien público en América Latina.

La epistemología se ha convertido, en suma, en un área importante de la filosofía, tanto conceptual como profesionalmente. Por consiguiente vale la pena averiguar qué es y para qué sirve o podría servir.

2. EL PERÍODO CLÁSICO DE LA EPISTEMOLOGÍA

Hasta hace medio siglo la epistemología era sólo un capítulo de la teoría del conocimiento o gnoseología. Aún no se habían advertido los problemas semánticos, ontológicos, axiológicos, éticos y de otro tipo que se presentan tanto en el curso de la investigación científica como en el de la reflexión metacientífica. Predominaban problemas tales como el de la naturaleza y alcance del conocimiento científico por oposición al vulgar, el de la clasificación de las ciencias, y el de la posibilidad de edificar la ciencia inductivamente a partir de observaciones.

Durante ese período, que podemos llamar el *período clásico*, y que se extiende nada menos que de Platón a Russell, la epistemología era cultivada principalmente por científicos y matemáticos en horas de ocio o en trance de dictar conferencias de divulgación, y por filósofos sin gran preparación científica. Estos pensadores se llamaron John Herschel, Auguste Comte, Adrien Marie Ampère, Bernhard Bolzano, William Whewell, Alexander von Humboldt, Claude Bernard, Hermann von Helmholtz, Ernst Mach, Eugen Dühring, Friedrich Engels, Ludwig Boltzmann, Pierre Duhem, Henri Poincaré, Charles Sanders Peirce, Giuseppe Peano, Alessandro Padoa, Bertrand Russell, Alfred North Whitehead, Hans Vaihinger, Wilhelm Ostwald, Abel Rey, Vladimir Illich Lenin, André Lalande, Federigo Enriques, Emile Meyerson, Norman Campbell, Arthur Eddington, Ernst Cassirer y Hermann Weyl. (Obsérvese la concentración en cuatro países: Alemania, Austria, Francia y Gran Bretaña.)

Ninguno de los pensadores citados puede considerarse como epistemólogo profesional. Su ocupación principal era otra: la investigación científica o matemática, la historia de las ideas, la política, o alguna otra cosa. Solamente dos de ellos –Boltzmann y Mach– alcanzaron a desempeñar una cátedra de epistemología. Pocos de entre ellos poseyeron una visión filosófica de conjunto, y casi siempre se ocuparon de problemas bastante especializados. No obstante, todos esos pensadores fueron interesantes. Sus libros tuvieron gran difusión y ejercieron una fuerte influencia. Algunos, en especial Comte, Bernard, Mach, Engels, Lenin, Duhem, Poincaré, Russell y Whitehead, son ampliamente leídos aún en nuestros días.

Es preciso reconocer que estos pensadores, casi todos elloss epistemólogos aficionados, escribieron libros más interesantes y perdurables, así como mejor escritos, que la mayoría de los libros sobre epistemología que se publican hoy día. Un motivo de ello es que se ocuparon de *problemas auténticos, originales y de envergadura*, en lugar de acometer problemitas intrascendentes o de limitarse a comentar lo que hacen otros, como suele ocurrir actualmente. Además, esos pensadores del período clásico tenían opiniones propias y las defendían con elocuencia y con brillo, aunque no siempre con rigor.

3. LA PROFESIONALIZACIÓN DE LA EPISTEMOLOGÍA

La situación que acabamos de describir en forma descarnada cambió radicalmente con la fundación del Wiener Kreis en 1927. Por primera vez en la historia se reunía un grupo de epistemólogos, algunos de ellos profesionales, con el fin de intercambiar ideas e incluso de elaborar colectivamente una nueva epistemología, el empirismo lógico. La reflexión filosófica individual y aislada, por tanto incontrolada, era ahora complementada por el trabajo en equipo, a imagen y semejanza del que ya se había impuesto en las ciencias.

Al Círculo de Viena pertenecieron matemáticos, lógicos, filósofos, historiadores, científicos naturales y científicos sociales. Pertenecieron al Círculo, o estuvieron relacionados con él de alguna manera, los primeros epistemólogos profesionales: Moritz Schlick, Rudolf Carnap, Hans Reichenbach, Viktor Kraft, Herbert Feigl y –aunque tangencialmente al Círculo– Karl Popper y Ferdinand Gonseth. La actividad del Círculo fue breve –duró menos de una década– pero intensa y enormemente influyente. Se reunía semanalmente, inspiraba a grupos afines en Alemania, Francia, Checoslovaquia y Suiza, organizó el primer congreso internacional de epistemología (París, 1935), y fundó la revista *Erkenntnis*.

El Círculo de Viena cambió la faz técnica de la filosofía, al poner en práctica y desarrollar el programa de Bertrand Russell, de hacer filosofía *more geometrico*, y en particular con ayuda de la lógica matemática. Los neokantianos quedaron pronto atrás y se extinguieron, a la par que los existencialistas fueron cubiertos de ridículo, y los tomistas y materialistas dialécticos fueron sometidos a duras críticas. La filosofía exacta, que había tenido destellos esporádicos con Leibniz, Bolzano, Russell y algún otro, se estableció definitivamente merced al Círculo de Viena.

No obstante, la epistemología que hacían y preconizaban los miembros del Círculo de Viena tenía un defecto fatal: estaba atada a la tradición empirista e inductivista de Bacon, Hume, Berkeley, Comte y Mach, tradición que era incompatible con la epistemología realista inherente al enfoque científico. Es verdad que los empiristas lógicos respetaban la lógica y se esforzaban por hacer filosofía exacta. También es cierto que todos ellos

se esforzaron por hacer filosofía científica, esto es, acorde con el espíritu
y aun la letra de la ciencia. Pero ninguno de ellos lo logró, precisamente
por estar sujetos a una filosofía –el empirismo– incapaz de dar cuenta de
las teorías científicas, que son cualquier cosa menos síntesis de datos empíricos. Popper fue quien mejor vio la incapacidad del empirismo lógico
para desposar la misma ciencia a la que declaraba su amor. Desgraciadamente este alejamiento de los empiristas lógicos respecto de la ciencia no
disminuyó con el tiempo sino que aumentó, como veremos en seguida.

4. COMIENZA LA EPISTEMOLOGÍA ARTIFICIAL

Ludwig Wittgenstein, con su desinterés por la matemática y por la ciencia,
y su obsesión por los juegos lingüísticos, influyó poderosamente sobre el
Círculo de Viena hasta el punto de hacerle perder de vista sus objetivos
iniciales. La gente dejó de hablar de la ciencia para hablar del lenguaje de
la ciencia; dejó de interesarse por los problemas auténticos planteados por
las nuevas teorías científicas para formularse cuestiones triviales acerca del
uso de expresiones. En suma, la filosofía lingüística mató al Círculo de
Viena desde adentro antes de que el nazismo emprendiera su *Blitzkrieg* contra la razón.

El Círculo se disolvió con la anexión de Austria a Alemania. La mayor
parte de los miembros del Círculo emigraron y, al emigrar, casi todos ellos
perdieron contacto con los científicos y matemáticos con quienes solían intercambiar ideas. Un acontecimiento político culminó así la obra de descomposición iniciada por Wittgenstein. A partir de entonces los empiristas
lógicos se interesaron cada vez más por problemas formales, muchos de
ellos bizantinos. La filosofía de la ciencia que cultivaron fue cada vez más
artificial: los problemas que abordaban rara vez tenían relación con la ciencia real.

Las revoluciones científicas –tales como el nacimiento de la teoría sintética de la evolución, la biología molecular, la neuropsicología, la matematización de las ciencias sociales y la aplicación del método científico a
la planeación de actividades humanas– les pasaron inadvertidas. La epistemología artificial –que en rigor no es epistemología sino gimnasia intelectual, como diría Einstein– se encerró en una problemática pequeña que
no atraía la atención de los investigadores científicos. Éstos ignoraron los
escritos de los epistemólogos contemporáneos. La brecha entre los científicos y los filósofos aumentó en lugar de disminuir.

Veamos a continuación un ejemplo característico de epistemología exacta pero huera: las diversas tentativas por resolver problemas epistemológicos con ayuda del concepto de probabilidad.

5. UN EJEMPLO DE ARTIFICIALIDAD: EL PROBABILISMO EXAGERADO

No hay duda de que el concepto de probabilidad es central en la ciencia y la técnica modernas, desde la mecánica cuántica hasta la investigación operativa, pasando por la genética, la teoría del aprendizaje y la teoría de la movilidad social. Pero, naturalmente, la probabilidad no resuelve todos los problemas científicos. Ni hay motivos para suponer que la probabilidad habría de ser la panacea filosófica. Sin embargo, hay entusiastas que sostienen la tesis extremista de que todos los conceptos filosóficos –en particular los de simplicidad, estructura, significado, verdad, y confirmación– pueden elucidarse en términos del concepto de probabilidad.

Por ejemplo, Reichenbach propuso igualar el grado de verdad de una proposición con su probabilidad. Carnap propuso igualar el grado de confirmación con su probabilidad. Más tarde, Carnap y Bar-Hillel –seguidos de cerca por Popper e Hintikka– propusieron igualar el contenido (o la cantidad de información) de una proposición con su improbabilidad. Todas estas propuestas son atractivas porque, una vez aceptadas, toda la riqueza y todo el rigor del cálculo de probabilidades se ponen al servicio de la filosofía, la que no tiene más que recoger los frutos del trabajo de los matemáticos. Desgraciadamente estas reducciones de teorías filosóficas al cálculo de probabilidades son ilusorias: se trata de una exactitud huera, como veremos a continuación.

En el lenguaje ordinario solemos decir de una proposición verosímil, o que ha sido confirmada a medias, que es *probable*. Esto ha sugerido definir la verosimilitud o grado de verdad de una proposición como su probabilidad. Esta definición, a primera vista plausible, no es viable porque consagra la falacia lógica de la afirmación del consecuente. En efecto, sea un condicional "Si p, entonces q", o $p \Rightarrow q$, que afirmamos y del que sabemos que su consecuente q es verdadero. Según la teoría probabilista de la verdad, tendremos que poner $Pr(p \Rightarrow q) = 1$ y $Pr(q) = 1$. Por la definición usual del condicional y el teorema de la adición, obtenemos

$$Pr(p \Rightarrow q) = Pr(\neg p \vee q) = Pr(\neg p) + Pr(q)$$

Por hipótesis el primer miembro y el último término son iguales a la unidad. Además, por el teorema del complemento, $Pr(\neg p) = 1 - Pr(p)$. Por consiguiente queda

$$1 = 1 - Pr(p) + Pr(q)$$

de donde $Pr(p) = Pr(q) = 1$. O sea, de la verdad de q se infiere la de p, lo que es falaz. Por lo tanto la teoría probabilista de la verdad, propuesta por Reichenbach, es insostenible.

Lo mismo vale para la teoría probabilista de la verdad propuesta por Popper, según el cual la verosimilitud de una proposición es igual a su improbabilidad, o sea, $V(p) = 1 - Pr(p)$. En efecto, si en los cálculos anteriores se remplaza la unidad por el cero (que correspondería a la verdad total), se obtiene el resultado paradójico $Pr(p) = 1$, o sea, la confirmación del consecuente conduciría a negar el antecedente. La moraleja es que el grado de verdad no es igual a la probabilidad ni a la improbabilidad. Más aún, es un error metodológico el querer hacer depender la verdad de la probabilidad, ya que al juzgar los enunciados de probabilidad empleamos la noción de verdad. Vale decir, la noción de verdad es previa a la de probabilidad.

En cuanto a la identificación del grado de confirmación de una proposición con su probabilidad, propuesta por Carnap, tiene por lo menos dos consecuencias desastrosas. La primera es que basta asignar una probabilidad *a priori* a una proposición para aceptarla o rechazarla cualesquiera sean los resultados de las pruebas empíricas. La segunda es que la probabilidad de las leyes universales resulta nula, precisamente por valer (supuestamente) para una infinidad de casos. Concluimos, pues, que el grado de confirmación de una hipótesis no debe igualarse a su probabilidad (ni a su improbabilidad). Las hipótesis pueden ser más o menos *plausibles*, no probables.

6. OTRO EJEMPLO: LA TEORÍA SEMÁNTICA DE LA INFORMACIÓN

Finalmente, examinemos la base de las teorías semánticas de la información, la primera de las cuales fuera propuesta por Carnap y Bar-Hillel. Dicha base es la definición del contenido $Cont(p)$ de una proposición p como la improbabilidad de ésta:

$$Cont(p) = 1 - Pr(p)$$

Esta definición no formaliza los conceptos intuitivos de contenido o sentido. Por lo pronto, las contradicciones adquieren sentido máximo:

Si p es una contradicción, entonces $Pr(p) = 0 \therefore Cont(p) = 1$. (Para obtener este resultado basta tomar $p = q \& \neg q$, y aplicarle el teorema de De Morgan a fin de poder emplear el teorema de la adición, del cálculo de probabilidades.) Segundo caso: sean p y q dos proposiciones contingentemente equivalentes, tales como "2 + 2 = 4" y "El chile es un alimento pobre". Si les aplicamos la teoría probabilista de la información, obtenemos $Pr(p) = Pr(q)$ y por lo tanto $Cont(p) = Cont(q)$. O sea, el cálculo les asigna el mismo contenido aun cuando una de ellas se refiera a ciertos números y otra al chile. No se entiende para qué puede servir una teoría del sentido que asigna igual contenido a proposiciones que ni siquiera comparten sus referentes.

Pero el principal defecto de todas estas tentativas de reducir conceptos filosóficos clave al de probabilidad es que parten de un supuesto falso, a saber, el que *se puede asignar probabilidades a proposiciones*. De hecho, no hay modo (salvo por decreto arbitrario) de asignar probabilidades a proposiciones. En efecto, para poder aplicar el concepto de probabilidad es preciso que se cumplan dos condiciones: *a*] el conjunto sobre el que se define la medida de probabilidad debe ser un álgebra sigma (un anillo de conjuntos); *b*] los elementos de dicho conjunto deben estar distribuidos al azar: debe existir un mecanismo aleatorio. Obviamente, un conjunto de proposiciones, siempre que sea cerrado respecto de las operaciones lógicas, cumple el primer requisito, de naturaleza algebraica. En cambio no cumple el segundo: no hay nada casual en un conjunto de proposiciones tal como una teoría.

Por este motivo *no es posible asignarles probabilidades a las proposiciones* (salvo arbitrariamente). En otras palabras, no hay reglas objetivas que permitan asignar probabilidades a proposiciones, por lo cual el cálculo de probabilidades les es inaplicable. Otra cosa sería si las proposiciones fuesen objetos físicos, tales como bolillas, monedas, genes o acontecimientos. En este caso sí se podrían formular modelos estocásticos, p. ej., de urna, y aplicar razonamientos probabilistas. Pero en tal caso los objetos en cuestión tendrían propiedades físicas, no propiedades semánticas tales como contenido y verdad. Y por lo tanto serían objeto de estudio de las ciencias fácticas, no de la filosofía. En resumen: dado que no tiene sentido hablar de la probabilidad de una proposición, no es posible elucidar las propiedades semánticas de las proposiciones en términos de probabilidades.

Los ejemplos que acabamos de examinar no son los únicos de filosofía artificial, y por lo tanto inútil, sea para la comprensión del quehacer científico, sea para su promoción. Otros ejemplos son: las discusiones filosóficas sobre la explicación estadística en las que se confunden leyes estocásticas (tales como las de la mecánica estadística o la genética) con meras generalizaciones del tipo de "El 95% de los mexicanos comen tortillas"; las discusiones sobre la demarcación entre la ciencia y la metafísica; las discusiones sobre predicados antojadizos, tales como "verul" (verde hasta el año 2000, azul en adelante); las fantasías sobre los mundos posibles, y las teorías sobre los enunciados contrafácticos. (Véase Bunge, 1973.)

En conclusión, existe una epistemología académicamente respetable y a menudo exacta, pero totalmente inútil. Es una epistemología superficial, que no examina críticamente sus supuestos, que no está casada con la investigación científica, y que a menudo es escolástica, por ocuparse de miniproblemas, o aun seudoproblemas, y de discutir opiniones de filósofos en lugar de los problemas filosóficos vivos que surgen en el curso de la investigación. Esta epistemología abarca un lapso mal definido que puede denominarse el *período escolástico*.

¿Será posible sacar a la epistemología del estancamiento en que se halla actualmente? ¿Puede esperarse un período renacentista caracterizado no sólo por la exactitud sino también por la relevancia a la ciencia? En lugar de seguir formando frases grandilocuentes sobre las revoluciones científicas, ¿seremos capaces de construir una epistemología capaz de analizar algunos de los avances científicos que han ocurrido en nuestro tiempo, e incluso de anunciar la necesidad de otras revoluciones en los campos de la investigación científica que siguen tratando problemas nuevos con ideas viejas? El que se produzca una revolución epistemológica depende en gran parte de que se advierta su necesidad, de que se comprenda que puede y debe haber una epistemología útil. Por este motivo pasaremos a esbozar los rasgos de una epistemología fértil, que deje atrás el período escolástico para inaugurar un renacimiento epistemológico.

7. HACIA EL RENACIMIENTO EPISTEMOLÓGICO

Una filosofía de la ciencia no merece el apoyo de la sociedad si no constituye un enriquecimiento de la filosofía ni le es útil a la ciencia. Y una epistemología es útil si satisface las siguientes condiciones:

a] Concierne a la ciencia propiamente dicha, no a la imagen pueril y a veces hasta caricaturesca tomada de libros de texto elementales.

b] Se ocupa de problemas filosóficos que se presentan de hecho en el curso de la investigación científica o en la reflexión acerca de los problemas, métodos y teorías de la ciencia, en lugar de problemitas fantasma.

c] Propone soluciones claras a tales problemas, en particular soluciones consistentes en teorías rigurosas e inteligibles, así como adecuadas a
la realidad de la investigación científica, en lugar de teorías confusas o
inadecuadas a la experiencia científica.

d] Es capaz de distinguir la ciencia auténtica de la seudociencia; la investigación profunda, de la superficial; la búsqueda de la verdad, de la búsqueda del pan de cada día.

e] Es capaz de criticar programas y aun resultados erróneos, así como
de sugerir nuevos enfoques promisorios.

Puesto que aspiramos a una renovación de la epistemología, y que para
caracterizar una disciplina no hay nada mejor que exhibir algunos de sus
problemas, hagamos una breve lista de problemas que deberá abordar la
nueva epistemología. Si bien algunos de estos problemas no son nuevos,
la manera de plantearlos y de intentar resolverlos sí debiera ser nueva, esto
es, ajustarse a los criterios de utilidad (del *a* al *e*) enunciados hace un momento. He aquí una lista posible:

1. *Problemas lógicos*
    1.1. ¿Qué relaciones formales (en particular lógicas y algebraicas) hay
entre dos teorías dadas?
    1.2. ¿Qué cambios son dables esperar en una teoría científica dada si
se modifica de cierta manera su lógica subyacente (p. ej., si se remplaza
la lógica ordinaria por la lógica intuicionista)?
    1.3. ¿Es verdad que la experiencia científica puede forzarnos a cambiar
la lógica subyacente a una teoría fáctica? En particular, ¿es cierto que la
mecánica cuántica usa una lógica propia diferente de la ordinaria?

2. *Problemas semánticos*
    2.1. ¿Cuál es el contenido fáctico de una teoría dada?
    2.2. ¿En qué consiste la interpretación fáctica de una teoría matemática?
    2.3. ¿A qué cálculo obedece el concepto de verdad aproximada?

3. *Problemas gnoseológicos*
    3.1. ¿Qué relación hay entre la observación de un hecho y las propo-
siciones que lo representan?
    3.2. ¿Qué relación hay entre los conceptos empíricos, como el de ca-
lor, y los teóricos, como el de temperatura?
    3.3. ¿Es verdad que se impone el uso del concepto de probabilidad sólo
cuando se dispone de información insuficiente?

4. *Problemas metodológicos*
    4.1. ¿Qué es un indicador social?
    4.2. ¿En qué consiste la relación de confirmación incluida en las proposiciones de la forma "*e* confirma a *h*"?
    4.3. ¿Cómo puede medirse el grado de confirmación de una hipótesis, y cómo el de una teoría (o sistema de hipótesis)?

5. *Problemas ontológicos*
    5.1. ¿Qué es una ley social o natural?
    5.2. ¿Qué es una propiedad a diferencia de un atributo o predicado?
    5.3. ¿Qué teoría del espaciotiempo es convalidada por la física actual?

6. *Problemas axiológicos*
    6.1. ¿Qué papel desempeñan la valuación y la preferencia en la actividad científica?
    6.2. ¿Cómo se definen los conceptos de valor cognoscitivo y de valor práctico?
    6.3. ¿Es posible reconstruir la teoría de la decisión empleando solamente probabilidades objetivas y valores objetivos?

7. *Problemas éticos*
    7.1. ¿Qué relación hay entre los valores cognoscitivos de la ciencia y los valores morales?
    7.2. La ciencia ¿es éticamente neutral? ¿Y la técnica?
    7.3. ¿Cuál sería un código moral mínimo para la comunidad científica?

8. *Problemas estéticos*
    8.1. La investigación científica ¿tiene valores estéticos?
    8.2. ¿Cuándo se dice de una teoría que es bella?
    8.3. ¿En qué consiste el estilo de un investigador?

Repito que la anterior no es sino una lista breve y casi al azar de problemas que debiera abordar una epistemología viva, en contacto estrecho con la investigación científica, y útil tanto a la filosofía en general como a la ciencia y, a través de ésta, a la sociedad. No faltan los problemas ni las herramientas formales necesarios para abordarlos: falta sólo la conciencia de que tales problemas existen y de que es preciso ocuparse de ellos en lugar de hacerlo en problemas bizantinos y aburridos.

8. RAMAS DE LA NUEVA EPISTEMOLOGÍA

La lista de problemas que antecede presupone una idea de la epistemología que dista de la habitual: una epistemología que consta de las siguientes ramas:

a] *Lógica de la ciencia*, o investigación de los problemas lógicos y metalógicos concernientes a la lógica requerida por la ciencia, así como a la estructura lógica de las teorías científicas.

b] *Semántica de la ciencia*, o investigación (análisis y sistematización) de los conceptos de referencia, representación, contenido (o sentido), interpretación, verdad, y afines, que se presentan en la investigación científica o metacientífica.

c] *Teoría del conocimiento científico* a diferencia de otros tipos de conocimiento (técnico, tecnológico, artístico, moral, filosófico, etcétera).

d] *Metodología de la ciencia*, o estudio del método general de la investigación científica así como de los métodos o técnicas particulares de las ciencias particulares.

e] *Ontología de la ciencia*, o análisis y sistematización de los supuestos y resultados ontológicos (metafísicos) de la investigación científica (p. ej., el postulado de legalidad).

f] *Axiología de la ciencia*, o estudio del sistema de valores de la comunidad científica.

g] *Ética de la ciencia*, o investigación de las normas morales que cumplen o quiebran los investigadores científicos.

h] *Estética de la ciencia*, o estudio de los valores y cánones estéticos de la investigación científica.

Esta concepción de la epistemología es mucho más amplia que la habitual, que se reduce a las cuatro primeras ramas. Por lo tanto también es mucho más ambiciosa, y, al serlo, reclama un esfuerzo no sólo de numerosos investigadores, sino también de equipos de estudiosos, ya que ningún individuo puede hacerlo todo.

9. EPISTEMOLOGÍAS REGIONALES

En el parágrafo anterior hemos distinguido ocho ramas de la epistemología atendiendo a la vertiente filosófica de ésta: cada rama era una parte de uno de los capítulos de la filosofía. Si en cambio enfocamos filosóficamente una clasificación cualquiera de las ciencias, obtendremos tantas ramas de la epistemología como ciencias figuren en dicha clasificación. Por comodidad distinguiremos solamente las siguientes ramas de la ciencia y, para ayudar a la comprensión, mencionaremos algunos problemas que caracterizan a las epistemologías correspondientes.

1. *Filosofía de la lógica.* ¿Qué es una proposición, a diferencia de los enunciados que las designan? ¿Basta en las ciencias fácticas el concepto de cuantificador existencial para caracterizar la existencia física?

2. *Filosofía de la matemática.* ¿En qué consiste la existencia de un objeto matemático? ¿Qué relación hay entre la matemática y la realidad?

3. *Filosofía de la física.* ¿De qué tratan las teorías relativistas: de metros y relojes, o de sistemas físicos en general? La mecánica cuántica ¿robustece el indeterminismo?

4. *Filosofía de la química.* La química ¿posee leyes propias o son todas ellas reductibles a la física? Lo químico ¿constituye un nivel de la realidad distinto de lo físico?

5. *Filosofía de la biología.* La biología ¿se distingue de las demás ciencias por sus técnicas peculiares o por la manera misma de enfocar y entender los fenómenos vitales? Los biosistemas ¿no son sino sistemas químicos heterogéneos, o tienen propiedades emergentes que la química no estudia?

6. *Filosofía de la psicología.* ¿Qué es la mente: una sustancia *sui generis*, o un conjunto de funciones cerebrales? ¿Qué relación hay entre los sucesos mentales y sus indicadores fisiológicos y conductuales?

7. *Filosofía de las ciencias sociales.* ¿Qué es una sociedad: un conjunto de individuos, una totalidad opaca al análisis, o un sistema de personas interactuantes? Lo social ¿se reduce a lo biológico, y por consiguiente la sociología puede explicarse por la biología?

8. *Filosofía de la tecnología.* ¿Cuáles son los rasgos peculiares del objeto técnico a diferencia del natural? ¿En qué se diferencia el conocimiento tecnológico respecto del científico?

9. *Filosofía de las teorías de sistemas.* ¿En qué se distinguen las teorías generales de sistemas de las teorías científicas especiales? ¿Bastan estas teorías para entender o controlar sistemas reales?

Por el momento bastarán los problemas formulados anteriormente para dar una idea esquemática de lo que puede ser la nueva epistemología que preconizamos. En los capítulos que siguen tendremos ocasión de tratar de ellos con algún detenimiento. Terminemos esta introducción con una breve reflexión sobre la utilidad que puede tener esta nueva epistemología.

10. UTILIDAD DE LA NUEVA EPISTEMOLOGÍA

El filósofo de la ciencia alejado de la problemática científica de su tiempo puede ser útil estudiando algunas ideas científicas del pasado. El epistemólogo atento a la ciencia de su tiempo puede ser aún más útil, ya que puede *participar del desarrollo científico*, aunque sea indirectamente, al contribuir a cambiar positivamente el trasfondo filosófico de la investigación así como de la política de la ciencia. En particular, el epistemólogo casado con la ciencia y con las herramientas formales de la filosofía contemporánea puede hacer contribuciones de los tipos siguientes:

a] Desenterrar los supuestos filosófios (en particular semánticos, gnoseológicos y ontológicos) de planes, métodos o resultados de investigaciones científicas de actualidad.

b] Dilucidar y sistematizar conceptos filosóficos que se emplean en diversas ciencias, tales como los de objeto físico, sistema químico, sistema social, tiempo, causalidad, azar, prueba, confirmación y explicación.

c] Ayudar a resolver problemas científico-filosóficos, tales como el de si la vida se distingue por la teleonomía y la psique por la inespacialidad.

d] Reconstruir teorías científicas de manera axiomática, aprovechando la ocasión para poner al descubierto sus supuestos filosóficos.

e] Participar en las discusiones sobre la naturaleza y el valor de la ciencia pura y aplicada, ayudando a aclarar las ideas al respecto e incluso a elaborar políticas culturales.

f] Servir de modelo a otras ramas de la filosofía –en particular la ontología y la ética– que podrían beneficiarse de un contacto más estrecho con las técnicas formales y con las ciencias.

Pero ya basta de preparativos y propaganda: pongamos manos a la obra.

2. ¿QUÉ ES Y A QUÉ PUEDE APLICARSE EL MÉTODO CIENTÍFICO?

Nadie duda ya del éxito sensacional del método científico en las ciencias naturales. Pero no todos concuerdan en lo que es el método científico. Ni todos creen que el método científico pueda estirar su brazo más allá de su cuna, la ciencia de la naturaleza.

Interesa, pues, examinar ambos problemas, tanto más por cuanto están íntimamente relacionados. En efecto, si se concibe el método científico en sentido estrecho, identificándolo con el método experimental, entonces su alcance queda limitado automática y radicalmente. En cambio, si se lo concibe en sentido amplio, su dominio de aplicabilidad queda correspondientemente ampliado.

Conviene proceder periódicamente a exámenes de la naturaleza y del alcance del método científico, ya que éste ha ido variando en el curso de su brevísima historia de tres siglos y medio. El examen que se presenta a continuación no es el primero ni será el último: hay problemas que se replantean cada tanto y. cada vez que se hace, se resuelven de manera algo distinta. Éste es uno de ellos.

1. DE LOS ORÍGENES A LA ACTUALIDAD

Un método es un *procedimiento regular, explícito y repetible para lograr algo*, sea material, sea conceptual.

La idea de método es antigua, la de método general –aplicable a un vasto conjunto de operaciones– lo es menos. Parece surgir, como muchas otras ideas de extrema generalidad, en el período clásico griego. Se recuerda, en particular, el método de Arquímedes para calcular áreas de figuras planas de frontera curva.

Pero el concepto general de método no se consolida y populariza hasta comienzos del siglo XVII, al nacer la ciencia moderna. Los primeros pensadores modernos de gran estatura e influencia que propugnan la adopción de métodos generales para lograr avances en el conocimiento son Bacon y Descartes.

Para Bacon el método científico es un conjunto de reglas para observar fenómenos e inferir conclusiones a partir de dichas observaciones. El método de Bacon es, pues, el inductivo. Las reglas de Bacon eran sencillas a punto tal que cualquiera que no fuese un deficiente mental podía aprenderlas y aplicarlas. Eran también infalibles: bastaba aplicarlas para hacer avanzar a la ciencia.

Naturalmente, ni Bacon ni ningún otro lograron jamás contribuir a la ciencia usando los cánones inductivos –ni los de Bacon ni los de Mill ni de ningún otro. Sin embargo, la idea de que existe tal método, y de que su aplicación no requiere talento ni una larga preparación previa, es tan atractiva que todavía hay quienes creen en su eficacia. Esta creencia acrítica suele ser tan acendrada que quienes la sustentan no se preguntan si posee un soporte inductivo. La llamaremos *metodolatría*.

Descartes, que a diferencia de Bacon era un matemático y científico de primera línea, no creía en la inducción sino en el análisis y la deducción. A la par que Bacon exageraba la importancia de la experiencia ordinaria e ignoraba la experimentación y la existencia de teorías, en particular de teorías matemáticas, Descartes menospreciaba la experiencia. En efecto, para Descartes se debía poder partir de principios supremos, de naturaleza metafísica y aun teológica, para obtener de ellos verdades matemáticas y verdades acerca de la naturaleza y del hombre.

Leibniz, en las postrimerías del siglo XVII, se quejaba de que el método de Descartes servía tan sólo una vez que se habían hallado las verdades primeras. Y pedía que, al método del análisis, se agregara el método de la invención, o *ars inveniendi*, de esas verdades iniciales. Por supuesto que ni Leibniz ni ningún otro fueron capaces de inventar un método de la invención. Ello no obsta para que, de vez en cuando, aparezca algún filósofo ingenuo que hable acerca de las grandes virtudes del arte de la invención. También ésta es una forma de metodolatría.

La ciencia natural moderna nace al margen de estas fantasías filosóficas. Su padre, Galileo, no se conforma con la observación pura (teóricamente neutra) ni con la conjetura arbitraria. Galileo *propone hipótesis y las pone a la prueba experimental*. Funda así la dinámica moderna, primera fase de la ciencia moderna. Galileo se interesa vivamente por problemas metodológicos, gnoseológicos y ontológicos: es un científico y un filósofo y, por añadidura, un ingeniero y un artista del lenguaje. Pero no pierde su tiempo proponiendo cánones metodológicos. Galileo engendra el método científico moderno pero no enuncia sus pasos ni hace propaganda por él. Acaso porque sabe que el método de una investigación es parte de ésta, no algo que pueda desprenderse de ella.

Desde Galileo se han introducido varias modificaciones al método científico. Una de ellas es el control estadístico de los datos. Ya no se toman todos los datos por buenos: corregimos la experiencia, adoptando promedios o medianas y eliminando los datos que parecen irrazonables (en particular los que se desvían más de tres desviaciones cuadráticas medias).

Y, a la par que nos hemos vuelto más intolerantes o exigentes para con los datos empíricos, nos hemos vuelto más tolerantes para con las teorías. Esto se debe a que las teorías se han tornado más refinadas y por lo tanto más difíciles de contrastar empíricamente. Piénsese en una teoría de campo, cuya confirmación precisa exigiría una infinidad no numerable de mediciones. Pero éste ya es tema de otro parágrafo.

2. CONTRASTABILIDAD EMPÍRICA Y TEÓRICA

La ciencia pura y la aplicada han llegado a un punto tal que las teorías son tan complicadas que es difícil refutarlas, y las observaciones tan cargadas de teorías que no es fácil determinar qué confirman o refutan. Hace tres siglos, cuando las teorías y los experimentos eran relativamente sencillos, rara vez se dudaba de si un dato empírico confirmaba o refutaba una teoría. En la actualidad son cada vez más numerosas las ocasiones en que no podemos estar seguros de un dato experimental o, si lo estamos, no podemos estar seguros de si confirma o refuta una hipótesis.

En la literatura científica y tecnológica contemporánea se leen con frecuencia creciente frases tales como:

"Si el dato e se confirmara, debilitaría la hipótesis h."
"El dato e parece robustecer a la hipótesis h."
"El dato e no es concluyente respecto de la hipótesis h."
"Según la hipótesis h, el dato e no puede ser cierto."

Por ejemplo, según la teoría einsteiniana de la gravitación, debiera haber ondas gravitatorias; pero éstas aún no han sido detectadas con certeza. Y según la teoría de los quarks, las partículas llamadas elementales están compuestas de subpartículas; pero éstas no han sido observadas todavía. En estos casos se recurre a las comprobaciones indirectas, que nunca son concluyentes.

Ninguna de las epistemologías existentes hace frente a estas dificultades. Tanto los inductivistas (como Carnap) como los deductivistas (como

Popper) creen que los datos empíricos son inequívocos, nunca ambiguos, y que todas las teorías deben poder contrastarse directamente con datos empíricos. Estos esquemas metodológicos son, pues, demasiado simples para ser verdaderos. Los avances de la ciencia nos obligan a descartarlos y a revisar, en primer lugar, el concepto mismo de contrastabilidad (*testability*). En efecto, éste es el núcleo de la cientificidad –permítaseme el neologismo– ya que una idea puede considerarse científica sólo si *es objetivamente contrastable con datos empíricos*. (Veremos dentro de un momento por qué ésta es una condición necesaria pero no suficiente.)

Ahora bien: hemos visto hace un rato que no toda hipótesis o teoría científica puede contrastarse directamente con datos empíricos. (Por ejemplo, todavía no hay manera de contrastar directamente la termodinámica relativista, y sin embargo le tenemos confianza porque constituye una generalización que involucra dos teorías aceptables, la termodinámica clásica y la teoría especial de la relatividad.) Debemos pues distinguir dos tipos de contrastabilidad: directa e indirecta. En rigor debemos empezar de más atrás, como lo sugiere el cuadro sinóptico siguiente.

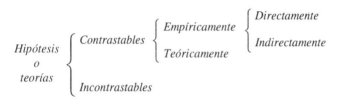

Una hipótesis (o una teoría) se dirá *empíricamente contrastable* cuando, junto con datos empíricos, implica proposiciones particulares que pueden compararse con proposiciones sugeridas por experiencias controladas. (A su vez, una experiencia controlada está diseñada con ayuda de otras ideas científicas y puede ser examinada públicamente.)

Pero las hipótesis y teorías empíricamente contrastables pueden serlo directa o indirectamente, y ello según los medios de que se valga el experimentador. Por ejemplo, una distancia podrá medirse, en algunos casos, directamente, pero en los más será preciso usar fórmulas geométricas. En este segundo caso, que es hoy día el más frecuente, se hablará de *contrastabilidad empírica indirecta* o con ayuda de teorías.

En cambio, una hipótesis o teoría se dirá *teóricamente contrastable* cuando se la pueda comparar con hipótesis o teorías empíricamente contrastables. Por ejemplo, la aceleración de la gravedad en un lugar puede calcularse con ayuda de la teoría de la gravitación y de datos acerca de la distribución de la materia en el cuerpo celeste de que se trate. Y semejante resultado teórico puede contrastarse en forma indirecta midiendo la longitud y el período de oscilación de un péndulo, gracias a una fórmula de la teoría del péndulo. Esta segunda teoría sirve entonces de puente entre la teoría de la gravitación y los datos empíricos.

Hasta ahora hemos tratado las hipótesis y las teorías en un pie de igualdad. En rigor, lo que vale para las primeras puede no valer para las segundas, ya que éstas no son proposiciones sino conjuntos infinitos de proposiciones. (Recuérdese que la ecuación de la línea recta, por ejemplo, resume una infinidad no numerable de proposiciones.) Mientras las hipótesis deben enriquecerse con datos para poder ser contrastadas, las teorías deben ser enriquecidas con datos y con hipótesis adicionales. Por ejemplo, para poner a prueba una teoría mecánica es preciso añadirle hipótesis sobre la composición del sistema de interés, las fuerzas actuantes entre y sobre sus componentes, etc. Al ser enriquecidas de esta manera, las teorías dejan de ser completamente generales y en cambio aumenta su contrastabilidad, porque se tornan capaces de formular predicciones precisas. La ley es, pues: *A mayor generalidad menor contrastabilidad, y viceversa.*

Desde luego, esto sucede solamente con las teorías científicas. Por ejemplo, por más datos que se tenga acerca de un sujeto, el psicoanálisis no le permitirá a uno predecir su conducta. Hay, pues, una diferencia radical entre las teorías que pueden y las que no pueden someterse a comprobación empírica. Si una teoría no puede enriquecerse con hipótesis subsidiarias y con datos, hasta convertirse en una teoría contrastable, entonces no es una teoría científica. En dos palabras, *Científica* $\Rightarrow$ *Contrastable.*

O sea, para que una idea sea considerada científica es necesario que sea contrastable. Es necesario pero no suficiente. En efecto, una idea puede ser contrastable y sin embargo incompatible con el grueso del conocimiento científico. En tal caso no la aceptaremos como científica. Es el caso de la astrología, de la homeopatía y de algunas otras seudociencias: es fácil refutarlas empíricamente, pero no las consideramos científicas porque son incompatibles con el conocimiento científico. Esto sugiere la siguiente partición de las teorías que aún no han sido contrastadas, sea empírica, sea teóricamente:

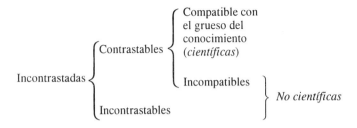

En resumen: *Científica* ⇔ *Contrastable & Compatible con el grueso del conocimiento*. La línea que divide a las hipótesis y teorías científicas de las no científicas no es, pues, la contrastabilidad por sí sola, sino la contrastabilidad unida a la compatibilidad con el grueso del conocimiento científico. Creo que éste es uno de los resultados más importantes de la metodología científica reciente. Tiene importancia no sólo teórica sino también práctica porque, al permitirnos distinguir la ciencia de la no ciencia, nos da un criterio para evaluar proyectos de investigación y, con ello, un criterio para saber si debemos o no apoyarlos. Esto muestra una vez más que es indispensable que quienes diseñan e implementan políticas científicas sepan algo de epistemología.

3. FORMULACIÓN ACTUALIZADA DEL MÉTODO CIENTÍFICO

Toda investigación, de cualquier tipo que sea, se propone resolver un conjunto de problemas. Si el investigador no tiene una idea clara de sus problemas, o si no se mune de los conocimientos necesarios para abordarlos, o si propone soluciones pero no las pone a prueba, decimos que no emplea el método científico. Es el caso del fantasista y del charlatán, que adoptan o propalan ciertas creencias sin averiguar si son contrastables y compatibles con el saber científico del día.

Decimos en cambio que una investigación (de un conjunto de problemas) *procede con arreglo al método científico* si cumple o, al menos, se propone cumplir las siguientes etapas:

1] *Descubrimiento del problema* o laguna en un conjunto de conocimientos. Si el problema no está enunciado con claridad, se pasa a la etapa siguiente; si lo está, a la subsiguiente.

2] *Planteo preciso del problema*, en lo posible en términos matemáticos, aunque no necesariamente cuantitativos. O bien replanteo de un viejo problema a la luz de nuevos conocimientos (empíricos o teóricos, sustantivos o metodológicos).

3] *Búsqueda de conocimientos o instrumentos relevantes* al problema (p. ej., datos empíricos, teorías, aparatos de medición, técnicas de cálculo o de medición). O sea, inspección de lo conocido para ver si puede resolver el problema.

4] *Tentativa de solución del problema con ayuda de* los medios identificados. Si este intento falla, pásese a la etapa siguiente; si no, a la subsiguiente.

5] *Invención de nuevas ideas* (hipótesis, teorías o técnicas) o *producción de nuevos datos empíricos* que prometan resolver el problema.

6] *Obtención de una solución* (exacta o aproximada) del problema con ayuda del instrumental conceptual o empírico disponible.

7] *Investigación de las consecuencias* de la solución obtenida. Si se trata de una teoría, búsqueda de predicciones que puedan hacerse con su ayuda. Si se trata de nuevos datos, examen de las consecuencias que puedan tener para las teorías relevantes.

8] *Puesta a prueba (contrastación) de la solución*: confrontación de ésta con la totalidad de las teorías y de la información empírica pertinente. Si el resultado es satisfactorio, la investigación se da por concluida hasta nuevo aviso. Si no, se pasa a la etapa siguiente.

9] *Corrección* de las hipótesis, teorías, procedimientos o datos empleados en la obtención de la solución incorrecta. Éste es, por supuesto, el comienzo de un nuevo ciclo de investigación.

Obsérvese que ninguna de estas "reglas" es lo suficientemente específica y precisa para permitir, por sí sola, ejecutar el paso correspondiente en la investigación. (Para comprobar esta aseveración inténtese programar una computadora para resolver un problema científico con el solo auxilio de las "reglas" que hemos enunciado.) Para llevar adelante una investigación es menester "entrar en materia", o sea, apropiarse de ciertos conocimientos, advertir qué se ignora, escoger qué se quiere averiguar, planear la manera de hacerlo, etc. El método científico no suple a estos conocimientos, decisiones, planes, etc., sino que ayuda a ordenarlos, precisarlos y enriquecerlos. El método forma, no informa. Es una actitud más que un conjunto de reglas para resolver problemas. Tanto es así, que la mejor manera de aprender a plantear y resolver problemas científicos no es estudiar un manual de metodología escrito por algún filósofo, sino estudiar e imitar paradigmas o modelos de investigación exitosa (Kuhn, 1970).

Un par de ejemplos ayudarán a comprender el esquema que se acaba de presentar. Se trata de clases de problemas típicos, aunque de ningún modo agotan la familia de tipos de problemas científicos o filosóficos. Los ejemplos quedan consignados en el cuadro siguiente. Se invita al lector a confeccionar sus propios cuadros sobre la base de su experiencia personal.

Paso	Problema empírico típico: medir	Problema teórico típico: explicar
1	¿Cúanto mide X?	¿Cómo se explica que X mida x?
2	¿Cuál es el valor medido de X con error menor que e?	¿De qué premisas se sigue que X vale x?
3	¿Qué dispositivo(s) experimental(es) Y permite(n) medir X con error menor que e?	¿Qué teoría(s) Z, hipótesis subsidiaria(s) h y dato(s) d implican que X vale x?
4	¿Qué valor(es) de X arroja una operación de medición efectuada con ayuda de Y? Si Y no es adecuado, dése el paso siguiente; de lo contrario pásese a (6).	¿Cuánto vale X según Z, h y d? Si el resultado no puede obtenerse o resulta inverosímil, dése el paso siguiente; de lo contrario pásese a (6).
5	¿Qué nueva técnica Y' permite medir X con error menor que e?	¿Qué nueva teoría Z', enriquecida con hipótesis h' y dato(s) d', puede implicar que X vale x?
6	¿Qué resultado(s) arroja la aplicación de Y' a la medición de X?	¿Cuánto vale X según Z', h' y d'?
7	¿Qué implica o sugiere este resultado?	
8	¿Cómo se puede corroborar este resultado independientemente (con otras técnicas)?	¿Cómo se puede corroborar este resultado independientemente (con otros métodos de cálculo)?
9	El nuevo resultado ¿es más o menos preciso y verosímil que los resultados obtenidos por otras vías?	
10	Si el resultado es insatisfactorio, ¿qué hay que cambiar en Y'?	Si el resultado es insatisfactorio, ¿qué hay que cambiar en Z', h' o d'?

4. APLICACIÓN DEL MÉTODO CIENTÍFICO
EN LAS CIENCIAS SOCIALES

Los primeros en emplear el método científico en las ciencias sociales fueron los economistas, hace de esto ya más de un siglo. Los economistas científicos, tales como Marx, Cournot y Walras, lejos de limitarse a juntar datos o a enunciar hipótesis especulativas, formularon modelos precisos, recogieron datos relevantes a dichos modelos, y formularon predicciones que, a la larga, permitieron evaluar dichos modelos. El que dichos modelos hayan sido toscos no impide que hayan sido concebidos y utilizados de manera científica. Tanto lo fueron, que los economistas posteriores pudieron utilizar esa experiencia para formular y aplicar modelos mejores en algunos respectos aunque, desde luego, siempre imperfectos.

A finales de siglo empezaron a sumarse a las filas de la comunidad científica los sociólogos, psicólogos sociales, politólogos, antropólogos, geógrafos sociales y otros. Más tarde se incorporaron los historiadores económicos y sociales, así como los lingüistas. Hoy día no hay rama de las ciencias sociales que no esté algo adentrada en el terreno científico, ni ninguna que haya dejado de avanzar en esa dirección. En todas ellas se formulan modelos teóricos, a menudo matemáticos, y se los discute a la luz de datos empíricos, que a veces son resultados de experimentos propiamente dichos. Es cierto que todavía hay mucha especulación incontrolada por la investigación empírica, así como mucha recolección ciega de datos, pero existe una conciencia cada vez más clara de que ni una ni otra son actividades propiamente científicas, sino a lo sumo protocientíficas, y existe el afán de avanzar más allá de ambas.

Las ciencias sociales han sufrido, pues, una revolución en el curso del último siglo. Esta revolución fue inspirada primero por la filosofía positivista, luego por la marxista. Y fue resistida por los filósofos idealistas y kantianos, quienes afirmaban dogmáticamente que es imposible estudiar al hombre al modo en que se estudia una roca o un animal. Hoy día quedan filósofos enemigos del proceso de cientifización de las ciencias sociales –en particular los positivistas enemigos de las teorías, los marxistas dogmáticos enemigos de cuanto no esté escrito en los clásicos del siglo pasado, y naturalmente los filósofos del lenguaje ordinario, fenomenólogos, hermenéuticos y existencialistas. Pero ya están a la defensiva y tienen cada vez menos partidarios entre los científicos sociales.

5. EJEMPLO: SOCIOLOGÍA DE LA IDEOLOGÍA

No viene al caso enumerar los éxitos de las ciencias sociales, sobre todo porque son más bien modestos, como lo fueron los primeros éxitos de la física científica durante el siglo XVII. Será más fructífero examinar un caso particular: el de la conversión de una hipótesis ideológica, audaz pero infundada, en una hipótesis científica, modesta pero fundada. Consideremos las hipótesis de las formas "La mayoría de los votos de izquierda son de obreros", "La mayoría de los votos de derecha son de burgueses", y "La mayoría de los votos de centro son de pequeños burgueses". (Cf. Boudon, 1967.)

Estas afirmaciones, que son premisas intocables para el ideólogo, son problemáticas para el científico social. Ante todo ¿cómo se caracterizan las clases sociales mencionadas en las hipótesis en cuestión? ¿Por ocupación, por ingreso, por participación en la toma de decisiones? Y ¿cómo se caracterizan los conceptos de izquierda, derecha y centro, sobre todo en la actualidad, cuando hay izquierdas que usan métodos fascistas, y derechas, métodos populistas? Supongamos que el sociólogo logre responder la primera pregunta (acerca de las clases sociales) y que el politólogo se las arregle con la segunda (acerca de las tendencias políticas). Acaso tengan que recurrir a nuevas categorías, reformulando las hipótesis iniciales con ayuda de estas nuevas categorías. En todo caso supongamos ya resuelto el problema conceptual previo de la reformulación precisa de las hipótesis iniciales. La forma general de éstas será ahora

El grupo social G de la comunidad S tiende a creer en C,

donde G y C son ahora conceptos bien claros. En cambio, el término 'tiende' es aún impreciso: no es un término técnico sino del lenguaje ordinario. Pero no es irremediablemente oscuro: podemos domesticarlo, y lo lograremos en el proceso de explicitar nuestra hipótesis.

Supongamos pues elegido nuestro universo del discurso, que es la comunidad S. Dividámoslo de dos maneras: por circunscripciones electorales (o diócesis, o distritos de otro tipo) y en grupos sociales, tales como obreros industriales, obreros agrícolas. obreros de servicios, empleados, etc. Llamemos G al grupo social incluido en la sociedad S, cuya creencia C nos interesa investigar. El resto de la sociedad será el complemento de G en S, o sea, $\overline{G}$. Si el número de zonas (electorales o de otro tipo) en que se ha dividido el territorio que ocupa S es n, tendremos que S es la unión de las n poblaciones S_i de dichos distritos. Análogamente, el grupo social G es la unión de los n subconjuntos G_i de G que habitan dichos distritos.

En resumen, se tiene

$$S = \bigcup_{i=1}^{n} S_i \quad , \quad G = \bigcup_{i=1}^{n} G_i \quad , \quad \text{donde } G_i \subseteq S_i$$

Supongamos ahora que tenemos manera de determinar si una persona cualquiera de la sociedad S sustenta la creencia C. O sea, supongamos resuelto el problema metodológico de encontrar uno o más indicadores fidedignos de creencias (políticas, religiosas o de otro tipo). En el caso de creencias políticas en una sociedad democrática se recurrirá a las elecciones para determinar la distribución de las convicciones políticas. En otros casos el problema será más difícil, pero soluble aunque sea en forma aproximada.

Llamemos y_i a la fracción de los individuos que habitan el i-ésimo distrito y creen en C. (Por ejemplo, y_i puede ser el número de cristianos que habitan la zona S_i.) Según la hipótesis inicial, este número y_i es tanto mayor cuanto más voluminosa es la fracción x_i de los habitantes de la misma zona S_i que pertenecen al grupo social G_i.

Hemos adelantado algo en precisión pero nuestra hipótesis contiene una expresión imprecisa tomada del lenguaje ordinario, a saber, 'y es tanto mayor cuanto más grande es x'. Esta expresión designa dos ideas bien diferentes: a] hay una correlación estadística positiva entre los valores de x y los de y; b] x e y están relacionadas funcionalmente entre sí y, más aún, la función que las relaciona es creciente. Nuestra hipótesis se desdobla entonces. Para decidir entre ambas necesitamos datos empíricos.

Los datos pertinentes a nuestras hipótesis pueden provenir de censos, de registros eclesiásticos, de elecciones, o aun de investigaciones empíricas *ad hoc* que será menester producir con ayuda de indicadores fidedignos. Supongamos que el conjunto de datos empíricos sea una nube de puntos en el plano x-y. Típicamente esta nube exhibirá una dispersión considerable, pero aplicándole ciertas técnicas estadísticas será posible descubrir la tendencia general o *línea de regresión* en torno a la cual se agolpan los puntos empíricos.

La hipótesis más simple, y por esto sospechosa, es que dicha línea de regresión es una recta de pendiente a que corta al eje de las y en el punto b. O sea,

$$H1 \qquad y_i = ax_i + b \qquad \textit{para todo } 1 \le i \le n$$

Hay dos posibilidades: $H1$ concuerda satisfactoriamente con los datos, o no se compagina con ellos. Supongamos lo primero, aunque es improbable. No por ello daremos por terminada nuestra investigación. Por lo pronto tenemos el problema de que los coeficientes que figuran en $H1$ son números sin ningún significado sociológico. Tratemos de dárselo.

Una posibilidad es ésta: atribuir a todos los individuos una propensión a sostener la creencia C en cuestión. Más aún, podemos suponer (en primera aproximación) que esta propensión no depende de la zona y depende tan sólo del grupo social a que pertenezca. Si el individuo pertenece al grupo social G de interés, le atribuimos la propensión p, un número comprendido entre 0 y 1; y si pertenece a cualquier otro grupo, o sea, si está en el complemento $\overline{G}$, le atribuimos la propensión q, un número también comprendido entre 0 y 1 pero, según la hipótesis ideológica, menor que p. Más aún, suponemos que p y q son probabilidades (condicionales), esto es, números que satisfacen los axiomas del cálculo de probabilidades. En resumen, postulamos

$$H2 \qquad y_i = px_i + q(1 - x_i) \quad , \qquad \text{donde } 0 < p,\, q \le 1$$

y donde x_i es la fracción de la población del distrito S_i que pertenece al grupo G, y $1 - x_i$ es la fracción de los que no pertenecen a G. Reordenando encontramos que la pendiente es $a = p - q$, mientras la ordenada en el origen es $b = q$. Los números a y b han adquirido ahora una clara interpretación psicosociológica: $a = p - q$ es la ventaja que otorga a C la pertenencia en el grupo social G, y b es la tendencia a creer en C cuando no se pertenece a G.

La nueva hipótesis $H2$, más profunda que $H1$, nos ayudará aún si resulta refutada por los datos, o sea, si éstos muestran que la línea de regresión no es una recta. En efecto, ahora podemos hacer nuevas hipótesis sobre las propensiones p y q. Si la tendencia general no es lineal, entonces podemos ensayar la hipótesis de que p y q, lejos de ser constantes, son a su vez funciones de alguna variable. Hay tres posibilidades: a] p y q son funciones de la densidad de los G en cada distrito (por ejemplo, cuantos más obreros hay en una zona tanto mayor es su tendencia a votar por la izquierda); b] p y q son funciones del número de adeptos a C en cada distrito (o sea, la tendencia a creer en C es tanto mayor cuantos más creyentes hay en el distrito); c] p y q son funciones de una tercera variable por averiguar (por ejemplo, edad, sexo, escolaridad, o alguna otra). Para simplificar consideremos solamente los casos a] y b] y en ambos limitémonos al caso lineal, improbable pero simple.

La conjetura de que las propensiones p y q son funciones lineales de la densidad de los G en cada distrito se formula así:

$$p_i = a_1 x_i + b_1 \quad , \quad q_i = a_2 x_i + b_2$$

Remplazando en *H2* queda

$$y_i = (a_1 x_i + b_1) x_i + (a_2 x_i + b_2)(1 - x_i)$$

Reordenando obtenemos finalmente una parábola:

H3 $\quad y_i = (a_1 - a_2) x_i^2 + (b_1 + a_2 - b_2) x_i + b_2 \quad , \quad 1 \le i \le n$

Si esta curva resulta ajustarse bien a los datos, la damos por verdadera hasta nuevo aviso. De lo contrario ensayamos la alternativa *b*], o sea, ponemos

$$p_i = a_1 y_i + b_1 \quad , \quad q_i = a_2 y_i + b_2$$

de modo que

$$y_i = (a_1 y + b_1) x_i + (a_2 y_i + b_2)(1 - x_i)$$

En definitiva queda la curva de regresión llamada homográfica:

H4 $\quad y_i = \dfrac{(b_1 - b_2) x_i + b_2}{(a_2 - a_1) x_i + 1 - a_2} \quad , \quad 1 \le i \le n$

Si esta curva no se ajusta bien a los datos tendremos que ensayar algunas de las hipótesis comprendidas en la alternativa *c*], para lo cual deberemos comenzar por formularlas explícita y exactamente. Este proceso de invención y contrastación es, en principio, interminable. De hecho sólo termina cuando se pierde interés por el problema. Ésta es una característica de la ciencia –sea social o natural, pura o aplicada– en contraste con la ideología no científica.

Lo que precede no pretende dar sino una vislumbre de las aplicaciones del método científico a la investigación de problemas que en el pasado estaban en manos, sea de filósofos, sea de ideólogos. El interesado en averiguar cómo se hace ciencia social en la actualidad deberá recurrir a la literatura original en la materia, y principalmente a las revistas especializadas de circulación internacional. En este terreno, como en los demás, las obras de divulgación sólo pueden dar una idea aproximada, y las obras sobre los métodos de investigación sólo logran dar una idea aún más pálida que la anterior.

6. UNIVERSALIDAD DEL MÉTODO CIENTÍFICO

El método científico se aplica no sólo en sociología, politología, psicología social, economía, antropología, y geografía humana, sino también en historia, particularmente en historia social y económica. En todas estas áreas se dispone ahora, no sólo de conjeturas especulativas, sino de teorías propiamente dichas y, más aún, teorías contrastables y compatibles con el grueso de los conocimientos relevantes, que en este caso son de orden geográfico, biológico y psicológico. Más aún, algunas de esas teorías –tales como las teorías de la movilidad social y de las redes de mercados– son de forma matemática, y por lo tanto extremadamente sensibles a los datos empíricos, lo que a su vez exige una mayor precisión a la investigación empírica.

En suma, el método científico no se rompió cuando se lo estiró para que abarcara los problemas sociales. Tampoco se rompe si se lo aplica a otras disciplinas, en particular las humanísticas. Ya mencionamos el caso de la lingüística, que es tanto una ciencia social como una rama de las humanidades. Podemos agregar la filosofía: podemos hablar, en efecto, de *filosofía científica*. Desde luego que no se trata de instalar laboratorios de experimentación filosófica: la filosofía es una disciplina teórica, tanto como lo es la cosmología física. En ninguno de los casos podemos emplear directamente el método experimental. Pero tampoco tenemos por qué prescindir de la experiencia recogida en las ciencias experimentales. Al contrario, así como la cosmología física debe ser compatible con la física, así también la filosofía debiera ser compatible con la ciencia y, de esta manera, quedar sujeta indirectamente al imperio del método experimental, como lo exigieron filósofos tan dispares como Charles S. Peirce y Nicolai Hartmann.

Incluso la ontología (o metafísica o cosmología filosófica) puede ser empírica de este modo indirecto. No realizaremos, claro está, experimentos ontológicos; pero sí exigiremos que nuestras teorías ontológicas estén de acuerdo con nuestras teorías científicas. (Cf. Bunge, 1977, 1979.) No se trata de la fácil compatibilidad de teorías que no tienen nada que ver entre sí, como podría ser el caso de una teoría astrofísica y una teoría sociológica. El acuerdo que exigimos exista entre la filosofía y la ciencia es más exigente: pedimos que las teorías filosóficas sean contrastables o comprobables, así sea indirectamente.

Por ejemplo, para que una teoría filosófica (extremadamente general) acerca del cambio pueda ser considerada científica, no sólo deberá ser de una claridad prístina, esto es, estar formulada en lenguaje matemático. También deberá ser una suerte de generalización de teorías científicas particulares. Si en efecto lo es, entonces deberá implicar a estas teorías cuando se la enriquezca con hipótesis particulares. Para decirlo con máxima concisión: $F, H \vdash C$, donde 'F' designa una teoría filosófica, 'H' una hipótesis subsidiaria, y 'C' una teoría científica. En resumen, la filosofía científica es la que cumple con las condiciones de compatibilidad y contrastabilidad que caracterizan a la ciencia. La diferencia entre filosofía y ciencia, cuando la hay, es de generalidad o de referencia: la filosofía es máximamente general y a veces se refiere a la ciencia (en cuyo caso se llama *epistemología*).

7. CONCLUSIONES

El hombre ha inventado multitud de procedimientos para hacer de todo, desde naves espaciales hasta teorías sobre teorías. Algunos de esos procedimientos son regulares y han sido formulados explícitamente como otros tantos conjuntos de reglas. En tal caso suele llamárselos *métodos*. Pero no toda actividad racional ha sido reglamentada. En particular, nadie ha hallado, ni acaso pueda hallar, métodos (o conjuntos de reglas) para inventar cosas o ideas. La creación original, a diferencia de las tareas rutinarias, no parece ser reglamentable. En particular, *no hay métodos (reglas) para inventar reglas (métodos)*. Y recíprocamente, el trabajo reglado, o a reglamento, no se distingue por su creatividad. Quienes creen lo contrario, o sea, que hay métodos para todo, y que para hacer cualquier cosa es necesario y suficiente aprenderse los métodos correspondientes, son metodólatras a quienes no se debe ninguna contribución original obtenida usando los métodos que preconizan.

La manera de proceder característica de la ciencia se ha dado en llamar el *método científico*. El nombre es ambiguo. Por una parte es merecido porque tal método existe y es eficaz. Por otro lado la expresión 'método científico' es engañosa, pues puede inducir a creer que consiste en un conjunto de recetas exhaustivas e infalibles que cualquiera puede manejar para inventar ideas y ponerlas a prueba. En verdad no hay tales recetas populares para investigar. Lo que sí hay es una *estrategia de la investigación científica*. Hay también un sinnúmero de tácticas o métodos especiales característicos de las distintas ciencias y tecnologías particulares. Ninguna de estas tácticas es exhaustiva e infalible. No basta leerlas en un manual: hay que vivirlas para comprenderlas. Ni dan resultado todas las veces. El que resulten depende no sólo de la táctica o método sino también de la elección del problema, de los medios (conceptuales y empíricos) disponibles y, en no menor medida, del talento del investigador. El método no suple al talento sino que lo ayuda. La persona de talento crea nuevos métodos, no a la inversa.

La estrategia o método general de la ciencia nació hace tres siglos y medio, se desarrolló y no tiene miras de estancarse en su evolución. Además de desarrollarse, se expandió y sigue expandiéndose. Ya domina a las ciencias sociales y a la tecnología, y está comenzando a presidir algunas zonas de la filosofía. El día en que el método científico las domine a todas podremos hablar de filosofía científica, no ya como de un embrión, sino como de un organismo maduro.

En resumen, el método científico no es tan milagroso como suelen creerlo sus entusiastas que sólo lo conocen de oídas, ni de tan corto alcance como quieren hacernos creer sus detractores. El método científico no es ni más ni menos que *la manera de hacer buena ciencia*, natural o social, pura o aplicada, formal o fáctica. Y esta manera puede adoptarse en campos que antes no eran científicos pero que se caracterizan, al igual que la ciencia, por la búsqueda de pautas generales.

Para terminar: puesto que el método científico es la manera de conducir investigaciones científicas, no puede aprenderse separadamente de éstas. Se va dominando el método –y acaso también modificándolo– a medida que se va haciendo investigación original. Lo que sí puede hacerse, una vez aprehendido –no simplemente aprendido en algún texto– es analizarlo. Este análisis del método científico es una parte importante aunque poco voluminosa de la filosofía de la ciencia o epistemología. La mejor manera de efectuarlo es sobre la base de casos particulares tomados de la historia de la ciencia o, aún mejor, de la ciencia contemporánea.

II. FILOSOFÍA DE LAS CIENCIAS FORMALES

3. NATURALEZA DE LOS OBJETOS CONCEPTUALES

Entenderemos por 'objetos conceptuales' los conceptos, proposiciones y teorías independientemente de sus presentaciones lingüísticas, que son objetos concretos (escritos o hablados). Ejemplos: conjuntos, relaciones, funciones, hipótesis, teoremas, y concepciones de todo tipo.

El problema de la naturaleza y modo de existencia de los objetos de este género ha intrigado y apasionado a todos los filósofos desde la Antigüedad clásica. Son bien conocidas las principales tesis filosóficas al respecto:

a] Platonismo. Los objetos conceptuales son seres ideales que existen de por sí, independientemente del mundo físico y en particular de los seres pensantes.

b] Nominalismo. Los objetos conceptuales forman un subconjunto de los objetos lingüísticos. Son signos, y no existen sino como tales.

c] Empirismo. Los objetos conceptuales son objetos mentales y existen al igual que las demás ideas, o sea, como sensaciones o imágenes.

Cada una de estas doctrinas tiene sus virtudes y sus defectos. La virtud del platonismo es que no pone trabas a la creación conceptual, en particular matemática. En particular, no protesta contra las ideas generales ni lanza edictos contra la abstracción. Sus defectos consisten en que: *a]* no da razón de la psicología de la invención (puesto que sólo reconoce el descubrimiento o la captación de entes pre-existentes; *b]* postula la existencia de formas (ideas) separadas de la materia y sólo parcialmente accesibles a la experiencia.

La virtud del nominalismo es que prescinde de la ficción del reino platónico de las ideas autónomas y nos recuerda que aprehendemos los objetos conceptuales a través del lenguaje. Sus defectos consisten en que: *a]* confunde el objeto designado (p. ej., concepto) con el objeto designante (signo), transformando así la investigación teórica en una mera manipulación arbitraria de símbolos; *b]* no nos permite teorizar sobre el infinito actual ni sobre el continuo, ambos típicos de la matemática moderna.

Finalmente, la virtud del empirismo es que saca al objeto conceptual tanto del reino platónico de las ideas como de la tipografía, para instalarlo en la mente humana. Sus defectos son *a]* que es incapaz de dar razón de las ideas abstractas, en particular las estructuras matemáticas tales como los grupos o los espacios topológicos, que no se forman por refinamiento de perceptos, y *b*] que, al igual que el nominalismo, no nos permite concebir infinitos actuales formados por funciones, números, figuras, etcétera.

Ninguna de las filosofías tradicionales de lo conceptual es, pues, satisfactoria. En este trabajo exploraremos una alternativa, que llamaremos *materialismo conceptualista y ficcionista*, cuyas tesis principales son éstas:

a] Los objetos conceptuales no son materiales ni mentales; no son signos, ni procesos cerebrales, ni sucesos que ocurren en una mente inmaterial. Son en cambio objetos que poseen una naturaleza peculiar e irreductible. Ésta es una primera tesis *conceptualista*.

b] Los objetos conceptuales no existen como objetos materiales ni como objetos mentales y por lo tanto no están sometidos a las leyes de unos u otros. Existen en la medida en que pertenecen a ciertos contextos (p. ej., teorías). Por ejemplo, el número 2 existe en matemática pero no en mitología, y Blanca Nieves existe en mitología pero no en matemática. Ésta es una segunda tesis *conceptualista*.

c] La existencia conceptual, lejos de ser ideal (platonismo), material (nominalismo), o mental (empirismo), es *fingida* o *convencional*. Hacemos de cuenta que hay conjuntos, relaciones, funciones, números, estructuras, proposiciones, teorías, hadas, brujas, etc. O sea, no sólo inventamos los objetos conceptuales sino también su modo de existencia: pedimos, exigimos, estipulamos que existen en determinados contextos. Ésta es la tesis *ficcionista*.

d] El concebir un objeto conceptual y asignarle existencia conceptual (por decreto) son dos aspectos de un mismo proceso que se da en el cerebro de algún ser racional (humano, subhumano, o superhumano). Los objetos conceptuales no existen de por sí ni son idénticos a los signos que los designan, ni se confunden con los pensamientos que los piensan. El teorema de Pitágoras y la leyenda de El Dorado, la función cuadrática y el Pato Donald, tienen una existencia ficticia. Podemos imaginarlos o pensarlos y, el día que dejen de ser imaginables o pensables, dejarán de existir al modo en que dejo de existir Júpiter el día que desapareció el último pagano. Para existir conceptualmente es necesario y suficiente que un objeto sea *pensable* por algún ser racional de carne y hueso. Ésta es la tesis *materialista* de la filosofía de lo conceptual, o conceptología, que proponemos.

A continuación intentaremos justificar nuestras tesis.

1. CONSTRUCTOS

Por 'constructo' u 'objeto conceptual' entendemos una creación mental (cerebral), aunque no un objeto mental o psíquico tal como una percepción, un recuerdo o una invención. Distinguiremos cuatro clases básicas de constructo: conceptos, proposiciones, contextos y teorías.

Los *conceptos* son las unidades con que se construyen las proposiciones: son los átomos conceptuales. Por ejemplo, en la proposición "Los números son constructos", los conceptos son: "los números" (o "el conjunto de todos los números"), "son" (o "está incluido en"), y "constructos" (o "la categoría de todos los constructos").

Las *proposiciones* son los constructos que satisfacen algún cálculo proposicional y que, por añadidura, pueden ser evaluados en lo que respecta a su grado de verdad, aun cuando de hecho no se disponga aún de procedimientos para efectuar tal evaluación en algunos casos.

Un *contexto* es un conjunto de proposiciones formadas por conceptos con referentes comunes. Por ejemplo, el conjunto de las proposiciones referentes a los perros ovejeros es un contexto.

Una *teoría* es un contexto cerrado respecto de las operaciones lógicas. En otras palabras, una teoría es un conjunto de proposiciones enlazadas lógicamente entre sí y que poseen referentes en común.

Ejemplo: la teoría de la evolución por selección natural.

En resumen, tenemos el siguiente cuadro sinóptico o clasificación:

Desde el punto de vista matemático un concepto es, sea un individuo (p. ej., un punto de una recta), sea un conjunto (p. ej., una recta), sea una relación (p. ej., la de intersección de dos rectas). Las relaciones más interesantes son las funciones. Una función es una relación entre dos conjuntos, tal que a cada miembro del primero le corresponde uno del segundo.

Distinguiremos dos clases de funciones: las proposicionales y las no proposicionales (p. ej., numéricas). Una función proposicional es una función cuyos valores (miembros del segundo conjunto) son proposiciones. También se la llama *predicado* o *atributo*. En otras palabras, un atributo puede analizarse como una función que aparea individuos de una clase con proposiciones de otra, a saber, el conjunto de todas las proposiciones que contienen el atributo o predicado en cuestión. Ejemplos:

Cambiante C : Objetos concretos → Proposiciones que contienen C (p. ej., "La atmósfera es cambiante")

Adaptado A : Conjunto de todos los pares (organismo, ambiente) → Proposiciones que contienen A (p. ej., "Los pingüinos están adaptados a la Antártida").

La flecha indica la relación funcional o de correspondencia entre los dos conjuntos: el dominio y el condominio de la función.

Una función no proposicional toma valores en un conjunto que no está formado por proposiciones. *Ejemplo 1*: la función *edad* asigna un número real positivo a cada cosa (en particular a cada organismo), a saber, la edad de la misma. *Ejemplo 2*: la función *sexo* asigna un rótulo ('M' o 'F') a cada organismo que se reproduce sexualmente.

En definitiva tenemos la siguiente partición de la clase de conceptos:

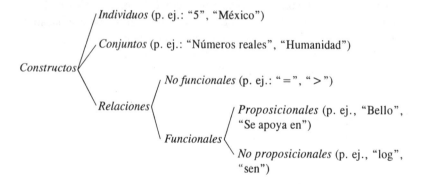

Los conceptos genéricos de individuo, conjunto, relación y función son dilucidados por la matemática, y en particular la teoría de los conjuntos. (De aquí que esta teoría sea herramienta indispensable del filósofo moderno.) Una manera de caracterizar los dos primeros conceptos es ésta. Si *a* pertenece a *A* (o *a* ∈ *A*), entonces *a* es un individuo y *A* un conjunto. (No importa que a su vez *a* pueda ser un conjunto: respecto de *A* será un individuo.) Si *A* y *B* son conjuntos, entonces *R* es una relación de *A* a *B* si y sólo si, para todo elemento o miembro *a* de *A*, hay por lo menos un miembro *b* de *B* tal que *R* enlaza a *a* con *b*, o sea, tal que la proposición "*Rab*" es verdadera. (El conjunto de tales pares, o sea, $\mathscr{E}(R) = \{\langle a, b \rangle \in A \times B \mid Rab\}$, se llama la *extensión* de R. Los extensionalistas identifican las relaciones con sus extensiones.) Finalmente, la noción general de función puede definirse así: sea f un miembro de la clase de las relaciones de A a B. Entonces f es una función de A a B si y sólo si f le asigna a cada miembro a de A exactamente un miembro de B, a saber, $f(a)$. (Por ejemplo, la función *sen* le asigna a cada número real a un número real b comprendido entre -1 y 1, a saber, $b = sen\ a$.) En suma, la matemática da razón de las propiedades formales de los conceptos, sean genéricos o específicos. También da razón de las propiedades formales de todos los objetos (conceptuales) compuestos en última instancia por conceptos, o sea, las proposiciones, contextos, y teorías.

En cuanto a las propiedades semánticas de los constructos, tales como sentido y verdad, ellas son estudiadas por la semántica. Una propiedad semántica particularmente interesante de cualquier constructo es su referencia, o conjunto de objetos a que se refiere (verídicamente o no). Si un constructo se refiere a objetos conceptuales, como acontece con los predicados "es una proposición", "(la operación) unión (de conjuntos)", y "(función) continua", entonces las ciencias de lo conceptual se ocupan de caracterizarlo. En cambio, si el constructo se refiere a objetos concretos (materiales, reales), tales como sucede con los predicados "es soluble en agua" y "es políticamente inestable", entonces es preciso recurrir a las ciencias de lo real para caracterizarlo. Por ejemplo, el concepto de velocidad se define para entes físicos y relativamente a sistemas (físicos) de referencia, de modo que se refiere a ambos. En este caso la física, no la matemática, nos informa cuál es la referencia del concepto.

En definitiva, suponemos que hay cosas (objetos concretos o materiales), de las que se ocupan las ciencias fácticas, y constructos, de los que tratan las ciencias de lo conceptual tales como la lógica, la matemática y la semántica. En otras palabras, postulamos que todo objeto es, o bien concreto o bien conceptual, y que ningún objeto es concreto y conceptual:

$$Objetos \begin{cases} concretos\ (cosas)\ \text{o referentes de las ciencias fácticas} \\ \\ conceptuales\ (constructos),\ \text{o referentes de las ciencias formales} \end{cases}$$

Esta hipótesis puede tomarse, sea metafísica, sea metodológicamente. O sea, puede interpretarse como la afirmación de que existen objetos de dos clases, y que unos y otros existen de la misma manera, o sea, realmente (u objetivamente); o bien como la afirmación de que, en tanto que los objetos concretos existen (a secas), los conceptuales son ficciones, o sea, existen (conceptualmente) por convención. Adoptaremos la segunda interpretación: negaremos que los constructos sean parte de la realidad.

Lo que antecede implica que constructos y cosas (concretas) tienen propiedades fundamentalmente diferentes. Ello no obsta para que puedan compartir algunas propiedades. Por ejemplo, algunos constructos, tales como los miembros de un semigrupo, pueden asociarse o concatenarse análogamente a las cosas, y muchas cosas son tan pensables como los constructos. (Pero la pensabilidad no es una propiedad intrínseca sino una propiedad mutua de lo pensable y quienes son capaces de pensar.) Pero ninguna de dichas propiedades es peculiar o exclusiva de los constructos.

Cualquier constructo que viole nuestro postulado de la partición de los objetos en cosas y constructos se dirá *ontológicamente mal formado*. La atribución de propiedades conceptuales a objetos físicos, y de propiedades físicas (o químicas, biológicas o sociales) a objetos conceptuales pertenece a la categoría de los objetos ontológicamente mal formados. *Ejemplo 1*: "Un campo electromagnético es un tensor antisimétrico" en lugar de "Un campo electromagnético puede representarse por un tensor antisimétrico". *Ejemplo 2*: "Los números naturales son viejísimos" en lugar de "El hombre inventó los números naturales en la prehistoria".

2. EXISTENCIA MATERAL Y EXISTENCIA CONCEPTUAL

Los objetos concretos o materiales, sean animados o inanimados, naturales o artificiales, comparten ciertas propiedades notorias. Entre estas propiedades sustanciales figuran la de estar cn algún lugar, tener energía y ser capaces de cambiar. En cambio, el número 2 no está en ninguna parte, no tiene energía, ni puede cambiar. Lo mismo sucede con todos los demás constructos.

Las disciplinas que estudian los objetos concretos son las ciencias fácticas y la ontología o metafísica. Estas disciplinas procuran encontrar las leyes satisfechas por dichos objetos, en particular las leyes de su cambio regular. Las ecuaciones de movimiento y los esquemas de transmutación son ejemplos de proposiciones que representan dichas leyes (objetivas) de cambio. Toda ley de cambio puede concebirse, en última instancia, como una condición o restricción sobre las variables de estado que representan las propiedades de la cosa en cuestión. (Ejemplo: "$pV = nRT$" restringe las variaciones de la presión, el volumen y la temperatura de un gas: dichas variaciones no pueden ser arbitrarias.)

En otras palabras, las leyes de las ciencias fácticas (es decir, los enunciados nomológicos) expresan los estados realmente posibles de las cosas así como los cambios de estado (sucesos) realmente posibles de las cosas. No crean cosas o propiedades por decreto sino que representan propiedades de cosas y lo hacen de manera aproximada (parcialmente verdadera). En particular, no adjudican a las cosas concretas propiedades lógicas tales como contradicción, o semánticas tales como verdad. Nada de esto ocurre con los objetos conceptuales y las leyes que los definen. No tiene sentido hablar del estado mecánico, eléctrico, químico, mental o social del número 2, y menos aún de sus posibles cambios de estado: al número 2 no le sucede ni le sucederá nada. Tampoco tiene sentido hablar de la ecuación de movimiento de un semigrupo o del esquema de transmutación de un espacio métrico. Los objetos conceptuales no se hallan en estado alguno y por consiguiente no pueden cambiar de estado. (Su espacio de los estados es vacío.)

Los objetos concretos o materiales *son* y *están*: existen físicamente y están en algún estado. Los objetos conceptuales, en cambio, *son*: existen (conceptualmente), tienen propiedades conceptuales que no posee objeto concreto alguno, tales como la propiedad de ser un conjunto, o una relación, o un espacio. Los conjuntos no se mueven, las funciones no metabolizan, los espacios no procrean, las estructuras algebraicas no pasan hambre, las derivadas no explotan. Por consiguiente las leyes conceptuales (o formales) son muy distintas de las leyes físicas, químicas, biológicas o sociales: no describen algo que está ahí, independientemente de que se lo conozca, sino que caracterizan (definen implícitamente). Las leyes satisfechas por los objetos conceptuales no involucran variables de estado ni representan nada en la realidad: no son sino relaciones conceptuales entre objetos conceptuales. He aquí algunos ejemplos:

a] Si *A* y *B* son conjuntos no vacíos, y *A* está incluido en *B*, entonces la intersección de *A* y *B* no es vacía.

b] Si $\langle S, *, ^-, e \rangle$ es un grupo, entonces $\langle S, * \rangle$ es un semigrupo.

c] La probabilidad del complemento de un conjunto *A* es igual al complemento a la unidad de la probabilidad de *A*.

Las leyes matemáticas se clasifican en postulados (o axiomas) y teoremas. Lo mismo ocurre, desde luego, con los enunciados nomológicos de las ciencias fácticas. Pero en cambio no tiene sentido decir que las leyes objetivas representadas por tales enunciados nomológicos son básicas (postuladas) o derivadas (deducidas): las leyes naturales y sociales simplemente son. Además, los postulados matemáticos crean (definen implícitamente) sus objetos, en tanto que los enunciados nomológicos de las ciencias fácticas sirven para describir, explicar y predecir la conducta de sus referentes, pero no los crean.

No todas las fórmulas matemáticas son leyes. Algunas son enunciados de existencia, otras son definiciones (identidades), y otras son enunciados particulares (p. ej., datos). Los enunciados existenciales pueden ser postulados (axiomas) o derivados (teoremas). El gran matemático norteamericano Huntington distinguía entre ley general y postulado de existencia. Por este último entendía "un postulado que *exige la existencia* de algún elemento que satisface ciertas condiciones, tal como la proposición que una recta que pasa por uno de los vértices de un triángulo y cualquier punto interior al mismo debe cortar el lado opuesto, o la proposición que por un punto exterior a una recta dada, siempre es posible trazar por lo menos una recta paralela. Por una 'ley general' entendemos una proposición de la forma: *si existen* tales y cuales puntos, rectas, etc., *entonces* valen tales y cuales relaciones entre ellos; p. ej., la proposición que si B está situado entre A y C, y X entre A y B, entonces X está situado entre A y C; o la proposición que si dos rectas distintas son paralelas a una tercera entonces son paralelas entre sí" (Huntington, 1913, pp. 523-524).

Notemos dos puntos de esta cita. El primero es que los postulados de existencia preceden a las leyes, o sea, éstas presuponen a aquéllos. Esto es razonable, ya que de nada serviría enunciar leyes de objetos inexistentes. El segundo punto es que la existencia matemática se debe exigir o postular toda vez que no se la demuestre. El primer rasgo es compartido con las ciencias fácticas: también en éstas se ha de postular la existencia de los entes, fehacientes o sospechados, cuyas leyes se han de formular. La diferencia reside en que, mientras en matemática se postula la existencia conceptual, en ciencia fáctica se postula la existencia física o real. En cuanto al modo de postular, mientras en matemática se puede postular o exigir la existencia de tal o cual objeto (con tal de que no sea contradictorio), en ciencia fáctica las hipótesis existenciales deben someterse al control empírico. Si un matemático postula la existencia de un nuevo objeto conceptual, y lo hace sin incurrir en contradicción, nadie podrá refutarle; a lo sumo, su postulado de existencia será ignorado por considerárselo carente de interés. En cambio, si un físico, un biólogo o un historiador postulan la existencia de un objeto concreto aún no descubierto, lo hacen con la esperanza de descubrirlo.

No obstante la diferencia entre existencia real y existencia conceptual, esta última no es arbitraria: no se postula la existencia de objetos ociosos que no han de servir para construir teorías, demostrar teoremas o resolver problemas. Análogamente, en ciencia fáctica no se conjetura la existencia de algo que en principio no se pueda descubrir ni que sea inútil para resolver algún problema interesante. Por ejemplo, el paleontólogo no postula porque sí la existencia pasada de organismos de una especie ya extinguida: lo que conjetura completa alguna cadena evolutiva y explica así algo que ocurrió antes y algo que ocurrió después.

En definitiva, hay dos modos de existencia radicalmente diferentes: el conceptual y el físico. Pero el método de la postulación de existencia, con ser diferente, es similar: la existencia conceptual debe ser útil (conceptualmente) y la existencia física debe ser realmente posible. A continuación formalizaremos los dos modos de existencia.

3. EXISTENCIA Y CUANTIFICACIÓN

Los filósofos tradicionales han solido sostener que la existencia es una propiedad (o un predicado). Más aún, han solido suponer (casi siempre tácitamente) que la propiedad de existir es importante y acaso la más importante de todas las propiedades de cualquier objeto. En cambio, los lógicos modernos han afirmado que la existencia no es un predicado sino un cuantificador, a saber, el cuantificador existencial $\exists$. La mayoría de los filósofos contemporáneos han acatado este veredicto: sólo unos pocos han intentado reivindicar el concepto de existencia como propiedad, pero no lo han logrado porque, a diferencia de los lógicos, no se han servido de herramientas formales.

Creo que el problema se resuelve distinguiendo dos conceptos que los lógicos modernos han confundido: el concepto lógico *algo* y el concepto ontológico *existe*. La lógica se ocupa del primero, la ontología del segundo, y ambos se presentan juntos en ciertos casos, tales como "Algunos objetos interesantes existen conceptualmente" y "Algunos de los objetos que existen físicamente son cognoscibles".

Procedemos a definir un predicado existencial formalmente idéntico a cualquier predicado unario tal como "maleable" o "poblado". Nos valdremos para ello del concepto matemático de función característica de un conjunto. Ésta se define así. Sea A un conjunto no vacío incluido en un superconjunto X. Entonces la función característica de A es la función χ_A de X al conjunto $\{0,1\}$ tal que $\chi_A(x) = 1$ si y sólo si x está en A, y $\chi_A(x) = 0$ si y sólo si x no pertenece a A. Diremos entonces que a] *x existe en A* $=_{df} (X_A(x) = 1)$;

b] *x no existe en A* $=_{df} (X_A(x) = 0)$.

Ciertamente, podríamos haber estipulado simplemente que *x* existe en *A* si y sólo si *x* pertenece a *A*. Pero la relación de pertenencia no es una función y por ello no nos permite dar el paso siguiente.

Recordemos (Sección 1) que los predicados son funciones proposicionales, es decir, funciones que toman valores en conjuntos de proposiciones. Esta observación, junto con la definición anterior de existencia en un conjunto, nos permite introducir la siguiente definición de predicado existencial:

El *predicado de existencia relativa* (o *contextual*) es la función proposicional

E_A: $A \rightarrow$ Conjunto de las proposiciones que contienen a E_A, tal que "$E_A x$" es verdadera si y sólo si $X_A(x) = 1$.

Ahora podemos distinguir dos subconceptos de existencia: la existencia física y la existencia conceptual. Diremos que un objeto existe físicamente si y sólo si pertenece a algún conjunto de objetos físicos (concretos o materiales); y que un objeto existe conceptualmente si pertenece a algún conjunto de objetos conceptuales (constructos). Dicho con ayuda de los símbolos definidos anteriormente:

Si *x* es un objeto, entonces

a] *x existe conceptualmente* $=_{df}$ Algún conjunto no vacío *C* de constructos es tal que $E_C x$;

b] *x existe físicamente* $=_{df}$ Algún conjunto no vacío *F* de entes físicos (cosas) es tal que $E_F x$.

Ejemplo 1: "El número 2 existe conceptualmente pero no físicamente":

$$E_C 2 \ \& \ \neg \ E_F 2$$

Ejemplo 2: "El Mediterráneo existe físicamente pero no conceptualmente":

$$E_F m \ \& \ \neg \ E_C m$$

Ejemplo 3: "Algunos objetos existen tanto física como conceptualmente" (tesis hylemórfica):

$$(\exists x)(E_F x \ \& \ E_C x)$$

Ejemplo 4: "Algunos objetos existen físicamente y otros conceptualmente pero ningún objeto existe física y conceptualmente" (tesis del materialismo conceptualista):

$$(\exists x) \ (E_F x) \ \& \ (\exists y) E_C y \ \& \ \neg \ (\exists z) \ (E_F z \ \& \ E_C z)$$

4. CONCLUSIONES

Hemos bosquejado una filosofía de lo conceptual, o conceptología, que es conceptualista, ficcionista y materialista. Es conceptualista porque admite la existencia de objetos conceptuales distintos de los físicos, psíquicos e ideales. Es ficcionista porque, lejos de pedir que se admita la existencia autónoma de dichos objetos, postula que son ficticios, aunque no todos ellos inútiles o bien inventados para distraer, conmover, aleccionar, o amedrentar. Y es materialista porque postula que son seres de carne y hueso quienes inventan dichas ficciones y sustentan su existencia por el solo hecho de poder pensarlas. (El ficcionismo global, a la manera de Hans Veihinger, es incompatible con una gnoseología realista, ya que declara que las teorías científicas son meras ficciones, no representaciones de cosas reales o presumiblemente tales.)

Para poder hablar con exactitud de la existencia de objetos conceptuales hemos debido abandonar la tesis dominante, según la cual el cuantificador llamado *existencial* exactifica la noción de existencia, que a su vez sería única. Hemos definido un predicado de existencia relativa o contextual, que puede especificarse para indicar, sea existencia conceptual (o pertenencia a algún conjunto de constructos), sea existencia física (o pertenencia a algún conjunto de cosas). Y proponemos rebautizar *particularizador* o *cuantificador indeterminado* a ∃, para distinguirlo tanto del *universalizador* (o cuantificador universal) como del *individualizador* (o descriptor).

Mientras la existencia conceptual (p. ej., de una función) se postula o se demuestra, la existencia física (p. ej., de un documento) se conjetura, entendiéndose que tal hipótesis debe ser puesta a prueba empírica. En el primer caso se finge que algo existe (en algún cuerpo de ideas), en el segundo se supone, y luego se confirma (o se refuta), que algo es parte del mundo físico.

No obstante estas diferencias, tanto en ciencias formales como en ciencias fácticas las afirmaciones de existencia son responsables: se tiene algún motivo razonable y no se pierde el tiempo inventando postulados o conjeturas de existencia de objetos ociosos que no desempeñan función alguna tales como mundo posibles.

Las diferencias son en cambio irreductibles en lo que respecta al tipo de existencia así como a las condiciones y criterios de existencia. No es lo mismo afirmar la existencia de soluciones de ecuaciones que se supone representan ondas gravitatorias, que afirmar la existencia física de estas últimas. Ni es lo mismo establecer las condiciones que deben cumplirse para que existan las primeras, que averiguar qué clase de datos empíricos reforzarían, y cuales debilitarían, la hipótesis de la existencia de ondas gravitatorias. La primera es una cuestión matemática, la segunda un problema físico. Por consiguiente el filósofo en cuanto tal no está equipado para responderlas: debe limitarse a analizar la naturaleza y tipo de existencia de los objetos en cuestión.

4. ¿QUÉ ES UNA PROPOSICIÓN?

Los nominalistas niegan que haya proposiciones y, en general, constructos. Les parece que admitir su existencia es hacer una concesión al idealismo objetivo de Platón, Hegel, Bolzano, Frege, o Husserl. Los nominalistas prefieren por esto hablar de *oraciones* (*sentences*) y de *cálculo oracional* (o *sentencial*). ¿A qué hablar de proposiciones, dicen, si podemos arreglárnoslas con oraciones, entes éstos que sí tienen existencia concreta puesto que pertenecen a lenguajes hablados o escritos? Casi cualquiera puede pronunciar o escribir una oración en algún lenguaje, pero jamás alguien podrá ver u oír una proposición. Las proposiciones son, desde el punto de vista nominalista, inescrutables y perfectamente prescindibles porque no son objetos concretos.

Además de este argumento ontológico contra la tesis de la existencia de proposiciones se ha esgrimido el siguiente argumento semántico debido al gran lógico norteamericano Quine (1960). Si hubiera proposiciones tendríamos manera de decidir cuándo dos de ellas son idénticas. (Recuérdese su regla metodológica "*No entity without identity*", o sea, "No debe introducirse objeto alguno a menos que pueda estipularse una definición o un criterio de identidad".) Pero para esto tendríamos que poder aseverar que las dos proposiciones en cuestión significan lo mismo. (O sea: "$p = q$ si y sólo si p significa lo mismo que q".) Y, según Quine, no disponemos de una definición adecuada de sinonimia ni, *a fortiori*, de una teoría satisfactoria del significado. (Este argumento es de tipo matemático: X no existe porque no hay ninguna teoría que dilucide a X.)

Admitiré, de acuerdo con la conceptología bosquejada en el capítulo anterior, que no hay proposiciones en sí, como entes platónicos a la manera de Bolzano (1837). Pero agregaré que, si queremos hacer lógica, matemática, metamatemática y semántica, deberemos fingir que existen. Más aún, tenemos derecho a hacerlo porque, lejos de caracterizarlas de manera imprecisa, al modo en que las mitologías caracterizan a sus personajes (Minerva, Mafalda, etc.), podemos caracterizarlas con toda exactitud, tanto formalmente como semánticamente. Que podemos hacer lo primero es obvio: baste recordar la plétora de cálculos proposicionales. Pero lo segundo no es obvio y por esto tendremos que justificarlo.

Mi estrategia será la siguiente. Comenzaré por distinguir una proposición de las oraciones que la enuncian, y éstas de los actos de enunciación. (En inglés se hablaría del trío *proposition-sentence-statement*.) Intentaré luego definir la noción de proposición en función del concepto de oración. Fracasaré. El fracaso de esta tentativa nominalista me llevará a admitir que hay proposiciones como objetos irreductibles aunque caracterizables. Esbozaré entonces mi teoría del significado (Bunge, 1974a, 1974b). Esta teoría me permitirá definir la sinonimia de oraciones. Finalmente discutiré el tipo de existencia que se atribuye a las proposiciones. Concluiré que hay proposiciones en la medida en que hay seres capaces de pensarlas o de fingir que se las puede pensar. Esta conclusión no agradará a nominalistas ni a platónicos. Ni tiene por qué: al fin y al cabo vivimos en el siglo veinte, no en el doce.

1. PROPOSICIÓN, ORACIÓN Y ENUNCIACIÓN

Es necesario distinguir una proposición de las oraciones que la designan (expresan, formulan), así como es preciso distinguir una oración de sus diversas enunciaciones (orales, escritas o por ademanes). Cuando enuncio, o escucho, o escribo, o leo, una oración, tal como 'Tres es mayor que dos', ejecuto un acto psicofísico. La enunciación y la percepción de una oración son, pues, procesos y, como tales, objetos físicos *lato sensu*. No así la oración misma: ésta puede considerarse como una clase de enunciaciones concretas en circunstancias particulares. (Se verá en seguida, sin embargo, que no es fácil dar reglas para construir dicha clase Una misma oración podrá ser pronunciada por diversos sujetos, en distintas circunstancias y con diferentes tonos de voz. Cámbiense el sujeto, o las circunstancias, o el tono de voz, y se tendrán enunciaciones diferentes de la misma oración. (Piénsese en la oración '3 > 2' dicha en lenguaje interior, susurrada, gritada, o escrita en diversos lenguajes.)

A primera vista parecería que se puede definir una oración como una clase de equivalencia de enunciaciones (orales, escritas, por signos, etc.). En efecto, es posible definir lo que se entiende por enunciaciones psicológicamente equivalentes: son las que producen los mismos efectos en todos los sujetos que conocen el lenguaje al que pertenece la oración de marras. Pero no es posible *identificar* la totalidad de tales enunciaciones con una oración, y ello por dos motivos. Primero, porque oraciones diferentes pueden tener los mismos efectos; p. ej., 'Te daré un chocolate', 'Daréte un chocolate', 'Un chocolate te he de dar', etc. Segundo, porque la misma oración, enunciada de maneras diferentes, o en circunstancias diferentes, puede tener efectos diferentes; p. ej., 'Te daré un chocolate' en el interior de una chocolatería o en medio del desierto de Gobi. En suma, no parece posible dar una definición conductista del concepto de oración. Lo que sí se puede hacer, y se hace en psicolingüística, es relacionar oraciones con enunciaciones.

A su vez, ciertas oraciones designan o expresan proposiciones. Por ejemplo, las oraciones '3 > 2', 'III > II', 'Three is greater than two' y 'Tres es mayor que dos' expresan o designan una misma proposición. Pero si bien toda proposición es expresable por una o más oraciones, la recíproca no es cierta. En efecto, hay oraciones gramaticales que no formulan proposición alguna, como por ejemplo 'El número tres aleteó' y 'La raíz cuadrada de un sueño es igual a una canción'.

En resumen, tenemos tres clases de objetos y dos relaciones entre ellos:

$$\textit{Enunciados} \xrightarrow{\textit{enuncian}} \textit{Oraciones} \xrightarrow{\textit{expresan}} \textit{Proposiciones}$$

Más precisamente, en lo antedicho hay involucradas dos funciones: enunciación ($\mathscr{E}$) y designación ($\mathscr{D}$),

$$\mathscr{E} : E \to O \quad , \quad \mathscr{D} : O \to P$$

ninguna de las cuales tiene inversa, puesto que las dos son funciones de varios a uno (*many-one*). La composición de ambas funciones produce una tercera función, a saber, la de denotación (Δ):

$$\Delta = \mathscr{D} \cdot \mathscr{E} : E \to P$$

Esta función asocia a cada proposición al menos una enunciación. Algunas investigaciones psicolingüísticas (p. ej., las que versan sobre la importancia del significado en la comprensión y el recuerdo de una enunciación) pueden prescindir del conjunto intermedio O pero nunca del dominio y del condominio de Δ, o sea, de los individuos concretos que forman E y de los individuos conceptuales que constituyen P. En particular, parece admitido que comprender una señal sonora o una inscripción es asociarle la proposición (no la oración) correcta, es decir, hacer uso tácito de la función Δ de denotación.

2. TENTATIVA DE REDUCCIÓN DE PROPOSICIONES A ORACIONES
Y DE ÉSTAS A ENUNCIACIONES

Examínese el diagrama 1, en el cual la enunciación E_{abc} (acto psicofísico) enuncia la oración O_{bc} (objeto lingüístico), que a su vez designa o expresa la proposición P_c.

Se puede concebir la oración O_{mn} como la clase de todas las enunciaciones relacionadas con ella:

$$O_{mn} = \{E_{imn} \in \text{Enunciación} \mid 1 \leq i \leq r\}$$

Análogamente, podríamos concebir la proposición P_n como la clase de oraciones que la formulan:

$$P_n = \{O_{jn} \mid \text{Oraciones } m \leq j \leq 1\}$$

o bien como la n-ésima columna de la matriz $\lVert O_{ij} \rVert$ de oraciones. Pero las fórmulas anteriores son vacías mientras no se prescriba la manera de

DIAGRAMA 1

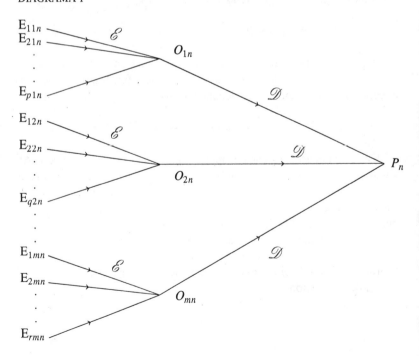

formar los respectivos conjuntos. En particular, la "definición" de P_n como una "cierta" clase de oraciones requiere, para adquirir sentido, la cláusula que todas las oraciones que constituyen el conjunto sean equisignificativas. En otras palabras, si lográramos definir una relación de equivalencia semántica, definida sobre el conjunto de las oraciones, podríamos definir una proposición como una clase de oraciones, a saber, el conjunto de todas las proposiciones equisignificativas. Tal relación de equivalencia tendría que definirse sin recurrir a la noción de proposición, pues de lo contrario se caería en circularidad.

Ahora bien, Quine sostiene que no disponemos de tal definición no circular de equisignificación o sinonimia. Tiene razón. Yo voy más allá: no la tenemos, ni la tendremos, ni la necesitamos. En este caso, lo que podemos intentar es invertir el programa inicial: en lugar de partir de signos (enunciaciones) partamos de objetos conceptuales para llegar finalmente a la definición de signos equivalentes como aquellos que denotan los mismos objetos conceptuales. O sea, dado el fracaso del nominalismo y del conductismo, ensayemos esta otra vía:

Si las oraciones u y u' designan las proposiciones v y v'
respectivamente, entonces: u y u' son sinónimas = $_{df}$ v = v'

Por supuesto, esta definición no será legítima a menos que logremos definir lo que entendemos por proposiciones iguales. A esto nos aplicaremos en las secciones siguientes. Si resolvemos el problema de la caracterización de una proposición, resolveremos *eo ipso* el problema de la definición de la igualdad de proposiciones. Y si logramos esto habremos demostrado que la dificultad señalada por Quine es inherente al nominalismo y al conductismo, no a la semántica en sí, ya que una semántica conceptualista como la que propongo logra superarla. Empecemos por definir el significado de una proposición.

3. SIGNIFICADO DE UNA PROPOSICIÓN

Diremos que la *significación* de una oración es una proposición. (Mejor dicho: puesto que no toda oración significa, tendríamos que decir que toda proposición es significada por una o más oraciones.) La relación $\mathscr{D}$ de significación o designación es una relación multívoca, ya que diversas oraciones pueden significar la misma proposición. Y hay objetos conceptuales dotados de significado pero que no son proposiciones, como es el caso del predicado "es mayor que 3".

Pero a su vez ¿en qué consiste el *significado* de una proposición? *Respondo*: El significado de una proposición está compuesto de su sentido y sus referentes. Por ejemplo, "3 > 2" significa referencialmente los números 2 y 3; en cuanto a su sentido, está dado por las proposiciones "3 = 2 + 1", "Existe un número entero mayor que 2", y todos los demás parientes lógicos de la proposición dada. El fragmento de árbol que sigue sugiere la idea:

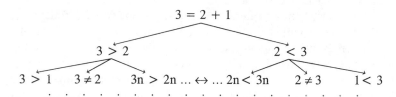

En otras palabras, "3 > 2" se refiere a los objetos 2 y 3, y su sentido está dado por las proposiciones de que se sigue y aquellas que se siguen de ella.

Dicho de manera más precisa:

a] La *clase de referencia* de la proposición "3 > 2" en el contexto A de la aritmética ordinaria es

$$\mathcal{R}_A(3 > 2) = \{2, 3\}$$

b] El *sentido* de la misma proposición en el mismo contexto es

$$\mathcal{S}_A (3 > 2) = \{x \in A \mid x \vdash 3 > 2 \vee 3 > 2 \vdash x\}$$

c] El *significado* de la misma proposición en el mismo contexto es

$$M_A (3 > 2) = \langle \mathcal{S}_A (3 > 2), \mathcal{R}_A (3 > 2) \rangle$$

donde '$\langle a, b \rangle$' designa el par ordenado que consta de las coordenadas a y b.

Una proposición fuera de contexto carece de significado preciso. En particular, sólo la mención explícita del contexto nos permite rastrear todos los vínculos lógicos (ascendentes y descendentes) de una proposición, y determinar así su sentido pleno.

Para determinar los referentes de una proposición es preciso analizar los predicados que figuran en ella. A su vez, la clase de referencia de un predi-

cado está determinada por su dominio de definición, a saber, como sigue.
Sea el predicado unario "viviente". Éste se refiere a sistemas concretos y
genera proposiciones de la forma "x es viviente", donde x es un sistema
concreto. O sea, podemos analizar "viviente" como una función V que
aparea cada sistema $x \in S$ con una proposición $y \in P$ verdadera o falsa:

$$V : S \to P$$

En general, un predicado n-ario podrá concebirse como una función de
n variables:

$$V : S_1 \times S_2 \times \ldots \times S_n \to P$$

donde '$\times$' designa el producto cartesiano de conjuntos y 'P' designa la clase
de proposiciones en las que figura el predicado V. Así como la clase de
referencia del predicado "viviente" era el conjunto S de los sistemas concretos, ahora la clase de referencia del predicado n-ario (o relación n-ádica)
V es la unión de los conjuntos que figuran en su dominio de definición:

$$R_C(V) = S_1 \cup S_2 \cup \ldots \cup S_n$$

donde C es el contexto en que figura V. (Esta insistencia en la necesidad
de indicar el contexto puede parecer pedantería innecesaria pero no lo es.
Piénsese en la distancia física: en la física pre-relativista es una función de
dos variables, en tanto que en relatividad es una función de tres variables.
En efecto, en el primer contexto hablamos de la distancia entre dos cosas,
y en el segundo de la distancia entre dos cosas relativa a cierto sistema de
referencia.)

Una vez analizados los predicados que figuran en una proposición podemos calcular la clase de referencia de ésta, que resulta ser igual a la unión
de todos los conjuntos que figuran en los predicados constituyentes. Por
ejemplo, la clase de referencia de la proposición "a no le dio b a c sino que
le dio d" es $\{a, b, c, d\}$. En símbolos, tenemos $\neg\, Dabc \,\&\, Dadc$, donde
'D' designa la relación triádica de dar. Obsérvese que el resultado no cambia si se omite la negación o si se remplaza la conjunción por la disyunción.
O sea, la función de referencia es insensible a las conectivas lógicas. Lo
único que importa son los predicados en sus contextos respectivos.

No sucede lo mismo, por supuesto, con el sentido de una proposición:
aquí las conectivas y los cuantificadores son esenciales. Por ejemplo, puesto
que $p \,\&\, q$ implica a p, que a su vez implica a $p \vee q$, el sentido descenden-

te del primero incluye al del segundo y éste al del tercero. En el caso del cálculo del sentido no basta entonces dar el contexto sino que es menester conocer la estructura lógica de éste. No es que una proposición carezca de sentido a menos que se presente en un contexto dotado de una estructura cristalina, sino que ésta es la condición necesaria y suficiente para determinar con precisión su sentido.

En resumidas cuentas, el significado de una proposición es el par ordenado compuesto por el sentido y la referencia de la proposición. A su vez, el sentido de la proposición es el conjunto de sus parientes lógicos, en tanto que su clase de referencia es la colección de individuos involucrados en los predicados extralógicos que componen la proposición. Por consiguiente dos proposiciones poseen *el mismo significado* si y sólo si sus sentidos y sus referencias son iguales. Todo esto se dice con mayor exactitud y detalle en mis libros *Sense and reference* e *Interpretation and truth*.

4. CARACTERIZACIÓN DE LAS PROPOSICIONES

La caracterización más común de las proposiciones es ésta: son objetos verdaderos o falsos. Ésta es una condición suficiente pero no necesaria, ya que hay proposiciones, quizá las más numerosas, carentes de valor de verdad y esto sencillamente porque nadie se ha ocupado de asignarles un valor de verdad. Dos ejemplos triviales son: "La trillonésima cifra decimal de π es 7" y "En el centro de la tierra hay un trozo de hierro". Los ejemplos no triviales son de la forma "El valor de la función f, representativa de la propiedad P, para el individuo x, es y", donde f es un atributo que figura en alguna teoría científica. En otros casos una proposición carece de verdad no porque no le haya sido asignado sino porque no es posible decidir si es verdadera o falsa. En resumen, no es cierto que toda proposición posea un valor de verdad. Y, aun cuando lo posea, no es obvio que ese valor sea 0 o 1. En la vida diaria y en la ciencia, la mayor parte de las proposiciones que han sido evaluadas resultan ser verdaderas o falsas a medias, es decir, de manera aproximada. Baste pensar en cualquier caracterización que podamos dar de otra persona e incluso en resultados de mediciones de alta precisión.

Puesto que no todas las proposiciones poseen valores de verdad, la función V que asigna valores de verdad no está definida sobre el conjunto íntegro de proposiciones sino tan sólo sobre un subconjunto propio P_0 de P. O sea, V es una función parcial de P al conjunto VV de valores de verdad, conjunto éste que podemos identificar con el intervalo [0, 1] de números reales. De este modo, si p es una proposición indecidible, o que no ha sido evaluada, V no estará definida para p. Y si p es una proposición verdadera a medias, tal como "Quine es un lógico tibetano", entonces $V(p) = 1/2$.

Dado que V es una función parcial, no total, es insuficiente para caracterizar la noción de proposición. Para dar una caracterización satisfactoria es menester agregar que las proposiciones (todas ellas) son objetos dotados de sentido y de referencia. O sea, a la valuación V hay que añadir las funciones $\mathscr{S}$ (sentido) y $\mathscr{R}$ (referencia). Según nuestras definiciones más o menos tácitas de la Sección 4, el sentido de una proposición es un conjunto de proposiciones; por lo tanto, si llamamos P al conjunto de proposiciones que intervienen en un contexto, la función $\mathscr{S}$ es de la forma $\mathscr{S}: P \to 2^P$ donde 2^P es el conjunto de todos los subconjuntos de P (o sea, el conjunto potencia de P). Análogamente, puesto que la función referencia $\mathscr{R}$ asigna un conjunto de objetos a toda proposición, la función $\mathscr{R}$ será de la forma $R : P \to 2^o$, donde O es el conjunto de objetos (físicos o conceptuales) de que se trata.

Ahora bien, las funciones sentido y referencia no están bien definidas sino en contextos de un tipo bien preciso, a saber, aquellos dotados de una estructura lógica. Por lo tanto debemos restringir nuestra caracterización de proposición a contextos lógicamente cerrados, o sea, aquellos en que las manipulaciones puramente lógicas no aumentan ni disminuyen el acervo total de proposiciones. O sea, el conjunto P con que estamos tratando será cerrado respecto de las operaciones lógicas negación, disyunción, conjunción, cuantificación existencial y cuantificación universal). Nótese que esta caracterización puramente estructural del conjunto P no lo identifica, puesto que también es satisfecha por el conjunto de predicados.

Ahora disponemos de los ingredientes necesarios para forjar nuestra definición. Diremos de un objeto que es una *proposición* si y sólo si pertenece a la primera coordenada de por lo menos un sistema $\langle P, P_O, \mathscr{S}, \mathscr{R}, O, V, VV \rangle$, donde (i) P es un conjunto cerrado respecto de las operaciones lógicas, (ii) $P_O \subseteq P$, con $P_O \neq \emptyset$, es el dominio de definición de la función verdad V, que toma valores en el conjunto VV, (iii) $\mathscr{S}$ es la función sentido, que aparea elementos de P a subconjuntos de P, y (iv) $\mathscr{R}$ es la función referencia, que aparea miembros de P con subconjuntos del conjunto O de objetos. Nótese que, aunque la especificación de la función verdad V es insuficiente, es necesaria, ya que un subsistema $\langle P, \mathscr{S}, \mathscr{R}, O \rangle$ del sistema dado podría ser un sistema de predicados, no de proposiciones. En efecto, es posible definir $\mathscr{S}$ y $\mathscr{R}$ para predicados, como se hace en la obra *Sense and reference* citada más arriba. En cuanto a la especificación de la función verdad V, necesaria para dar pleno sentido a nuestra definición, se hace en el tomo que sigue al citado, a saber, *Interpretation and truth*.

Puesto que disponemos ahora de una definición de proposición podemos definir la igualdad de proposiciones. Diremos que *dos proposiciones son idénticas* (o sea, son la misma proposición) si y sólo si pertenecen al mismo sistema proposicional $\langle P, P_O, \mathscr{S}, \mathscr{R}, O, V, VV \rangle$ y sus sentidos y referencias son respectivamente iguales. Obsérvese que nada decimos de sus valores de verdad. En particular, dos proposiciones equivalentes no son necesariamente iguales, ya que pueden tener sentidos y aun referentes distintos. Piénsese en el juicio emitido por el estudiante cínico: "Aprobarás el examen de X si y sólo si el profesor de X te tiene simpatía y está de buen talante".

Finalmente, convendremos en que dos oraciones son *sinónimas* si y sólo si designan la misma proposición. Esta definición de sinonimia no es puramente lingüística ya que remite al objeto conceptual llamado 'proposición'. Esto se debe a que, para describir con precisión un lenguaje cualquiera, hay que especificar la relación de designación, lo cual no puede hacerse a menos que se fijen su dominio y su condominio. Y en el caso de los lenguajes conceptuales el primero es la colección de expresiones bien formadas del lenguaje a la par que el segundo es el conjunto de los conceptos y de las proposiciones designadas por dichas expresiones. El procedimiento inverso, consistente en partir del lenguaje (o aún peor, del acto de hablar, o de la "observación de la conducta verbal") es imposible, como se vio en la Sección 3.

Lo que vale para la descripción de un lenguaje vale igualmente para el análisis conceptual de un trozo cualquiera de éste. Para saber qué significa la expresión x, o si significa lo mismo que la expresión y, no basta el análisis lingüístico: hay que descubrir los conceptos o las proposiciones designados por x y por y. Y este problema puede no ser meramente cuestión de diccionario, como es el caso de la frase 'Bus sale' leída en inglés o en francés. Puede tratarse, en cambio, de un problema cuya solución requiera algún conocimiento sustantivo, como es el de una fórmula matemática interpretada diferentemente en dos teorías. En este caso las fórmulas, aunque lingüísticamente idénticas en apariencia, designarán proposiciones diferentes. Esto sucede por ejemplo con la famosa fórmula "$H = \Sigma_i \, p_i \, l n p_i$" según que aparezca en mecánica estadística o en la teoría de la información. La inadvertencia de esta diferencia esencial, oculta por la identidad tipográfica, ha ocasionado montañas de errores. Moraleja: No hay análisis lingüístico profundo sin componente conceptual.

5. HAY PROPOSICIONES

Hemos caracterizado las nociones de proposición, de igualdad proposicional y de sinonimia (o equivalencia de expresiones) con ayuda de ciertas teorías del sentido, de la referencia y de la verdad. Tenemos pues derecho a concluir que *hay proposiciones*, así como la aritmética nos autoriza a afirmar la existencia de los números enteros y la genética la existencia de genes.

El admitir la existencia de objetos conceptuales, tales como proposiciones, no nos obliga a aceptar forma alguna de idealismo. En efecto, la tesis no implica admitir que las proposiciones gocen de existencia autónoma, del mismo modo que la afirmación de que siento un malestar no implica que pueda haber malestares independientes del organismo. La hipótesis idealista de que hay proposiciones en sí, es decir, independientemente de quien pueda pensarlas, es una conjetura adicional. Además, es una hipótesis gratuita que no hace falta en ninguna disciplina.

Lo que existe físicamente, realmente, son ciertos organismos capaces de pensar o formar juicios. Posiblemente no haya dos juicios idénticos, ni siquiera en un mismo cerebro en momentos sucesivos. Pero hay juicios similares. Y si la similitud es suficientemente acentuada podremos concluir que el cerebro, o los cerebros, piensa o piensan la misma proposición. Ciertamente no estamos aún en condiciones de definir la relación de equivalencia subyacente a semejante partición del conjunto de los juicios. Pero acaso logremos encontrarla en el futuro cercano, sobre todo ahora que van desapareciendo los filósofos dualistas que han obstaculizado el avance de la neuropsicología.

Nótese bien que no se está afirmando la posibilidad de *definir* las proposiciones como clases de juicios (procesos cerebrales de cierto tipo) equivalentes en cierto respecto neurofisiológico. Antes bien, por ahora sólo estamos en condiciones de cumplir el proceso inverso, a saber, el de definir la similitud de juicios en términos de la igualdad de las proposiciones correspondientes En efecto, podemos proponer esta definición: si π y π' son procesos mentales consistentes en pensar las proposiciones p y p' respectivamente, entonces

$$\pi \sim \pi =_{df} p = p'$$

Pero esta definición de similitud de procesos neuronales será adecuada si así lo dictamina la neuropsicología.

Las proposiciones carecen pues de existencia autónoma: existen sólo conceptual o formalmente Lo mismo vale, *a fortiori*, para toda clase de proposiciones, por ejemplo las que constituyen una teoría cualquiera. Este concepto de conjunto de proposiciones se presenta, desde ya, en la lógica,

76   FILOSOFÍA DE LAS CIENCIAS FORMALES

la semántica y la metamatemática. En estas disciplinas interesan no sólo las proposiciones individuales sino también el conjunto de todas las proposiciones que se siguen lógicamente de una o más proposiciones dadas. Obviamente, nadie podría pensar cada uno de los miembros de este conjunto, ya que es infinito. Por este motivo no podemos definir la existencia conceptual o formal en términos psicológicos, p. ej., "x existe conceptualmente si hay por lo menos un cerebro que actualmente piensa a x". Esto vale sólo para el subconjunto finito de las proposiciones efectivamente pensables.

En resumidas cuentas, hay disciplinas íntegras que presuponen no solamente la existencia de proposiciones individuales sino también de conjuntos infinitos (y aun no numerables) de proposiciones, tal como las proposiciones infinitamente numerosas generadas por una función definida sobre la recta real. Semejante existencia formal o conceptual es fingida. Afirmar la existencia (conceptual) de una proposición es pensarla o fingir que alguien podría pensarla. En todo caso no estamos afirmando que haya proposiciones en sí, independientemente de quienes puedan pensarlas, sino solamente que siempre conviene, y a veces es indispensable, hacer de cuenta que las proposiciones "están ahí", listas para ser descubiertas *como si* se tratara de minerales o de genes aún insospechados.

La filosofía de la lógica y de la matemática sugerida por las observaciones precedentes no es nominalista ni idealista. No es lo primero porque, lejos de asignar un valor absoluto al signo, lo declara significativo en la medida en que designa un constructo. Ni es lo segundo porque no afirma la existencia independiente de las ideas a la manera de Platón, Hegel, Bolzano, Frege, Husserl, o Popper. Es, sí, *ficcionista*. El ficcionismo, errado en el caso de las teorías científicas (puesto que aun las falsas se proponen representar algún aspecto del mundo real), es la única teoría adecuada en el caso de las ficciones, como son las proposiciones y demás constructos. Así como las cosas concretas debieran ser tratadas por teorías gnoseológicamente realistas y ontológicamente materialistas, los objetos ficticios deben encararse desde un punto de vista ficcionista que, sin negar lo concreto, no lo confunde con lo ficticio. Está claro que, cuando desaparezca el último ser racional, desaparecerá también toda proposición. Acaso queden por un tiempo libros y revistas repletos de enunciados de oraciones. Pero, en ausencia de lectores, nadie podrá pensar dichas oraciones como proposiciones aun cuando pueda verlas: nadie podrá asignarles proposiciones ni, *a fortiori*, fingir que éstas existen en la "esfera conceptual" o en el "tercer mundo" de Popper (1972).

En resumen: no hay duda de que hay proposiciones, pero tan sólo como objetos conceptuales, esto es, ficciones pensables por algún cerebro racional.

III. FILOSOFÍA DE LA FÍSICA

5. REFERENCIA Y CONTENIDO
DE UNA TEORÍA FÍSICA

Considérese una teoría física elemental, tal como la teoría de la palanca, formulada por Arquímedes. ¿A qué se refiere: de qué trata? Ostensiblemente, se refiere a palancas. Pero también a sus apoyos, sistemas de referencia y campos gravitatorios. (Recuérdese que la teoría contiene el concepto de peso, y que el peso de un cuerpo depende tanto del campo gravitatorio como del sistema de referencia, por no mencionar la unidad de peso.) Es decir, las palancas, todas las palancas posibles, constituyen los *referentes ostensibles y centrales* de la teoría; los puntos de apoyo son referentes igualmente ostensibles pero *periféricos* de la teoría; y los sistemas de referencia y campos gravitatorios, igualmente periféricos, no eran conocidos por Arquímedes: son los referentes *ocultos* de la teoría originaria.

En otras palabras, diremos que la *clase de referencia fáctica* de la teoría T de la palanca es la unión de cuatro conjuntos: la clase C de todas las palancas habidas y por haber, la clase A de todos los apoyos posibles, la clase K de todos los sistemas de referencia, y la clase G de todos los campos gravitatorios posibles. En símbolos:

$$\mathscr{R}_F(T) = C \cup A \cup K \cup G$$

Esta clase está incluida en la referencia *total $R(T)$* de la teoría T. En efecto, la teoría incluye también objetos que no son físicos, tales como números reales y unidades de peso. Esto se advierte analizando las magnitudes fundamentales de la teoría, que son el peso y la distancia. El peso de un cuerpo c, situado en un campo gravitatorio g, relativo a un sistema de referencia k, y expresado en la unidad de peso u_p, es un número real

$$w = W(c,\ g,\ k,\ u_p)$$

(En otras palabras, la función peso es de la forma

$$W : C \times K \times G \times U_p \to \mathbb{R} \quad ,$$

donde U_p es el conjunto de todas las unidades de peso y $\mathbb{R}$ el conjunto de los números reales. Para detalles véase Bunge, 1971.)

En resumen, la teoría de la palanca, como cualquier otra teoría física, se refiere a entes físicos posibles, en este caso palancas, apoyos, sistemas de referencia y campos gravitatorios. (En cambio, la clase de referencia fáctica de una teoría perteneciente a la matemática pura es vacía.) Que esto es así, se descubre analizando las magnitudes y proposiciones fundamentales de la teoría. Este resultado parece trivial pero no lo es filosóficamente, ya que refuta, sin recurrir a argumentaciones filosóficas, todas las epistemologías no realistas. En particular, el análisis referencial refuta la epistemología convencionalista, según la cual las teorías científicas no son sino instrumentos convenientes para la manipulación de datos experimentales; y refuta la epistemología positivista, según la cual las teorías científicas conciernen a operaciones de observación y medición en lugar de referirse a cosas en sí, existentes con independencia del sujeto de conocimiento. En resumen, el análisis referencial de la teoría de la palanca confirma la epistemología realista. Se dirá acaso que esto vale para la física clásica y no para la cuántica, que se refiere inevitablemente al observador. No hay tal: veremos en el capítulo 6 que también la mecánica cuántica se refiere solamente a entes físicos.

2. CONTENIDO

En cuanto al *contenido* o *sentido* de la teoría T de la palanca (o de cualquier otra teoría), estipularemos que consiste en la totalidad de las proposiciones de T. En símbolos:

$$\mathscr{S}(T) = \{x \text{ es una proposición} \mid x \text{ pertenece a } T\} = T$$

Dado que toda proposición de una teoría bien formulada es, o bien una premisa, o bien una conclusión, tenemos

$$\mathscr{S}(T) = \{x \text{ es una proposición} \mid \text{Premisas de } T \vdash x\}$$

donde '$\vdash$' designa la relación de consecuencia lógica que rige en la teoría lógica subyacente a T, o sea, el cálculo de predicados de primer orden. A su vez,

$$\text{Premisas de } T = \text{Axiomas de } T \cup \text{Definiciones de } T.$$

En resumen, el sentido total de una teoría es igual a la teoría misma. Por lo tanto no es preciso (ni permisible) buscar el sentido de una teoría fuera de ella, por ejemplo en las operaciones de laboratorio destinadas a poner a prueba la teoría, o en las aplicaciones prácticas de ésta. Naturalmente, si se adopta una semántica diferente se podrá acaso obtener un resultado diverso. Nuestro resultado se obtiene utilizando la semántica del autor (Bunge, 1974a).

También en este caso podemos distinguir la componente fáctica de las demás. El *sentido* o *contenido fáctico* de T se definirá así:

$$S_F(T) = \{x \text{ es una proposición fáctica} \mid \text{Premisas de } T \vdash x\}$$

donde x es una proposición fáctica si tiene una referencia fáctica, o sea, si su clase de referencia fáctica no es vacía. Por ejemplo, la ley de equilibrio de la palanca es el axioma fáctico

$$L_1 W_1 = L_2 W_2 \qquad\qquad (F)$$

donde L_1 es la longitud y W_1 el peso de uno de los brazos de la palanca, y L_2 y W_2 la longitud y el peso respectivamente del otro brazo.

Pero ésta no es la única premisa de T. Otras premisas de T son:

L_1 y L_2 son valores de la función distancia en el espacio euclídeo tridimensional. $\qquad\qquad (M)$

W_1 y W_2 son valores de la función que *representa* el peso de un cuerpo, relativamente a un sistema de referencia en reposo respecto del cuerpo, y en un campo gravitatorio estático dado. $\qquad (S)$

Adviértase que (F) es una ley, (M) es una condición matemática, y (S) es una fórmula semántica que permite la interpretación física de (F). Ésta no es una peculiaridad de la teoría de la palanca. *Toda* teoría física tiene premisas que pueden clasificarse en tres clases: proposiciones físicas (en general fácticas) F, proposiciones matemáticas M, y proposiciones semánticas S. En símbolos,

$$\textit{Premisas de } T = M \cup F \cup S$$

para toda teoría T perteneciente a la ciencia fáctica.

3. CONCLUSIONES

Todo lo anterior es simple pero dista de ser obvio. En primer lugar los
resultados anteriores dependen de cierta teoría semántica (Bunge, 1974a,
1974b). En segundo lugar, hemos elegido una teoría física particularmente
sencilla, cuya formulación no ha sido oscurecida por ninguna filosofía
extravagante. En otros casos no será obvio cuáles sean los referentes ni cuál
el sentido de las teorías. Pero el epistemólogo podrá descubrir unos y otro
munido de la teoría semántica mencionada, con tal de que se tome el trabajo de examinar la teoría misma y no los comentarios filosóficos que se
hagan acerca de ella.

Por ejemplo, a menudo se afirma que la teoría especial de la relatividad
se refiere a observadores munidos de reglas y relojes. Esta afirmación es
falsa y se funda en la identificación ilegítima de sistema de referencia con
observador. Todo observador puede servir de sistema de referencia pero
la recíproca es falsa: la enorme mayoría de los sistemas de referencia no
están poblados. Por ejemplo, las estrellas fijas que se usan en astronomía,
y el centro de masa que se usa en física atómica, no están equipados de
observador alguno. Es verdad que muchos físicos *hablan* de las distancias,
duraciones, masas, etc., "relativas al observador". Pero ésta es una expresión incorrecta sugerida por la filosofía operacionalista. Las expresiones
correctas son "las distancias (o duraciones, masas, etc.) relativas al sistema de referencia en reposo (o en movimiento)".

Para convencerse de que es así, basta analizar el concepto de sistema
de referencia, al que no se atribuye ninguna propiedad humana: un sistema de referencia es meramente un ente físico dotado de ciertas propiedades convenientes. Esto se confirma si se examina cualquiera de las fórmulas
típicas de la teoría especial de la relatividad, por ejemplo la que relaciona
la duración Δt de un proceso relativamente al objeto en que ocurre dicho
proceso, con la duración $\Delta t'$ del mismo proceso relativamente a un sistema de referencia que se mueve uniformemente con velocidad u respecto del
objeto:

$$\Delta t' = \Delta t / (1 - u^2/c^2)^{1/2}$$

donde c es la velocidad de la luz en el vacío. Claro está que el sistema de
referencia en el que el proceso dura más, o sea, $\Delta t'$, puede ser el laboratorio de un observador. Pero esto es accidental. La relación entre ambas
duraciones es puramente física e independiente de todo acto de observación.
Tanto es así que vale, por ejemplo, para un par de estrellas en movimien-

to relativo uniforme. En todo caso, la fórmula se deduce de premisas que no contienen referencia alguna a observadores o a aparatos de medición. Las referencias a tales entes son espurias, ajenas a la teoría de la relatividad, y aconsejadas por la filosofía positivista. Con la mecánica cuántica sucede otro tanto: pese a lo que suele afirmarse, esta teoría no se refiere a observadores, sino exclusivamente a entes físicos. Pero esto se verá en el capítulo siguiente.

La moraleja filosófica de lo que antecede es breve: Las teorías físicas se refieren exclusivamente a entes físicos, y el sentido de las mismas consiste en la totalidad de las proposiciones fácticas de las respectivas teorías. Por consiguiente sólo una epistemología realista puede estar de acuerdo con la física teórica. (Para detalles véase Bunge, 1978.)

6. PROBLEMAS FILOSÓFICOS
DE LA MECÁNICA CUÁNTICA

La mecánica cuántica, que ha tenido éxitos tan notables en el dominio atómico y molecular, fue inventada hace medio siglo. Nació en una época en que la filosofía de moda en los medios científicos era el positivismo (o empirismo) lógico. Esta filosofía es fenomenista y operacionalista: sostiene que sólo tiene sentido hablar de lo que se observa o mide; que las ciencias no estudian cosas en sí sino fenómenos, esto es, lo que se le aparece a algún observador; y que todo concepto científico debe definirse en términos de operaciones concretas, tales como una operación de pesar o de tomar una muestra.

Era inevitable que esta filosofía positivista se infiltrara en las exposiciones de la mecánica cuántica, del mismo modo que se había insinuado anteriormente en las formulaciones de la teoría especial de la relatividad. Esa infiltración llegó al punto de que el formalismo matemático de la mecánica cuántica se interpretó a la luz de dicha filosofía. El resultado de esta simbiosis es que los científicos filosóficamente incautos suelen creer que ciertas tesis, que en realidad provienen de la filosofía empirista, forman parte de la mecánica cuántica y no pueden desligarse de ésta sin destrozar la teoría. Se puede demostrar que esta creencia es falsa. La manera de demostrarlo en forma general y rigurosa es axiomatizando la mecánica cuántica con toda la parquedad posible (Bunge, 1967a, 1967b). Otra manera, mucho menos general pero pedagógicamente más eficaz, es analizar algunas fórmulas típicas de la teoría. Éste es el procedimiento que seguiremos aquí.

1. LA TESIS FENOMENISTA DE LA INTERPRETACIÓN
DE COPENHAGEN

La interpretación positivista de la mecánica cuántica suele llamarse *interpretación de Copenhagen*, por haber sido propuesta principalmente por el eminente físico danés Niels Bohr en el curso del decenio de 1920. Dicha interpretación fue adoptada, con algunas modificaciones, por casi todos los arquitectos de la mecánica cuántica, en particular Heisenberg, Born, Pauli, Dirac, Jordan y Von Neumann. (En cambio, De Broglie y Schrödinger se mantuvieron al margen.)

El núcleo de la interpretación de Copenhagen es la siguiente

Tesis fenomenista: El objeto físico carece de existencia independiente del sujeto de conocimiento u observador. Lo que existe es una unidad sellada compuesta (de modo misterioso) por el observador, sus medios de observación (instrumental), y el objeto de observación. La distinción entre los tres componentes de este sistema no es inequívoca y objetiva sino que queda al arbitrio del sujeto, quien puede incorporar el objeto al aparato o considerar a este último como una prolongación de sí mismo. Por lo tanto toda afirmación acerca de un micro-objeto debe referirse también al modo de observarlo. Y toda fórmula de la mecánica cuántica cumple con esta condición, esto es, se refiere a una situación experimental.

La tesis fenomenista parece plausible en el caso de la física experimental, ya que todo experimentador trata, efectivamente, con algún objeto con ayuda de instrumentos de observación o medición. Sin embargo, el experimentador se afana por averiguar qué parte del comportamiento de su objeto es lo que suele llamarse "artefacto", es decir, obra del experimentador o de sus aparatos. Por ejemplo, el astrónomo sabe que los rayos que parecen emanar de una estrella fotografiada a través de un telescopio de refracción son introducidos por éste. Y el físico atómico se esforzará por evitar contactos directos con objeto, al que mantendrá lo más aislado posible y manipulará a distancia.

Desde luego que toda afirmación que haga el físico experimental contendrá alguna referencia al modo de observación o medición. Pero esto no se debe a que el físico genere todos los hechos que observa. Al contrario, la descripción del modo de observación se propone tranquilizar al lector, persuadiéndole de que las cosas son realmente así y no meras apariencias o fenómenos que desaparecerían si se cambiara el observador o su técnica. En resumen, el experimentador sabe que su acción puede perturbar al objeto y, por esto mismo, procura minimizar dicha perturbación o al menos corregirla teóricamente, a fin de dar resultados objetivos e independientes de la manera de observar, medir o experimentar. En otras palabras, el experimentador es objetivista. Si no lo fuera sería considerado incompetente.

Por consiguiente, el fenomenismo es patentemente falso en el dominio experimental. Sin embargo, los defensores de la interpretación de Copen-

hagen pretenden que valga no sólo en ese dominio sino también en el teórico: en efecto, exigen que toda fórmula teórica sea leída en términos de
operaciones de observación o medición. Veamos si esto es posible. Para ello
examinemos algunas fórmulas típicas de la mecánica cuántica elemental.

2. LA ECUACIÓN DE SCHRÖDINGER

La ecuación de Schrödinger, en alguna forma u otra, es una de las dos leyes fundamentales de la mecánica cuántica. Interviene, por lo tanto, en el
estudio de la constitución y de la evolución de cualquier sistema microfísico. Examinémosla en el caso más sencillo, que es el de un micro-objeto simple, de masa m y carga eléctrica e, sometido a un campo exterior
(macroscópico) representado por un cuadrivector potencial $\langle A_o, A \rangle$ dado.
En este caso la ecuación es

$$i\hbar \frac{\partial \psi}{\partial t} = H\psi \quad , \quad \text{donde } H = \frac{1}{2m} (p - \frac{e}{c}A)^2 + eA_o \quad ,$$

$$p = \frac{\hbar}{i} \nabla \qquad\qquad (1)$$

Cuando no hay campo exterior, $A_o = A = 0$, y la ecuación se reduce a

$$i\hbar \frac{\partial \psi}{\partial t} = - (\hbar^2 / 2m) \nabla^2 \qquad\qquad (2)$$

cuya solución elemental es

$$\psi (x,t) = u (x) \cdot e^{-iEt/\hbar} \qquad\qquad (3)$$

donde la amplitud u satisface la ecuación de Schrödinger independiente del
tiempo:

$$Eu = - (\hbar / 2m) \nabla^2 u \qquad\qquad (4)$$

Una solución particular de esta última ecuación es

$$u(x) = a \cos(kx + b) \qquad\qquad (5)$$

donde a, b y k son números reales. El valor correspondiente de la energía es $E = \hbar^2 k^2 / 2m$.

Por más que se escudriñe no se detectará ninguna coordenada de aparatos de medición, menos aún de observadores. O sea, tanto H como ψ se refieren exclusivamente al objeto microfísico en cuestión, por ejemplo un electrón libre. El formalismo matemático no tolera la intromisión de observadores ni de aparatos.

Si se quisiera calcular la influencia de un aparato sobre el objeto, y la consiguiente reacción de éste sobre aquél, habría que replantear el problema *da capo*. En efecto, ya no se trataría de un objeto libre, como en el caso de la ecuación (2), ni siquiera de un objeto sometido a un campo exterior dado (que no cambia por acción del objeto), como en el caso de la fórmula (1). Se tendría en cambio un sistema compuesto de dos componentes interactuantes: un objeto microfísico y un aparato de medición. Y este nuevo sistema sería representado por un operador H (hamiltoniano) que constaría de tres términos: uno referente al objeto medido, otro al aparato, y otro que representaría la interacción de los dos. Estaríamos, pues, en presencia de un nuevo problema. Y en todo caso se trataría de un problema físico del que estaría ausente el observador.

Finalmente consideremos el caso de un electrón en el campo electrostático de un protón. En este caso, en la ecuación (1) pondríamos

$$A_o = e^2/r \quad , \quad A = 0 \tag{6}$$

donde r es la distancia de un punto del campo al protón. La función de estado ψ resulta ser una función de las coordenadas esféricas relativas al protón. Y la fórmula correspondiente para la energía es $E_n = -k/n^2$, donde n es un número natural y k es la energía del estado fundamental ($n = 1$) del sistema.

Tampoco en este caso es permisible interpretar los resultados del cálculo en términos de observaciones, si bien éstas sirven, desde luego, para poner las fórmulas a prueba. En efecto, en las fórmulas anteriores no figura ninguna característica de aparatos u observadores: las fórmulas se refieren exclusivamente a un átomo de hidrógeno. Lo que corresponde exactamente a la situación experimental, ya que las mediciones espectroscópicas que ponen a prueba la fórmula de la energía del átomo de hidrógeno no ejercen la menor influencia sobre los átomos que emiten la luz que se mide. Por ejemplo, los átomos de hidrógeno ubicados en el sol y las demás estrellas emiten luz sin pedirle permiso a observador alguno y sin ser afectados por los espectrógrafos terrestres. El observador se limita a analizar dicha luz, de modo

que sus operaciones no afectan al proceso de emisión. Lo mismo vale, por
supuesto, para todos los demás átomos y para las moléculas: sus propiedades
no se explican por las acciones de los observadores. Antes bien, para poder
estudiar los seres vivos, y en particular los físicos, hace falta (aunque no es
suficiente) la física y, en particular, la mecánica cuántica.

En conclusión, tanto el físico experimental como el teórico se ocupan de
estudiar cosas en sí, tal como existen independientemente de ellos mismos.
De modo que el físico, en su práctica –sea teórica o experimental– olvida la
interpretación de la mecánica cuántica. Se acuerda de ella sólo cuando expone los principios generales o cuando filosofa. Todo lo cual recuerda la dua-
lidad tan frecuente entre los elevados principios morales y la vida diaria.

3. AUTOVALORES

Un segundo principio fundamental de la mecánica cuántica es la ecuación
de los autovalores y autofunciones de un operador que representa una propiedad o variable dinámica, impropiamente llamada "observable". (La
mayoría de las propiedades representadas por "observables" no son observables, al menos directamente.) Sea A_{op} un operador representativo de una
propiedad A. Entonces A_{op} satisface a

$$A_{op} \, u_k = a_k \, u_k \tag{7}$$

donde u_k es la k-ésima autofunción y a_k el autovalor correspondiente de A_{op}.
El caso más sencillo es el del impulso lineal, representado por el operador
$P_{op} = (\hbar/i) \, \nabla$. Sus autofunciones son e^{ikx}, donde k es una terna ordenada
de números reales, y los autovalores correspondientes son $p_k = \hbar k$. Otro
ejemplo es la ecuación (4) de los autovalores y autofunciones de la energía de un objeto libre.

Limitémonos a la interpretación de los autovalores a_k. Según la interpretación de Copenhagen, a_k es uno de los valores que encontrará un
observador cuando *mida A* con un instrumento cualquiera. Pero en las
fórmulas anteriores no se hace referencia a observadores ni a sus operaciones de medición. Dichas fórmulas autorizan solamente una interpretación
estricta o literal, a saber: a_k *es uno de los valores posibles de A*.

Más aún, la interpretación de Copenhagen es empíricamente falsa, ya
que los resultados de toda medición dependen del método de medición
y son rara vez exactos. En efecto, en general un valor medido de A será

$a'_k \pm \varepsilon_k$ donde a'_k, el valor medio de una sucesión de mediciones, diferirá en general del valor calculado a_k, y de todos modos estará afectado de un error relativo ε_k característico del método de medición.

Si se adoptara la interpretación de Copenhagen se podrían cerrar todos los laboratorios dedicados a la determinación de los valores de las variables dinámicas, ya que ellos estarían dados *a priori* y con toda precisión por las ecuaciones (7). Afortunadamente para la física experimental, dicha interpretación no tiene asidero en las fórmulas cuánticas: es una excrecencia filosófica fácil de extirpar

4. FUNCIÓN DE ESTADO

El tercer principio fundamental que examinaremos es el de Born. No es una ley sino un postulado semántico, que asigna una interpretación física a la función de estado ψ. Lo formularemos así: "Sea un objeto físico a en un estado ψ_a. La probabilidad de que a esté en el instante t en la región comprendida entre x y $x + \Delta x$, es igual a $|\psi_a(x,t)|^2 \Delta x$." La probabilidad en cuestión es una propiedad del objeto a; más precisamente, es la probabilidad de *presencia* de a en la región Δx situada en la punta del vector x. Tampoco aquí intervienen aparatos ni observadores.

Sin embargo, la interpretación de Copenhagen es diferente: afirma que $|\psi_a(x,t)|^2 \Delta x$ es la probabilidad de *hallar* a a en Δx cuando se *mide* la posición de a. Esta interpretación es ilegítima porque ψ_a no contiene coordenada alguna de instrumentos de medición: en efecto, si el hamiltoniano H no contiene tales variables, entonces su compañera ψ tampoco puede depender de ellas, como es obvio por la ecuación de Schrödinger (1).

Más aún, es obvio que la probabilidad de hallar una cosa en un lugar depende tanto de la probabilidad de presencia de la cosa en el lugar como de la sensibilidad del instrumento de búsqueda y la habilidad del que lo maneja. Si busco a simple vista y sin anteojos una aguja en un pajar, no la encontraré. La probabilidad de encontrarla aumenta si me calo los anteojos, y crece aún más si recorro el pajar con un imán. En resumidas cuentas, la interpretación operacionalista del principio de Born es matemáticamente injustificada y empíricamente falsa.

Si se acepta nuestra formulación del principio de Born se comprende que, según la mecánica cuántica, los objetos microfísicos tienen una distribución de posición, de densidad $|\psi(x,t)|^2$. Análogamente, el impulso lineal tiene una distribución de densidad $|\varphi(p,t)|^2$, donde φ es la transformada de Fourier de ψ. Dicho en términos negativos: según la mecánica cuántica los microobjetos no son puntos materiales. Tampoco son ondas, puesto que ψ no es un campo sino en el sentido matemático, sino una amplitud de probabilidad (de presencia). En otras palabras, los objetos de que trata la mecánica cuántica no son partículas ni campos clásicos, sino objetos de un género nuevo que la física clásica es incapaz de describir. Por esto merecen un nombre nuevo; p. ej., *cuantones*.

5. DESIGUALDAD DE HEISENBERG

Examinemos ahora la fórmula más famosa de la mecánica cuántica, que ha confundido a más de un físico y ha confortado a más de un filósofo subjetivista o indeterminista. Se trata de las desigualdades de Heisenberg, impropiamente llamadas "principio de indeterminación" o "principio de incertidumbre". Este presunto principio relaciona entre sí los anchos de las distribuciones de probabilidad de posición y de impulso lineal. Es el teorema que enunciaremos así: "Si un objeto material está en un estado ψ al tiempo t, entonces el producto de las dispersiones cuadráticas medias de la posición y del impulso lineal es mayor o igual que $\hbar/2$:

$$\Delta_{\psi, t} x \cdot \Delta_{\psi, t} p \geq \frac{\hbar}{2} ."$$

Los adherentes a la escuela de Copenhagen no proponen una sino varias interpretaciones de las desigualdades de Heisenberg (cf. Bunge, 1977), lo que indica la imprecisión con que formulan sus principios. Las más populares son: a] las dispersiones son errores de medición, y b] las dispersiones son incertidumbres (en la mente de algún sujeto) referentes a la posición y el impulso exactos del objeto cuántico. Pero estas interpretaciones son ilegítimas, ya que las premisas de las que se deduce el teorema de Heisenberg no se refieren al observador ni a sus medios de observación. El teorema es completamente general: vale para un microobjeto material cualquiera, sea libre, sea sujeto a medición. Más aún, el teorema no puede referirse a estado mental alguno del observador, ya que la mecánica cuántica no se ocupa de físicos sino de lo que éstos estudian.

Lo que sucede es que, si uno se aferra al modelo clásico del punto material, esto es, si supone que los electrones y demás referentes de la mecánica son puntos materiales con valores precisos de la posición y de la velocidad, entonces es casi inevitable interpretar las dispersiones cuadráticas medias como errores de medición o imprecisiones de cálculo, a condición de olvidar las premisas que implican el teorema de Heisenberg. Pero, como ya se anotó, la mecánica cuántica no hace esa suposición clásica. Según la mecánica cuántica, los entes materiales poseen en cada instante una distribución de posición y otra de impulso lineal. Solamente en casos excepcionales –acaso imaginarios– se logra que un ente microfísico tenga una posición puntual o bien un impulso dado; y en tales casos esta concentración de valores de una de las propiedades se hace a costas de una dispersión completa de los valores de la otra.

En conclusión, las desigualdades de Heisenbeg representan una propiedad de los objetos microfísicos que no tiene nada que ver con mediciones ni con estados mentales. Tampoco dan pie al indeterminismo radical: puesto que el teorema de Heisenberg es un enunciado de ley, no viola el principio de legalidad sino tan sólo el determinismo clásico. Pero el problema del indeterminismo merece un parágrafo aparte.

6. INDETERMINISMO

El problema del subjetivismo empalma con el del indeterminismo, ya que si se niega la existencia autónoma del objeto físico se sigue que éste no se comporta según sus leyes físicas sino que está siempre a merced del observador: éste puede hacerle hacer lo que se le antoje: crea los hechos, se constituye en demiurgo. En efecto, la interpretación de Copenhagen incluye, además de la tesis subjetivista que hemos criticado, la

Tesis indeterminista: Puesto que los hechos físicos observables (que son los únicos acerca de los que tiene sentido hablar) están a merced del experimentador, no hay legalidad objetiva. En otras palabras, la ocurrencia de los hechos físicos depende del experimentador, cuyas decisiones y acciones no son regidas por leyes físicas; por lo tanto los hechos físicos no son legales.

Esta tesis aparece en forma prominente en las teorías cuánticas de la medición que incluyen el famoso postulado de proyección debido a Von Neumann. Según dichas teorías, mientras el objeto físico no es sometido a observación, evoluciona según la ecuación de Schrödinger. (¿Cómo se sabe que ésta es la ley correcta si no se hacen mediciones? Éste es uno de los misterios de Copenhagen.) En cuanto el objeto físico es sometido a observación o medición, la ecuación de Schrödinger deja de valer y comienzan a regir las fórmulas de la teoría cuántica de la medición. Entre ellas figura la siguiente: "Si antes de la medición de la propiedad A el objeto estaba en un estado

$$\psi = \Sigma_k c_k u_k \quad , \quad \text{donde } u_k = \text{autofunción de } A_{op} \, ,$$

la medición de A arroja al objeto a un autoestado u_k del operador A_{op} representativo de A con la probabilidad $|c_k|^2$." O sea,

Medición

ψ ⟶ u_k

Antes   *Después*

Éste es el famoso colapso de la función de estado. Según la interpretación de Copenhagen, este colapso es el mismo cualquiera sea el procedimiento de medición, o sea, cualquiera sea el modo y la intensidad de la interacción entre el objeto y el complejo formado por el observador y su dispositivo experimental. Naturalmente, esto es falso: los resultados de una medición dependen críticamente, no sólo de lo que se mide, sino también del tipo de aparato y de diseño experimental. No es lo mismo utilizar un instrumento de alta precisión que uno de baja precisión.

Si creemos, aunque sea provisoriamente, que la mecánica cuántica es aproximadamente verdadera, entonces no podemos aceptar la afirmación dogmática de que la ecuación de Schrödinger, y todo lo que de ella depende, deja de valer en el momento en que aparece el observador, y que sólo vale (aunque no tengamos manera de saberlo) mientras el observador está de vacaciones.

(Lejos de prescindir de la ecuación de Schrödinger para describir, explicar y predecir el proceso de medición, debemos utilizarla para estos fines. Como se indicó en la Sección 2, tendremos que introducir en ella un hamiltoniano H compuesto de tres términos: uno que se refiere al objeto medido, otro al aparato, y el tercero a la interacción entre objeto y aparato. Pero para poder escribir explícitamente los dos últimos términos es necesario formarse un modelo preciso del aparato, de cómo funciona y de qué mide. Esto es, toda teoría de la medición –sea clásica o cuántica– es una teoría de la medición de una propiedad determinada de cosas de un género dado, con ayuda de dispositivos científicos específicos. Puesto que no hay aparatos de medición generales tampoco puede haber una teoría general de la medición. Y las llamadas teorías cuánticas de la medición son precisamente eso: teorías generales, tanto que no describen ninguna medición en particular ni, por lo tanto, pueden someterse a prueba empírica alguna. Pero éste es otro cantar; volvamos al problema del indeterminismo.)

Ahora bien, la ecuación de Schrödinger es uno de los enunciados nomológicos de la mecánica cuántica. Ésta contiene muchos otros, tales como las ecuaciones de autovalores y las ecuaciones de conservación. Por lo tanto la mecánica cuántica no es indeterminista: no afirma que los hechos suceden arbitrariamente, que no hay regularidades. Ciertamente el determinismo en el que se encuadra la mecánica cuántica no es el clásico o laplaciano sino mucho más rico. El determinismo cuántico tiene una fuerte componente estocástica (que se resume en la función de onda) y una fuerte componente causal (representada por el hamiltoniano). Este determinismo cuántico está lejos del indeterminismo radical de la escuela de Copenhagen, atribuido al libre albedrío del experimentador.

7. CONCLUSIÓN

La conclusión de nuestro análisis es clara: la tesis fenomenista es falsa. Las fórmulas de la mecánica cuántica se refieren exclusivamente a entes físicos. Algunas se refieren a entes microfísicos, tales como partículas, átomos o moléculas. Otras se refieren a entes microfísicos que interactúan entre sí, tales como protones que chocan contra núcleos atómicos; y otras se refieren a entes microfísicos en interacción con entes macrofísicos tales como campos electromagnéticos o instrumentos de medición. (Desde el punto de vista físico una medición no es sino un caso particular de una interacción micro-macro.)

Dicho de manera negativa: contrariamente a lo que sostienen los defensores de la escuela de Copenhagen, la mecánica cuántica no se refiere a observadores. Si lo hiciese incluiría fórmulas que dan cuenta del comportamiento de los observadores: permitiría describir cómo diseñan, mandan construir y manejan los aparatos, y acaso también cómo consiguen los fondos necesarios. Pero no es así: la mecánica cuántica no contiene variables biológicas, psicológicas ni sociales, que son las que se necesitan para describir el comportamiento de los observadores. La mecánica cuántica es una teoría estrictamente física.

Nuestra conclusión no es dogmática: se funda en un análisis de fórmulas típicas de la mecánica cuántica despojada de sus aditamentos filosóficos. (Para poder analizar la totalidad de las fórmulas de la teoría, y obtener así una conclusión completamente general y concluyente, es preciso axiomatizarla. Esta tarea ha sido realizada en otro libro: Bunge, 1967a.) Dicho análisis se esfuerza por sacar a luz los referentes fácticos auténticos de la teoría. Esto se logra con ayuda de la semántica esbozada en los capítulos 2 y 5. La filosofía se pone así al servicio de la ciencia.

IV. FILOSOFÍA DE LA BIOLOGÍA

7. EL CONCEPTO DE ORGANISMO

1. UN CONCEPTO CIENTÍFICO-FILOSÓFICO

El concepto de ser vivo u organismo se presenta en la vida diaria, en la ciencia pura y aplicada, y en las humanidades, desde la biología hasta las biotecnologías, y desde las ciencias sociales hasta la filosofía. El concepto figura en hipótesis muy generales que interesan por igual a todas esas disciplinas. Entre ellas figuran éstas: "Los organismos se originaron a partir de materia inanimada", "Todo organismo es mutable y está sujeto a la selección natural", y "Los organismos son sistemas compuestos por subsistemas químicos y están dotados de propiedades emergentes".

El concepto de organismo es tan ubicuo que puede considerárselo tanto científico y tecnológico como filosófico. (Lo que tiene sus desventajas: el científico espera que lo aclare el filósofo, y éste que lo haga el primero.) Así lo consideraremos aquí: lo trataremos como un concepto que se encuentra en la intersección de las ciencias de la vida con la filosofía, y en particular con la rama de ésta que se ocupa de lo viviente, o sea, la bioontología. Siendo así, la dilucidación de este concepto compete tanto a la biología como a la ontología. Lo que explica acaso por qué ni el biólogo carente de sensibilidad filosófica, ni el filósofo indiferente a la ciencia, nos dicen con precisión qué es un ser vivo, a menos que se pongan en tren de divulgación. Por ejemplo, Lwoff (1962, p. 183) nos dice que "El organismo vivo es un sistema integrado de estructuras macromoleculares y de funciones capaz de reproducirse". Si bien esta caracterización es correcta, depende de conceptos que no han sido previamente elucidados (en particular los de sistema y función) y, en todo caso, no constituye una teoría general de los seres vivos.

No estoy sosteniendo que los botánicos ignoren lo que es un olmo, o que los zoólogos ignoren lo que es un murciélago. Ni afirmo que los filósofos jamás hayan dicho nada valioso acerca de la vida en general. (Lejos de esto, creo que sólo acudiendo a los biólogos y a los filósofos podremos construir un concepto general y adecuado de vida.) Lo que sí afirmo es que no existe aún una *teoría* (un sistema hipotético-deductivo) que abarque *todas* las especies biológicas y *todos* los aspectos básicos (las propiedades necesarias y suficientes) de los organismos.

[97]

Es cierto que la biología molecular ha abierto el camino y que contiene algunas teorías propiamente dichas. Pero éstas son bastante específicas: p. ej., conciernen a la síntesis de proteínas, no a la totalidad de los procesos metabólicos ni, menos aún, a la totalidad de los procesos vitales. También es cierto que la teoría sintética de la evolución se refiere a todos los organismos. Pero se ocupa solamente de su historia: da por sabido todo lo demás, en particular cuanto concierne a la composición química y la economía de los organismos. En resumen, ni la biología molecular ni la biología evolucionista contienen una teoría general de la vida comparable a la teoría física de los campos electromagnéticos o a la teoría cuántica de las uniones químicas. Hay, sí, descripciones más o menos adecuadas y generales de los seres vivos (p. ej., Lwoff, 1962; Jacob, 1970; Monod, 1970) pero, como dijimos hace poco, no alcanzan a ser teorías propiamente dichas.

No nos proponemos llenar esa laguna sino, tan sólo, ofrecer una caracterización de la noción general de organismo, sea bacteria u hongo, planta o animal, carente de los defectos filosóficos que afean las definiciones usuales. Esta caracterización nos servirá para abordar, en capítulos siguientes, algunos problemas actuales de la biofilosofía y de la iatrofilosofía, en particular los problemas provenientes de la falta de precisión conceptual (p. ej., en el uso de la noción de sistema) y de los resabios de finalismo (p. ej., en el uso de las nociones de información genética y de diseño o plan de un organismo). No pretendemos que nuestra caracterización del concepto de ser vivo sea exhaustiva: sólo esperamos que sea útil como orientación general.

2. SISTEMAS

Biólogos, biotecnólogos y filósofos, sean globalistas, organicistas o reduccionistas, están de acuerdo en que los organismos constituyen una clase especial de sistemas concretos. Para subrayar su carácter sistemático o integrativo suele llamárselos *biosistemas*, nombre que también puede aplicarse a algunos subsistemas de un organismo. Por ejemplo las células y, con mayor razón, los órganos, pueden considerarse como biosistemas. No así los componentes de una célula, tales como los ribosomas o las mitocondrias: éstos son sistemas, pero no son sistemas vivos o biosistemas.

La biología reciente sugiere que todo biosistema es un sistema químico, o quimiosistema, de una clase muy especial. Esto es, un organismo sería un sistema químico pero no uno cualquiera sino uno dotado de características peculiares que lo diferencian de los sistemas químicos inanimados tales como el constituido por un clavo y el aire circundante, o aun la complicadísima molécula de DNA. Admitimos pues la hipótesis de que todo organismo es un quimiosistema con propiedades especiales. Pero esta afirmación es imprecisa, ya que no nos dice cuáles son las propiedades especiales que distinguen a un biosistema de un quimiosistema en general. Ensayemos entonces tornarla precisa, comenzando por definir la noción, tan importante y tan de moda como imprecisa, de sistema.

Un *sistema* es un objeto complejo cuyas partes o componentes están relacionadas de modo tal que el objeto se comporta en ciertos respectos como una unidad y no como un mero conjunto de elementos. Y un *sistema concreto* es un sistema cuyos componentes son objetos concretos o cosas. Cada uno de los componentes de un sistema concreto influye sobre algunos otros componentes del sistema (véase la figura 7.1). Los átomos, las moléculas, los cristales, los organismos y las organizaciones sociales son sistemas. Podemos distinguir diversos géneros de sistemas concretos, cada uno de los cuales constituye un nivel de organización de la realidad: 1] *fisiosistemas* tales como una roca y un campo electromagnético; 2] *quimiosistemas* tales como una hoguera y una batería eléctrica; 3] *biosistemas* tales como una bacteria y un banco de coral; 4] *psicosistemas* tales como un pájaro y un mamífero; 5] *sociosistemas* tales como una tropa de macacos y una comunidad humana, y 6] *tecnosistemas* tales como una fábrica y un hospital.

Para reconocer si una cosa u objeto concreto es un ente simple, o bien un mero agregado (o conglomerado), o bien un sistema, se puede recurrir a uno u otro de los criterios siguientes. *Primer criterio*: Una cosa es un sistema si y sólo si se comporta como un todo en ciertos respectos, o sea, si tiene leyes propias en cuanto totalidad. *Segundo criterio*: Una cosa es un

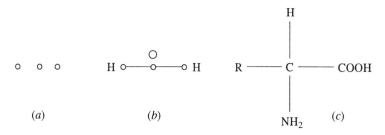

FIGURA 7.1. (*a*) Un conjunto de tres cosas. (*b*) Un sistema molecular: la molécula de agua. (*c*) Otro: un aminoácido α. 'R' abrevia un radical (p. ej., CH_3). Los segmentos de recta simbolizan ligaduras (interacciones).

sistema si y sólo si su comportamiento cambia apreciablemente cuando se quita uno de sus componentes o se lo remplaza por otro de clase diferente. En una ontología atomista o reduccionista no hay sistemas propiamente dichos sino tan sólo individuos por una parte y agregados (conglomerados) por otra, de modo que no se presenta la ocasión de definir el concepto de sistema. (En semejante ontología un organismo no es sino una bolsa llena de compuestos químicos.) Por el contrario, en una ontología globalista u holista, la noción de sistema es central pero indefinible y acaso también irremediablemente oscura. En efecto, toda ontología globalista afirma que "una totalidad es algo más que la suma de sus partes" pero no nos dice en qué consiste ese algo más, excepto que no puede conocerse analizando la totalidad en sus componentes y las relaciones entre éstos. Finalmente, en una ontología sistémica, como la nuestra, el concepto de sistema es tan central como definible. (Para una crítica de la tesis de que el sistemismo es globalista, véase Bunge, 1977b.)

En nuestra ontología el concepto de sistema es definible en términos de las nociones de cosa u objeto físico, propiedad de una cosa, composición (conjunto de partes) de una cosa, y acción de una cosa sobre otra. Aquí deberemos dar por sabidos estos conceptos, que se analizan en otra obra (Bunge, 1977a). El concepto de acción o efecto de una cosa sobre otra permite definir la noción de conexión, acoplamiento o ligadura entre dos cosas, a diferencia de una mera relación no conectiva tal como las relaciones espaciales o las de ser mayor que o anterior a. En efecto, diremos que dos cosas están *acopladas* o *ligadas* o *conectadas* entre sí, si una de ellas actúa sobre la otra y, con mayor razón, si interactúan. Por ejemplo, los reactantes de una reacción química están conectados entre sí puesto que interactúan formando compuestos o disociándose. Y los reactantes dejan de formar un sistema (y más particularmente un quimiosistema) una vez que se ha completado la reacción química.

El concepto general de sistema concreto puede definirse así: Una cosa *s* es un *sistema concreto* si y sólo si *s* es representable adecuadamente por la terna ordenada de conjuntos

$$m = \langle composición\ de\ s,\ ambiente\ de\ s,\ estructura\ de\ s \rangle$$

donde

i] La *composición* de *s* es el conjunto de las partes de *s*, conjunto que tiene por lo menos dos elementos.

ii] El *medio* o *ambiente* de *s* es el conjunto de cosas concretas, distintas de los componentes de s, que están conectadas con éstos, o sea, que actúan sobre s o son afectadas por s.

iii] La *estructura* de s es el conjunto de relaciones entre componentes de s así como entre éstos y componentes del ambiente de s, y tal que dicho conjunto incluye por lo menos una conexión o acoplamiento.

Aquí nos interesan particularmente los sistemas cuyos componentes están ligados, no por ligaduras permanentes, sino por conexiones dinámicas de tipo reactivo. Me explico: nos interesan las cosas complejas cuyos componentes interactúan formando cosas nuevas, tal como ocurre en las reacciones químicas. Ejemplo: una cosa se compone inicialmente de entes de clases A y B (no necesariamente diferentes); estos entes interactúan y forman cosas pertenecientes a una tercera clase C que difiere tanto de A como de B. En tales casos diremos que se trata de un *sistema reactivo* o, más brevemente, de un *reactor*.

Ahora bien, hay reactores de distintos tipos y, en particular, que operan a distintos niveles. Por ejemplo, el interior de una estrella es un gigantesco reactor nuclear, pues en él se producen incesantemente reacciones nucleares, en particular fusiones. Y una comunidad humana, por simple y pacífica que sea, es un reactor social en el sentido de que sus miembros y sus subsistemas interactúan formando nuevos miembros y nuevos subsistemas. Para nuestros fines inmediatos nos interesan los reactores químicos, que en cierto sentido se hallan a mitad de camino entre los nucleares y los sociales.

3. QUIMIOSISTEMAS Y BIOSISTEMAS

Un *reactor químico* o *quimiosistema* es un sistema reactivo cuyos componentes son átomos o moléculas que reaccionan entre sí. En otras palabras, un sistema concreto es un quimiosistema si es un reactor cuyos componentes pertenecen a especies atómicas o moleculares, y cuya estructura incluye ligaduras químicas variables (que se hacen y deshacen).

Un sistema heterogéneo, compuesto de átomos o moléculas de diversas clases, pero que no actúan entre sí –ya por ausencia de afinidad o de condiciones ambientales– es, según nuestra definición, un fisiosistema y no un quimiosistema. En otras palabras, este último no queda definido tan sólo por su composición sino también por su estructura, la que debe incluir conexiones de tipo reactivo. Un quimiosistema es pues un sistema dinámico (mucho más que una molécula) y, más particularmente, un sistema reactivo o reactor.

Ahora bien, hay reactores químicos –naturales y artificiales– de tantas clases como reacciones químicas diversas, o sea, varios millones. Nos interesan en particular los quimiosistemas semiabiertos, autocontrolados, que sintetizan proteínas, y son capaces de reproducirse (p. ej., por división). Expliquémonos paso a paso.

Un sistema *abierto* es un sistema cuyos componentes intercambian cualquier cosa con su medio. Éste no es el caso de los biosistemas, todos los cuales son selectivos: en efecto, están dotados de paredes (p. ej., membranas celulares) que limitan el intercambio de sustancia y de energía con el medio. Los organismos son sistemas semiabiertos, pese a que suele afirmarse que son abiertos. En general: un sistema *semiabierto* es un sistema dotado de una frontera que limita la clase de interacciones entre sus componentes y los componentes de su medio circundante.

Un sistema *autocontrolado* es un sistema en el que, o bien hay un subsistema que controla al resto, o bien ocurre un proceso (p. ej., una reacción química) que se controla a sí mismo, como sucede con las reacciones enzimáticas y aquellas cuyos productos de reacción inhiben o estimulan la reacción misma. Ejemplo: la síntesis de proteínas en el organismo, lejos de proceder en modo incontrolado, está controlada a] por los propios productos de reacción (que la inhiben a medida que se acumulan) y b] por el DNA y sus "emisarios", las moléculas de RNA. En definitiva, los organismos son quimiosistemas autocontrolados y semiabiertos.

Pero hay quimiosistemas semiabiertos y autocontrolados que no son organismos ni subsistemas de tales. Una peculiaridad de los biosistemas es que sintetizan *todos* sus componentes complejos a partir de átomos o moléculas más simples. En particular, sintetizan proteínas a partir de aminoácidos. También se descomponen proteínas en un organismo, pero tal descomposición ocurre igualmente en algunos productos de desecho de un ser vivo. Y también es posible sintetizar algunas proteínas en el laboratorio, pero el organismo lo hace espontánea y eficazmente, sin saber jota de bioquímica.

La síntesis de proteínas es un proceso complicado, que requiere reactivos de cierta complejidad (los aminoácidos), enzimas (catalizadores) adecuados, DNA, RNA y una gran cantidad de energía. El producto final, una proteína, contiene de 50 a 1 000 aminoácidos y tiene correspondientemente una estructura mucho más compleja que la de cualquiera de éstos. Más aún, a la par que un organismo cualquiera contiene sólo 20 aminoácidos diferentes, en el cuerpo humano se producen proteínas de miles de clases diferentes.

Se comprende que la síntesis de una proteína requiere un control preciso. La biosíntesis de proteínas es, por supuesto, un proceso autocontrolado. (Solamente en el caso de la síntesis artificial de proteínas puede hablarse literalmente de *instrucciones* para el ensamble de aminoácidos hasta formar proteínas: en el nivel celular no hay instrucciones, pese a que los biólogos moleculares suelen emplear el término 'instrucción' para denotar el control de esos procesos espontáneos por el DNA y el RNA. Como se verá en el capítulo 11, se trata de una metáfora.)

Quedamos entonces en que los biosistemas son quimiosistemas (o reactores químicos) semiabiertos, que toman de su medio circundante la materia y la energía que emplean, que sintetizan todos sus demás componentes, y se controlan a sí mismos. Los controles supremos de la síntesis de biomoléculas en el organismo son las moléculas de DNA. (En 1a biosíntesis de proteínas también intervienen moléculas de RNA, pero la actividad de éstas es determinada en gran medida por el DNA.) Al mismo tiempo que controla la biosíntesis de proteínas, el DNA tiene la peculiaridad de poder duplicarse o reproducirse.

En definitiva, los biosistemas son básicamente quimiosistemas semiabiertos y autocontrolados, que toman del medio circundante la materia y la energía que intervienen en sus reacciones, que sintetizan todos sus demás componentes, y se reproducen.

Las demás propiedades de un biosistema dependen de las enumeradas. En particular, la mutabilidad o capacidad de "equivocarse" en el curso de una duplicación de DNA, se explica en parte por el carácter esencialmente casual (probabilista) de los encuentros entre átomos y moléculas. A su vez, los organismos que resultan de las mutaciones son seleccionados por el medio: unas pocas características mutantes son favorables al nuevo organismo, el que entonces tiene más chances de sobrevivir que sus antecesores. Pero la mayoría de las mutaciones son desfavorables o por lo menos neutras, de modo que no mejoran la adaptabilidad al medio. (Se comprende que así sea precisamente porque las mutaciones son casuales e independientes del medio: es una coincidencia el que una mutación dada mejore la viabilidad, ya que no fue diseñada para esto.) La acumulación de mutaciones favorables o neutras desemboca en organismos que difieren más y más de sus antecesores, hasta el punto que se forma una nueva especie biológica. En suma, la mutabilidad y la selección natural se combinan para desembocar en la evolución de las especies.

Concluimos pues que los biosistemas son, básicamente, quimiosistemas que se distinguen de los demás quimiosistemas por poseer justamente las siguientes propiedades comunes a todos: son *quimiosistemas semiabiertos y autocontrolados, toman del medio la materia y la energía que intervienen en sus reacciones, sintetizan todas sus demás componentes –en particular las proteínas–, se reproducen, mutan, y evolucionan.*

Las células satisfacen esta caracterización del organismo. Con mayor razón la satisfacen las colonias de células y los organismos multicelulares, los que, además de las propiedades básicas mencionadas, poseen otras aún más complejas. (En cambio los virus no satisfacen nuestra definición pues, aunque complicados y llenos de DNA o de RNA, no sintetizan proteínas ni se reproducen. Puede ser que sean macromoléculas gigantes o bien parásitos descendientes de organismos, más bien que eslabones de la cadena evolutiva de lo químico a lo viviente. Pero éstas son especulaciones.)

Obsérvese que nuestra caracterización del organismo contiene solamente conceptos ubicuos y ninguno que sea propiedad exclusiva de la biología. En efecto, todos los conceptos que intervienen en ella, desde la noción de quimiosistema hasta la de evolución, se presentan en todas las ciencias a partir de la química. Son pues conceptos tanto científicos como ontológicos.

4. LA FRONTERA ENTRE LO INANIMADO Y LO VIVIENTE

Ninguna de las propiedades básicas de los seres vivos que hemos enumerado en la sección anterior es, por sí misma, típicamente biológica. Todas ellas se explican en términos puramente físicos o químicos. Por ejemplo, la replicación de una molécula de DNA consiste en que la hélice doble se escinde longitudinalmente al modo en que se abre un cierre de cremallera (*zipper*). A medida que se separan las dos mitades, acuden a los eslabones enzimas y nucleótidos libres que completan cada una de las dos mitades hasta que quedan formadas dos hélices dobles. El proceso de replicación del DNA es estrictamente fisicoquímico.

¿Debemos concluir que los biosistemas son quimiosistemas carentes de peculiaridades biológicas? Esto sería como inferir que no hay quimiosistemas porque éstos están compuestos de átomos enlazados entre sí por vínculos físicos. Si bien es cierto que ninguna de las propiedades básicas de un biosistema es por sí misma biológica, *el conjunto de sus propiedades y algunas de las relaciones entre éstas lo hace un biosistema*. Me explicaré.

Todo sistema almacena energía, pero sólo los biosistemas poseen organillos especializados en el almacenamiento de energía, a saber, las mitocondrias. Y, lo que es más interesante aún, la energía es almacenada en moléculas de TFA, que intervienen en la síntesis de proteínas. En términos antropomórficos diríamos que los organismos no almacenan energía "porque sí" sino "para" sintetizar proteínas, y que a su vez hacen esto último "para" mantenerse vivos. En términos modernos, diremos que la síntesis de proteínas insume grandes cantidades de energía, que son provistas por moléculas de TFA, y que si dicha síntesis deja de hacerse el ser vivo deja de ser tal. En otras palabras: una de las características de los biosistemas es que sintetizan proteínas, proceso éste que insume energía provista por moléculas de TFA. Los sistemas incapaces de sintetizar proteínas no se llaman 'organismos'. Y los que son capaces de hacerlo con ayuda de la química se llaman 'laboratorios' o 'fábricas'. (Dicho sea de paso, aún no se ha logrado sintetizar artificialmente la totalidad de las proteínas que se encuentran en el ser humano.)

Con la reproducción sucede algo similar. Muchos sistemas físicos –p. ej., gotas de líquido y núcleos de uranio– pueden partirse en dos. Pero la replicación de las moléculas de ADN tiene la peculiaridad de que puede desembocar en la reproducción de un organismo íntegro. (Tampoco en este caso sería legítimo hablar de finalidad. Cuando una célula envejece y no se divide, muere. Los individuos vivos no se reproducen "para" perpetuar su especie: simplemente, aquellos que lo hacen contribuyen a la continuación de su especie.)

Finalmente, también hay mutación y selección, por ende evolución, al nivel molecular. Pero este proceso molecular no desemboca necesariamente en la emergencia de seres vivos sino de nuevas moléculas. (Y no se diga que los organismos evolucionan "para" adaptarse mejor a su medio, puesto que la mayor parte de los procesos evolutivos, lejos de ser adaptativos, han culminado con la extinción.)

En general: dada una propiedad básica cualquiera de un ser vivo, es casi seguro que existe o puede fabricarse un sistema que la exhibe. Pero ese sistema o bien a] no poseerá las demás propiedades básicas de los biosistemas, o bien b] las poseerá, en cuyo caso será un biosistema, ya natural, ya artificial.

(Las diferencias entre lo viviente y lo inanimado se acentúan si, en lugar de considerarse las propiedades básicas que hemos tratado hasta ahora, se consideran otras más complejas, tales como el sexo y la capacidad de aprender, que no posee ninguna cosa natural inanimada. Estas otras sí son propiedades exclusivas de biosistemas, aunque no de todos. Pero la consideración de estas propiedades es irrelevante a nuestro problema precisamente por no ser ellas comunes a todos los seres vivos.)

Podemos afirmar entonces que lo viviente a] *difiere de lo inanimado*, b] *se enraiza en éste* y c] *emerge de éste en un proceso histórico*. En una palabra, los organismos constituyen su propio nivel de organización· véase la figura 7.2.

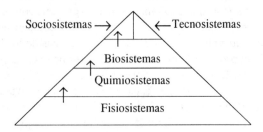

FIGURA 7.2. La pirámide de los niveles de organización. Las flechas verticales indican la dirección de la emergencia.

Los biosistemas son pues quimiosistemas de características especiales: *sus propiedades no se encuentran todas juntas ni relacionadas de la misma manera en los quimiosistemas inanimados.* (Hay emergencia sin trascendencia y enraizamiento sin reducción.) Puesto que las relaciones constantes entre propiedades son leyes (cf. Bunge, 1969, 1977a), podemos reformular lo anterior en la forma siguiente: Aún cuando cada una de las propiedades básicas de los biosistemas pueda encontrarse en el nivel químico, *los organismos poseen leyes peculiares.* Véase la figura 7.3.

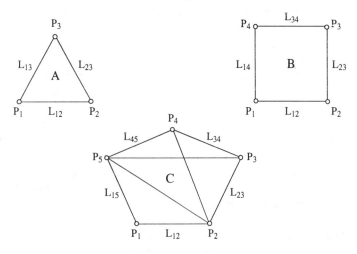

FIGURA 7.3. Los sistemas A y B poseen propiedades que también posee el organismo C. Éste tiene, además, la propiedad no básica (no común a todos los organismos) P_5 y las leyes L_{24}, L_{25}, y L_{35}.

Por ejemplo, si bien hay fisiosistemas que crecen (v.gr. cristales y nubes), y quimiosistemas (artificiales) que sintetizan proteínas, solamente los biosistemas poseen la ley "La tasa de crecimiento de un organismo es proporcional a la velocidad con que sintetiza proteínas". Otro ejemplo: un cuerpo sumergido en una solución de galactosa se hundirá o será arrastrado por la corriente si la hay. En cambio una bacteria se moverá hacia la zona de máxima concentración de azúcar. Es decir, la bacteria no sólo se mueve e ingiere galactosa, sino que se mueve optimizando su ingestión de galactosa (o bien su alejamiento de sustancias nocivas a ella). Ni el movimiento de por sí, ni la incorporación de galactosa de por sí, son características biológicas. Lo es en cambio la combinación de ambas funciones. En general: las leyes de quimiotaxis de cada especie bacteriana son leyes típicamente biológicas de dicha especie.

5. CONCLUSIÓN

Los sistemas químicos tienen componentes físicos (átomos o moléculas) que interactúan de manera peculiar, a saber, entrando en reacciones químicas. Estos procesos satisfacen leyes que no son físicas sino químicas, si bien tienen su raíz en propiedades físicas de los reactivos, tales como sus números atómicos. Lo químico está pues arraigado en lo físico y emerge de éste con leyes propias.

Con los organismos sucede algo similar: son sistemas químicos con propiedades emergentes, entre las cuales figuran las leyes típicamente biológicas, tales como las leyes genéticas y las ecológicas. El arraigo de las propiedades biológicas en el nivel químico refuta al vitalismo, y la emergencia de propiedades típicamente biológicas refuta al nivelacionismo fisicalista. La alternativa viable es el organicismo sistémico, o sea, la tesis de que los seres vivos constituyen quimiosistemas cuyas propiedades *básicas*, tomadas una por una, son físicas o químicas, pero que se combinan de manera peculiar en los organismos. Estas combinaciones emergentes de propiedades se llaman 'leyes biológicas', y éstas son características de los organismos. Si la filosofía de la biología hubiese centrado su atención en las leyes en lugar de hacerlo en las propiedades, acaso no seguiría empantanada en la disyuntiva mecanicismo-vitalismo: habría alcanzado la etapa que puede llamarse *biosistemista*.

8. BIOFILOSOFÍA

1. UNA DISCIPLINA INDISCIPLINADA Y ATRASADA

La biofilosofía, o filosofía de lo viviente y de la biología, es tan vieja como la filosofía. Los seres vivos han maravillado y ocupado a todos los filósofos, desde Aristóteles hasta Whitehead. Sin embargo, los que han logrado decir algo interesante –aunque no necesariamente verdadero– acerca de los seres vivos se cuentan con los dedos de una mano. Se llaman Aristóteles, Descartes, Diderot, Spencer y Bergson. Esto se debe en parte a que, hasta mediados del siglo XIX, la biología fue predominantemente descriptiva y clasificatoria. Hasta entonces los biofilósofos se veían precisados a especular mucho más allá de los límites de la ciencia, y sus ideas sobre lo viviente solían ser tan confusas como las de los propios biólogos.

La situación que acabamos de describir, o más bien caricaturizar, ha cambiado radicalmente gracias a tres revoluciones: la biología evolucionista (mediados del siglo XIX), la biología molecular (mediados de nuestro siglo), y la filosofía exacta (en formación). La biología dispone ya de un conocimiento adecuado, aunque incompleto, de los organismos más simples (las bacterias), así como de un conocimiento defectuoso pero progresivo de los organismos más complejos. Se ha averiguado la composición y estructura de la materia genética; se sabe algo acerca del modo en que ésta controla la síntesis de biomoléculas; se ha averiguado bastante acerca de la estructura y las funciones de organillos tales como los ribosomas y los cloroplastos; se ha avanzado mucho en la investigación de sistemas complejos tales como el sistema nervioso central de algunos animales; se ha averiguado el mecanismo general de la transformación de las especies e incluso el linaje íntegro de algunas clases tales como la del caballo.

El conocimiento biológico contemporáneo no es meramente descriptivo y taxonómico: es también experimental y teórico. Hay centenares de laboratorios en los que se realizan delicados experimentos que hace un par de décadas sólo los físicos atómicos hubieran podido dominar. Hay media docena de revistas de biología teórica llenas de modelos matemáticos, si bien no todos realistas. Se han gastado billones de dólares para averiguar la constitución de ciertos virus, el origen del cáncer, e incluso si hay vida fuera de nuestro planeta. En suma, la biología ha progresado enormemente desde la terminación de la segunda guerra mundial.

Los filósofos tienen ahora, por fin, mucha rica tela biológica para cortar. Poseen además las herramientas conceptuales de la filosofía exacta. Sin embargo, no las están empleando para aclarar las ideas filosóficas inherentes a la biología moderna ni para reconstruir las teorías biológicas de mayor interés filosófico. La biofilosofía se ha quedado atrás, sin darse por enterada de las revoluciones mencionadas. Tanto es así, que los filósofos han dejado pasar, sin protestar, la fraseología antropomórfica en que suele formularse la genética contemporánea cuando habla de las "instrucciones" o de la "información" contenidas en la molécula de DNA.

La biofilosofía está llena de problemas interesantes por resolver. He aquí una lista apresurada y desordenada de problemas biofilosóficos cuya solución enriquecería a la filosofía y ayudaría a la investigación biológica: ¿En qué se diferencia una especie de una población? Un género ¿es la unión de sus especies o la familia de éstas? Las propiedades y los procesos biológicos ¿son reductibles a propiedades y procesos fisicoquímicos? ¿Es verdad que el azar es la fuente de toda novedad biológica? Cuando los biólogos hablan de las letras del alfabeto genético y de la información contenida en un gen ¿lo hacen literalmente o metafóricamente? ¿En qué consiste el valor o ventaja de un rasgo para un organismo? ¿Hay progreso en la evolución? y ¿en qué medida es capaz de formular predicciones la teoría de la evolución. La literatura biofilosófica reciente (Koestler y Smythies [comps.], 1969; Rensch, 1971; Ruse, 1973, 1988; Hull, 1974; Ayala y Dobzhansky [comps.], 1974; Grene y Mendelsohn [comps.], 1976; Sober, 1993) trata sólo algunos de estos problemas, no utiliza herramientas exactas, y no siempre propone soluciones satisfactorias. Hay, pues, mucho por hacer.

En este capítulo nos ocuparemos tan sólo de cinco conceptos biofilosóficos que requieren dilucidación: los de función biológica, finalidad, plan, propiedad emergente y jerarquía. En el capítulo siguiente abordaremos el problema de la mente concebida como un conjunto de funciones del sistema nervioso central.

2. FUNCIÓN Y VALOR

Muchos biólogos y filósofos sostienen que las funciones de los organismos difieren radicalmente de las de las cosas inanimadas en que mientras que aquéllas son útiles éstas son indiferentes. Por ejemplo, la oxidación de un

trozo de hierro dejado a la intemperie acaba con él; en cambio, la oxige-
nación es indispensable para la supervivencia de los organismos aerobios.
De acuerdo, pero de esto no se sigue que las funciones biológicas sean algo
misterioso ni que la biología sea metodológicamente diferente de las demás
ciencias.

En todo caso, es absurdo discutir estas cuestiones sin antes averiguar
a ciencia cierta qué se entiende por 'función biológica'. Es obvio que ésta
es una expresión ambigua. Tiene por lo menos dos significados diferentes:

1. Función biológica es *lo que hace* un organismo o una componente
de un organismo. Ejemplo: "La función (específica) de los ribosomas es
sintetizar proteínas."

2. Función biológica es la *meta* o finalidad de un organismo o de una
componente de un organismo. Ejemplo: "La función de la reproducción es
asegurar la continuidad de la especie."

Examinemos ante todo el primer concepto. En efecto, la función (específica) de un ribosoma es sintetizar proteínas, y la de un corazón es bom-
bear sangre. No se trata de que el órgano, u organillo, sea un medio para
alcanzar una meta. Los ribosomas no son instrumento de la síntesis de proteínas, ni el corazón es instrumento de la circulación. La síntesis de proteínas y la circulación son lo que hacen los respectivos componentes del organismo o, mejor dicho, parte de su actividad.

Es un error hipostasiar las funciones y convertirlas en metas servidas
por órganos u organillos. No hay función sin órgano (u organillo), ya que
la función es lo que aquél hace. En cambio puede haber órgano sin función
(específica). Por ejemplo, los ojos de un gato recién nacido y el sistema
reproductivo de un bebé no desempeñan sus respectivas funciones específicas. Otro ejemplo: el envejecimiento trae aparejado el desuso de componentes (p. ej., neuronas).

¿Qué decir del segundo significado atribuido a la expresión 'función
biológica', sino que se trata de un vestigio de finalismo? Sabemos desde
Darwin, o debiéramos saberlo, que no hay por qué atribuir a todos los
organismos el propósito de perpetuar su especie mediante la reproducción.
Lo que ocurre es mucho más sencillo: aquellos organismos que no se reproducen no contribuyen a perpetuar su especie. Se seleccionan entonces
las especies más fértiles. Las de baja fertilidad terminan por extinguirse.

Comparemos ahora la noción de función biológica con la de función no
biológica. Se podría decir, aunque sin gran ventaja, que la función específica de los cuerpos es moverse. Pero de esto no se concluye que el moverse sea la finalidad de los cuerpos. Simplemente, aquellos cuerpos que
no se mueven (respecto de algún sistema de referencia) están en reposo.

Igualmente, los órganos que no desempeñan sus funciones específicas no funcionan. Tanto en un caso como en el otro se dice muy poco al afirmarse "La función específica de X es Y". Es preciso averiguar cómo procede X para hacer Y, a qué velocidad ejecuta X la función Y, en qué se modifica el medio de X cuando éste hace Y, etc., etc. Y si la investigación de estos problemas ha de ser considerada científica, deberá ajustarse al método científico, tanto en física como en biología como en cualquier otra ciencia fáctica. (Recuérdese el capítulo 2.)

Sin embargo, nada se opone a que introduzcamos una noción de valor biológico, con tal de que se trate de una propiedad objetiva de organismos y no de una fantasía vitalista. Diremos que el órgano X es *valioso* para el organismo Y si y solamente si la ausencia de X, o el mal funcionamiento de X, empeora el desempeño (la *performance*) de Y. Obviamente, la definición vale también para los organillos (p. ej., las mitocondrias) y se puede traducir a las funciones de los órganos u organillos de un organismo. Es igualmente evidente que la definición presupone alguna manera de medir o estimar la performance del organismo en diversos respectos (p. ej., su rendimiento termodinámico, su adaptabilidad o plasticidad, su fertilidad, etcétera).

Lo que vale para el organismo individual vale, *mutatis mutandis*, para la especie considerada en una perspectiva evolucionista. Diremos que el organillo, órgano o función X es *ventajoso* para el taxón Y si y sólo si los organismos pertenecientes a Y que poseen X están mejor adaptados que aquellos que no poseen X. En ambos casos, o sea, tanto en el del valor para el individuo como en el de la ventaja para la especie, se supone un ambiente dado. Si cambia el ambiente, p. ej., por una catástrofe geológica, podrá cambiar el valor de algunas funciones biológicas para los respectivos organismos.

En resumen, las funciones biológicas son tan estudiables como las demás. La función específica de X es el conjunto de aquellas actividades de X que no es capaz de realizar ningún ente que no pertenezca a la misma clase que X. El saber qué función específica desempeña X no basta: hay que averiguar cómo hace X para desempeñar su función específica. Y también hay que averiguar en qué contribuye esta función a la integridad del organismo y a la continuidad de su especie. Todos éstos son problemas biológicos que no requieren de la adopción de una metafísica finalista sino, por el contrario, de su decidido rechazo.

3. META Y PLAN

La literatura biológica está plagada de expresiones de las formas 'El órgano
X se ha formado (o ha evolucionado) *para* hacer Y', 'La *finalidad* de X es
desempeñar la función Y', 'La *meta* del comportamiento X de los miembros de la especie Y es la conservación de Y', y otras parecidas. En resumen, la literatura biológica, incluso en nuestros días, está repleta de expresiones provenientes de la época finalista o teleológica, que es decir del
periodo arcaico del pensamiento humano. Es verdad que a menudo se las
toma en sentido figurado, no literal. Pero no por esto son menos anticientíficas. Examinemos el problema.

Consideremos la expresión 'El órgano X se ha formado *para* hacer Y'.
Esta oración puede reformularse así: 'Los organismos que poseen el órgano
X son capaces de hacer Y. Ahora bien, la función Y es valiosa para los organismos en cuestión, y por lo tanto ventajosa para su taxón. Esto explica
en parte el que hayan sobrevivido organismos que poseen el órgano X.' Esta
reformulación de la oración inicial, tan crudamente finalista, está de acuerdo con la biología contemporánea y en particular con la teoría de la evolución. Esta última nos ha enseñado que la finalidad atribuida a órganos y
funciones es aparente: las cosas ocurren *como si* los organismos funciona-
ran dirigidos por o hacia ciertas metas. Pero de hecho estas metas están en
las mentes precientíficas. Lo que sucede realmente es que sólo tienen éxito los organismos que funcionan de determinadas maneras.

Consideremos ahora una expresión de otro tipo, a saber: 'Los organismos se proponen la homeostasis (o constancia del medio interno)', o bien
'Todo ser vivo tiende a mantener los valores de sus parámetros (funciones)
dentro de pequeños intervalos'. En efecto, el estudio de los seres vivos
muestra que éstos se comportan *como si* se propusiesen mantener o alcanzar
la meta de la homeostasis. Pero un estudio más profundo enseña que ésta
no es sino apariencia. Veamos.

La finalidad aparente se explica con ayuda de la teoría del biocontrol
y de la teoría de la evolución. La primera permite destapar el mecanismo
de control responsable del mantenimiento de la constancia del medio interno. Y la segunda nos dice que los mecanismos homeostáticos son ventajosos
para toda especie cuyos miembros los poseen; en cambio, los organismos
privados de biocontroles están en desventaja y sucumben a la corta o a la
larga. A su vez, los mecanismos de control no están guiados por entelequias
o fuerzas vitales: no son sino sistemas de retroalimentación (*feedback*)
negativa. Cuando el valor de una variable no alcanza el óptimo, o bien lo
supera, se pone en marcha un biocontrol (enzima, válvula, músculo, gru-

po de neuronas, o lo que sea). Los mecanismos de control son frecuente-
mente químicos. Y los biólogos estudian hoy día los biocontroles al modo
en que los ingenieros estudian los controles automáticos artificiales. Más
aún, la teoría general del control hace caso omiso de la naturaleza específica de los mecanismos de control, de modo que puede aplicarse tanto a la
biología como a la tecnología. Ya no quedan misterios en el campo del
control biológico: sólo quedan problemas.

En resumen, el finalismo (o teleología) ha sido batido por la ofensiva
combinada de la teoría de la evolución y la teoría del biocontrol. Los organismos no se comportan como lo hacen *para* alcanzar tal o cual meta, a
menos que posean un sistema nervioso altamente desarrollado que les permita, efectivamente, imaginar metas y estrategias para alcanzarlas. En el
curso de la evolución han emergido organismos dotados de biocontroles
rudimentarios. El medio ha seleccionado a los más eficaces, lo que da la
apariencia de un diseño o plan concebido cuidadosamente de una sola vez.

Sin embargo, hay destacados biólogos modernos que siguen hablando
de planes o proyectos. Dos de ellos son los eminentes genetistas Francisco Ayala y Jacques Monod, quienes adoptan la teleología rebautizándola
'teleonomía'. Por ejemplo, Monod afirma que los seres vivos son "objetos dotados de un proyecto" o plan (1970, pp. 22ss.), y llama 'teleonómico'
a todo aquello que contribuya al éxito del plan o "proyecto teleonómico".
Más aún, el "proyecto" o "plan" de todo organismo estaría encerrado en
su material genético al modo en que los planos de un edificio lo "contienen". Jacob (1970), quien compartió el premio Nobel con Monod, se expresa de manera parecida y añade que toda célula tiene un plan o "sueño":
el de dividirse en dos. Lo único novedoso de este finalismo es que emplea
algunas expresiones modernas, tales como 'información genética', y va
acompañado de una crítica del finalismo tradicional. Por lo demás no hay
grandes diferencias entre la teleología y la teleonomía, entre la entelequia
aristotélica y el proyecto o plan teleonómico. (Para críticas adicionales al
finalismo véase Bunge, 1973, cap. 3.)

Hay más: la atribución de un proyecto teleonómico a todo organismo
es irrefutable. En efecto, si –como lo sostienen Monod y Jacob– tal proyecto es condición necesaria para la vida, a punto tal que figura en la definición misma del concepto de ser vivo, entonces todo organismo es prueba
viviente de la teleonomía. (Si X vive, entonces X tiene un proyecto teleonómico. Ahora bien, X vive. Luego, X tiene un proyecto teleonómico.) En
cambio, si un organismo fracasa (no llega a formarse o muere), nada se
sigue: la teleonomía queda invicta. En suma, la atribución de teleonomía
a los organismos es irrefutable. Es metafísica y de la mala, pues, aunque

ha sido engendrada por científicos, es incompatible con la manera de pensar científica.

Para peor, la teleonomía lleva a contradicción. En efecto, Monod (1970, p. 27) afirma que cuanto contribuye al éxito del "proyecto esencial" se llama 'teleonómico'. Pero sin condiciones ambientales favorables ningún organismo puede llevar a cabo su "proyecto teleonómico", ni siquiera su "sueño" de duplicarse. Por lo tanto habría que atribuirle al medio favorable el mismo plan, la misma teleonomía que al organismo. Y, puesto que el ambiente contiene cosas inanimadas, también éstas serían teleonómicas. No quedaría así diferencia esencial entre lo vivo y lo no vivo. Lo que contradice la tesis de que la teleonomía caracteriza a los seres vivos en contraste con los objetos inanimados. *Q.E.D.*

Cualquier biofilósofo competente podría haberles hecho notar a Monod y Jacob que la idea de proyecto teleonómico es insostenible. Cualquiera tendría que haberles mostrado que es innecesaria, ya que se dispone ahora de la idea de control, tanto genético como fisiológico. (¿No es tragicómico que Monod y Jacob obtuvieran el premio Nobel por postular y confirmar que la "expresión" de los genes está regulada por inhibidores y excitadores, o sea, que la función génica es autocontrolada?) En efecto, la invariancia reproductiva o hereditaria se puede atribuir al control génico, y la invariancia de las condiciones internas, u homeostasis, se puede atribuir a los controles bioquímicos y fisiológicos. Finalmente, la mutación, la recombinación y la selección natural explican el perfeccionamiento progresivo de estos bicontroles a lo largo de la evolución. No hay, pues, necesidad de teleonomía, y acaso Monod y Jacob hubieran prescindido de ella si hubieran tenido la oportunidad de discutir estas ideas con biofilósofos de mentalidad moderna. Pero al parecer no los hay en Francia. Resultado: retorno inadvertido a ideas precientíficas que a su vez refuerzan la actitud anticientífica de los filósofos.

4. RESULTANTES Y EMERGENTES

Las células poseen propiedades que no tiene ninguno de sus subsistemas, Una de ellas es, obviamente, la de contener organillos especializados tales como los ribosomas y los cloroplastos. Otra propiedad de ciertas células es la sexualidad. Ninguna macromolécula, ni siquiera las moléculas de DNA, tiene sexo ni, por tanto, se reproduce sexualmente. Se dice por esto que la sexualidad es una propiedad *emergente* de los biosistemas o del nivel biótico.

Los ejemplos de emergencia son claros. También está claro que la emergencia no es exclusiva de lo viviente: se encuentra en todos los niveles. (Por ejemplo, la temperatura y la entropía son propiedades de un agregado atómico que no posee ninguno de sus componentes.) En suma, hay emergencia dentro de cada nivel y, *a fortiori*, entre niveles. Lo que no está bien claro es el concepto mismo de emergencia. Ocupémonos pues brevemente de él. (Para detalles véase Bunge, 1977a, 1977b.) En el parágrafo siguiente enfrentaremos el concepto de nivel integrativo.

El concepto de propiedad emergente se aplica a cosas complejas o sistemas, no a cosas simples tales como se supone lo son un electrón y su campo gravitatorio. Sea, pues, x una cosa (concreta) compleja, y sea P una propiedad de x. Entonces

a] P es una *propiedad resultante* o *hereditaria* de x si y sólo si también algunos componentes de x poseen P;

b] P es una propiedad *emergente* o *colectiva* de x si y sólo si ningún componente de x posee P.

Los mecanicistas o reduccionistas sostienen que todas las propiedades son, o bien simples, o bien resultantes; por lo tanto las segundas se reducen a las primeras. En cambio, los globalistas afirman que hay propiedades emergentes o colectivas, y que ninguna de éstas se explica en función de las propiedades de las componentes. Pero la distinción entre mecanicistas (reduccionistas) y globalistas (emergentistas) no es una dicotomía. Hay por lo menos un filósofo –el autor de estas líneas– que reconoce la emergencia como hecho, al tiempo que supone que toda emergencia es explicable por el análisis de la totalidad emergente en sus componentes y las interacciones entre éstas. Por ejemplo, todo cuerpo transparente refracta la luz; la refracción no es solamente una propiedad global o sistémica, sino también una propiedad emergente, puesto que no la posee ninguno de los átomos que componen el cuerpo transparente. Sin embargo, esta propiedad emergente se explica por las propiedades eléctricas de los átomos y de la luz. Lo que vale para los sistemas físicos vale, *a fortiori*, para los sistemas químicos, biológicos y sociales. Por ejemplo, la sexualidad es una propiedad que emerge en el nivel biológico pero no es una propiedad ininteligible, sino que es explicada por la biología molecular y por la teoría de la evolución. La primera explica el mecanismo de la fecundación y la segunda las ventajas (en variedad y por lo tanto en selección) de la sexualidad.

La tesis general es ésta: *Algunas de las propiedades de todos los sistemas son emergentes, y todas las propiedades emergentes están enraizadas en (son precedidas por) propiedades de sus componentes.* Éste es el meollo del *emergentismo racional*, que se diferencia tanto del emergentismo místico de los globalistas (holistas) cuanto del mecanicismo reduccionista. El emergentismo racional combina elementos de estas otras dos doctrinas: afirma tanto la emergencia óntica como su reductibilidad gnoseológica o explicabilidad.

Lo que vale para las propiedades vale, desde luego, para sus portadores, ya que no hay propiedades que no sean propiedades de alguna cosa. Diremos que una cosa concreta es la *resultante* de otras dos si todas sus propiedades, salvo la composición, son poseídas por sus componentes. (La excepción se explica porque una cosa compuesta de dos cosas, por parecidas que éstas sean, tiene de novedoso su composición.) En caso contrario la cosa se llamará un *emergente*. Los seres vivos son emergentes respecto de los sistemas bioquímicos, éstos respecto de los químicos, y a su vez éstos lo son respecto de los físicos. (Recuérdese el capítulo 10.)

La biología contemporánea estudia con particular ahínco tres mecanismos distintos de emergencia:

1. La *autoagregación* (*self-assembly*) de macromoléculas para formar organillos, la autoagregación de éstos para formar células, la agregación de células en órganos, y la de éstos en organismos.

2. La *mutación y recombinación génicas* (reductibles al remplazo de unas moléculas por otras) combinadas con la *selección* ambiental (natural o artificial), proceso evolutivo que culmina a veces en la formación de nuevas especies (*especiación*).

3. La *adaptación* fisiológica individual (plasticidad), o adquisición de nuevas propiedades, no transmisibles por herencia, en respuesta a cambios ambientales.

Si la biología es emergentista, también debiera serlo la biofilosofía. Pero una y otra debieran evitar el emergentismo irracionalista de los globalistas (holistas). El reconocimiento de la emergencia no hace sino plantear el problema de explicarla. Y la explicación de lo que emerge en un nivel lleva a estudiar los niveles adyacentes. Pero el concepto de nivel merece un párrafo aparte.

5. JERARQUÍA O ESTRUCTURA DE NIVELES

Muchos biólogos contemporáneos afirman que la biosfera constituye una jerarquía de niveles de organización (o integración o complejidad). Desgraciadamente no hay acuerdo en los significados de los dos términos clave: 'nivel' y 'jerarquía'. De esto debemos culpar no sólo a los biólogos sino también a los biofilósofos, en particular a los inexactos por menospreciar las tareas de limpieza conceptual, y a los exactos por desinteresarse de los problemas filosóficos de la ciencia. Tratemos de remediar esta situación aclarando uno de los conceptos de nivel y de jerarquía que parecen figurar en la literatura biológica contemporánea. (Para la multivocidad del término 'nivel', véase Bunge, 1960. Para los malos usos de la palabra 'jerarquía', cf. Bunge, 1969.)

Cuando se dice que la biosfera (o la vida) posee una estructura jerárquica o de niveles, acaso se pretende resumir las dos proposiciones que siguen:

1. La biosfera está compuesta por ecosistemas, los que a su vez están compuestos por poblaciones, cuyos componentes son organismos, los que (si son multicelulares) están compuestos por órganos, los que a su vez están compuestos por células.

2. Las células constituyen el nivel celular, los órganos el nivel organal (valga el neologismo), los organismos el nivel organísmico, las poblaciones el nivel poblacional, los ecosistemas el nivel ecosistémico, y las biosferas (de todos los planetas habitados) el nivel biosférico.

Vayamos paso a paso, comenzando por los constituyentes de la "jerarquía", esto es, los niveles. Dejemos de lado los niveles prebióticos (el físico, el químico y el bioquímico) así como los suprabióticos (el social y el técnico). Pongamos atención a los niveles bióticos, que son los mencionados en la segunda proposición. Y, aunque parezca pedante, reformulemos en detalle las definiciones que figuran en ella, porque sólo así podremos averiguar qué cosa sea un nivel (si cosa es). Helas aquí:

B_1 = Nivel celular = El conjunto de todas las células
B_2 = Nivel organal = El conjunto de todos los órganos
B_3 = Nivel organísmico = El conjunto de todos los organismos
B_4 = Nivel poblacional = El conjunto de todas las poblaciones
B_5 = Nivel ecosistémico = El conjunto de todos los ecosistemas
B_6 = Nivel biosférico = El conjunto de todas las biosferas

Los niveles son pues conjuntos o clases. Por consiguiente son conceptos, no cosas. (Pero no son conceptos arbitrarios sino conceptos que representan algo real.) Por lo tanto la pertenencia de algo a un nivel dado es la pertenencia de un individuo a un conjunto. Por ejemplo, la oración 'c es una célula' se analizará así: $c \in B_1$, o sea, c pertenece al conjunto B_1.

Los que son cosas son los miembros o elementos de los conjuntos que hemos llamado 'niveles' y, más precisamente, 'niveles bióticos'. Esas cosas son, en efecto, células, órganos, organismos, poblaciones, ecosistemas y biosferas. Estas cosas son de un tipo muy especial: son *sistemas*, o sea, cosas complejas cuyos componentes están acoplados entre sí, y en interacción con su medio. Más aún, los sistemas que constituyen dos niveles vecinos están relacionados de una manera muy especial, a saber ésta: *los componentes de un sistema de un nivel dado pertenecen al nivel inmediato anterior.* Ahora bien, la relación de estar compuesto es un caso particular de la relación de la parte al todo. (Todo cuanto es componente es parte, pero no todo lo que es parte es componente. Por ejemplo, un átomo de potasio es parte de un organismo pero no componente de éste, ya que se reserva el término 'componente' para denotar un subsistema de nivel organal o bien celular.)

Insistamos: los componentes de un órgano son células, los de un organismo (multicelular) son órganos, los de una población son organismos, los de un ecosistema son poblaciones, los de una biosfera son ecosistemas. Por consiguiente la relación que existe entre los diversos niveles bióticos no es la de inclusión. Por ejemplo, no es cierto que $B_1 \subset B_2$, o sea, que toda célula sea un órgano. Lo que sí es cierto es que todo órgano (sistema de nivel B_2) *está compuesto* por células (sistemas de nivel B_1). En otras palabras, la composición de todo órgano es un conjunto de células. O sea, si x es un órgano (o miembro del conjunto B_2), entonces la composición de x es un conjunto incluido en el conjunto B_1 (de sistemas celulares). Podemos decir entonces que el nivel celular *precede* al nivel organal en el sentido que acabamos de explicar. En símbolos:

$$B_1 < B_2 =_{df} (x)(x \in B_2 \Rightarrow \mathscr{C}(x) \subset B_1)$$

donde $\mathscr{C}$ es la función de composición, definida de modo tal que $\mathscr{C}(x) = $ El conjunto de los componentes de x. (Cf. Bunge, 1977a.) En general, la fórmula que relaciona dos niveles bióticos contiguos es ésta:

$$B_n < B_{n+1} =_{df} (x)\,(x \in B_{n+1} \Rightarrow \mathscr{C}(x) \subset \bigcup_{i=1}^{n} B_i \qquad (1)$$

Esta fórmula no es sino una versión de la proposición anterior, según la cual los componentes de un sistema de un nivel biótico dado pertenecen al nivel inmediato anterior. Pero es una versión exacta, ya que cada uno de los símbolos que figuran en la fórmula tienen un estatus lógico o matemático preciso. Además, es una fórmula fácilmente generalizable a los niveles prebióticos y suprabióticos.

Abordemos ahora la proposición de que la biosfera tiene una estructura jerárquica o de niveles. Llamemos

$$B = \{B_1, B_2, B_3, B_4, B_5, B_6\}$$

al conjunto (no ordenado) de los niveles bióticos. Este conjunto está ordenado por la relación $<$ de precedencia definida anteriormente. O sea, el sistema

$$\mathscr{B} = \langle B, < \rangle$$

es un conjunto ordenado con primer elemento (el nivel celular) y último elemento (el nivel biosférico). Por ser un conjunto, B es un concepto. Pero $\mathscr{B} = \langle B, < \rangle$ es más que un conjunto: es un conjunto estructurado o sistema (conceptual). Merece pues un nombre: lo llamaremos *estructura de los bioniveles*.

$\mathscr{B}$ suele llamarse la *jerarquía de los seres vivos*, o *scala naturae*. No adoptamos estos otros nombres porque son inadecuados: una jerarquía propiamente dicha involucra una relación de subordinación y no de mera precedencia, y una escalera propiamente dicha sirve para subir a alguna parte. En otras palabras, la hipótesis de la organización jerárquica de la biosfera se reformula de manera sobria y exacta como sigue: El conjunto de los bioniveles está ordenado por la relación de precedencia, definida a su vez por la composición de los sistemas que forman los bioniveles contiguos. Dicho más brevemente: *Los bioniveles forman un conjunto ordenado*.

La versión de la hipótesis "jerárquica" que acabamos de proponer es estática: habla acerca de los niveles y de su relación de precedencia pero no de su procedencia. En la biología contemporánea suele afirmarse, no sólo que hay niveles y que éstos forman una estructura, sino también que los niveles son etapas de un proceso evolutivo. Más precisamente, se afirman las hipótesis siguientes:

1. Todo bionivel ha emergido espontáneamente del nivel (biótico o prebiótico) inmediatamente anterior.

2. Los niveles bióticos se suceden en el tiempo.

Estas hipótesis son ricas en sugerencias pero intolerables en la forma en que acaban de ser formuladas, ya que es metafórica. En efecto, puesto que los niveles son conjuntos, no pueden nacer ni sucederse. Afortunadamente disponemos de los conceptos necesarios para reconstruir estas hipótesis de manera literal. He aquí una reconstrucción de la primera:

1. *Todo sistema de un nivel dado se forma o se ha formado por auto-agregación (self-assembly) de cosas del nivel precedente.*

La segunda hipótesis es un corolario de la anterior y reza así:

2. *Todo sistema* (de un nivel dado) *es precedido temporalmente por sus componentes* (que pertenecen al nivel precedente). Más breve: Los componentes de todo sistema son los precursores de éste.

La "jerarquía" ha quedado dinamizada: ya no se parece a la *scala naturae* de otros tiempos. Ahora forma parte de una cosmovisión a la vez emergentista, evolucionista y racionalista.

6. CONCLUSIÓN

La biofilosofía es una disciplina tan subyugante como atrasada. Está repleta de problemas apasionantes cuya investigación enriquecería a la filosofía y contribuiría a limpiar conceptualmente a la biología. Esta limpieza conceptual allanaría el camino a los biólogos teóricos, cuya labor está siendo obstaculizada por vestigios de biofilosofías arcaicas. Es deber de los epistemólogos ayudar a los biólogos a advertir y criticar dichos obstáculos filosóficos, así como a forjar los nuevos conceptos y las nuevas hipótesis que requieren los tremendos avances de la biología contemporánea así como sus ambiciosos planes de investigación, que van desde el origen de la vida hasta la naturaleza de la mente.

V. FILOSOFÍA DE LA PSICOLOGÍA

.

9. PSICOLOGÍA Y FILOSOFÍA

1. FUNCIONES DE LA FILOSOFÍA EN LA PSICOLOGÍA

Hasta fines del siglo pasado la psicología solía ser considerada como parte de la filosofía. Desde entonces se considera una ciencia independiente, aunque sin un objeto bien preciso ni del todo científica. Pero de hecho no hay ciencias totalmente independientes. Todas las ciencias fácticas dependen de la lógica y de la matemática, y cada una de ellas interactúa con otras ciencias y con la filosofía. (Véase la figura 9.1.)

Si la filosofía es buena, promoverá el adelanto de la investigación científica; si es mala, retrasará el proceso científico. Si la ciencia es sacudida por una revolución, ésta afectará a la filosofía o, al menos, a la filosofía en contacto con la ciencia. Si la ciencia permanece estancada, no estimulará a la filosofía. (Véase la Introducción.)

Las relaciones entre la ciencia y la filosofía son particularmente notorias en el caso de la psicología, aunque sólo sea porque ésta se ha apropiado de un tema central de la metafísica tradicional: el de la naturaleza de la psique y sus relaciones con el cuerpo. Pero hay más: las escuelas filosóficas han sugerido diversas maneras de tratar este problema. Recuérdese la enorme influencia ejercida hasta hace pocas décadas por la filosofía espi-

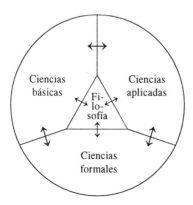

FIGURA 9. 1. La interdependencia de las ciencias y de éstas y la filosofía.

ritualista, la influencia no menor que ejerció el positivismo (particularmente sobre el conductismo) y la influencia naciente del materialismo. El cuadro 9.1 muestra esquemáticamente dichas influencias de la filosofía sobre la psicología. En él 'psicobiología' designa la unión de la psicología fisiológica, la psicofarmacología, la psicología comparada y evolucionista, y las demás ramas del estudio de lo psíquico desde el punto de vista biológico (o biosociológico).

2. EL ENFOQUE DE UNA INVESTIGACIÓN Y SU COMPONENTE FILOSÓFICO

La influencia de la filosofía sobre la psicología es obvia y queda señalada en el cuadro 9.1. Algunos investigadores deploran dicha influencia y esperan que sea eliminada en el futuro. Ésta era, precisamente, una motivación importante del conductismo: no sólo dejar atrás la etapa filosófica o precientífica de la psicología, sino también eliminar de ella todo ingrediente filosófico. Creían lograrlo ateniéndose a los "hechos positivos", absteniéndose de hacer hipótesis o limitándolas a generalizaciones empíricas. En la medida en que hicieron avanzar la psicología, no se atuvieron a este programa inspirado en un positivismo primitivo, ya que utilizaron conceptos que rebasan lo observable, como son los de condicionamiento y hábito. Y en la medida en que se sujetaron al programa inicial, los conductistas no contribuyeron al progreso de la psicología científica.

¿Puede evitarse que la filosofía influya sobre la psicología? No, porque toda investigación científica puede enfocarse de diversas maneras, cada una de ellas signada por una concepción general de carácter filosófico. En efecto, un enfoque (*approach*) o manera de concebir y tratar cuestiones –sean conceptuales o empíricas– que se susciten en un campo cualquiera puede caracterizarse así:

Enfoque = ⟨ *Andamiaje general, Problemática, Metódica, Metas*⟩, donde el andamiaje general es un conjunto de hipótesis muy generales referentes al campo en cuestión así como al modo de conocerlo; la problemática es el tipo de problemas que se desea tratar; la metódica, el conjunto de métodos o modos de tratar dichos problemas, y las metas, las finalidades últimas de la investigación de dichos problemas con dichos métodos.

En el caso del *enfoque científico*,

Andamiaje = Ontología naturalista ∪ Gnoseología realista,

Problemática = Todos los problemas concebibles en el andamiaje científico,

CUADRO 9.1

LA FILOSOFÍA INSPIRA A LA PSICOLOGÍA

	Filosofía idealista	*Filosofía positivista*	*Filosofía materialista*
	Psicología mentalista	*Psicología conductista*	*Psicobiología*
OBJETIVOS	Descripción de estados anímicos y su influencia sobre estados somáticos. Ausencia de teorías propiamente dichas.	Descripción y predicción de conductas observables. Sistematización de datos mediante generalizaciones empíricas y teorías de tipo caja negra.	Descripción, explicación y predicción nomológicas (mediante leyes) de estados y procesos psíquicos y de conductas en términos de los mecanismos fisiológicos subyacentes. Sistematización mediante hipótesis y teorías de tipo caja translúcida.
MÉTODOS	Introspección directa o indirecta (mediante preguntas).	Observación, medición y experimentación sobre el organismo íntegro. Modelos teóricos sin referencia al sistema nervioso.	Observación, medición y experimentación a todos los niveles, Modelos teóricos que contienen variables fisiológicas, psicológicas, conductuales, etcétera.

Metódica = Método científico (que incluye pruebas empíricas sin limitarse a éstas),

Metas = Describir, explicar y predecir hechos mediante leyes.

Si se acepta esta caracterización de un enfoque de una investigación se comprende por qué, por científica que ésta sea, jamás puede estar desprovista de supuestos filosóficos. En efecto, éstos están incluidos en la primera componente de todo enfoque, que es el andamiaje general constituido por hipótesis ontológicas acerca de la naturaleza de los objetos a investigar, así como por hipótesis gnoseológicas acerca de la naturaleza y el alcance del conocimiento posible de dichos objetos. Y este andamiaje general, lejos de ser prescindible, es el que guía la búsqueda de problemas y la manera de tratarlos así como la fijación de las metas generales de la investigación. Que esto es así, se comprenderá cabalmente en el parágrafo siguiente. Por ahora

limitémonos a señalar que, puesto que la filosofía es inevitable compañera de la ciencia, es vital elegirla bien.

3. DOS ENFOQUES DE LA INVESTIGACIÓN PSICOLÓGICA

En el primer parágrafo hemos caracterizado sucintamente las tres orientacio-
nes más importantes de la psicología actual. Se trata en verdad de otros tantos enfoques de la investigación psicológica. Veamos ahora en qué medida
dichos enfoques son científicos en el sentido apuntado en el parágrafo 2.

Se advierte fácilmente que la psicología mentalista o introspectiva no
adopta el enfoque científico, y ello porque su andamiaje comprende una
ontología no naturalista (alma, ego, superego, etc., inmateriales), porque
desdeña los problemas referentes a la conducta, porque no emplea el método científico y porque no se propone explicar ni predecir mediante hipótesis incorporadas a teorías empíricamente corroboradas. En suma, la
psicología mentalista –en particular la psicología filosófica, la psicología
"humanista" y las diversas escuelas psicoanalíticas– no es científica de
acuerdo con los cánones de cientificidad aceptados en nuestro siglo. El
mentalismo es precientífico.

Sin embargo, el carácter no científico de la psicología mentalista no nos
autoriza a rechazarla en bloque. En efecto, esa psicología es la que ha planteado –aunque no resuelto– algunos de los problemas más interesantes de
la psicología. Baste recordar éstos: ¿qué son la percepción, la memoria, la
imaginación, las inteligencias, las apetencias, el amor, el odio, el altruis-
mo, la ideación, etcétera? Por este motivo, por haber planteado los que acaso sean los problemas fundamentales de la psicología, la psicología
mentalista merece nuestra consideración aunque sólo sea histórica: ella es
la abuela precientífica de la psicología científica. Y a las abuelas se las
entierra con honra en lugar de olvidarlas.

Si ahora pasamos a la psicología conductista clásica (no a la neocon-
ductista), notamos los puntos siguientes:

a] El conductismo adopta una *ontología naturalista limitada*: naturalista
porque se ocupa de organismos y no de sustancias incorpóreas; limitada
porque deja de lado los procesos no observables (que son los propiamente
psíquicos) y no se pronuncia por el espiritualismo ni por el materialismo;

b] el conductismo adopta una *gnoseología realista inmadura*: realista
porque se propone dar cuenta de un aspecto de la realidad, cuya existencia
reconoce tácitamente desde que insiste en la necesidad de la investigación

objetiva; inmadura porque, al no querer hacer uso explícito de constructos hipotéticos (tales como los conceptos de deseo y de idea), no da ocasión a que se plantee el problema de si tales constructos representan más o menos fielmente aspectos de la realidad: al conductismo le basta un realismo de jardín de infantes porque no construye teorías científicas profundas, que son las que plantean los problemas gnoseológicos más difíciles;

c] el conductismo adopta una *versión recortada del método científico*: su método es científico porque emplea la observación, la mediación y la experimentación; y es limitado porque, al desconfiar de las teorías profundas, y a veces de toda teoría, no tiene necesidad de plantearse el problema de ponerlas a prueba ni de averiguar las relaciones entre teorías psicológicas y teorías fisiológicas;

d] el conductismo adopta una *meta científica estrecha*: científica porque se propone describir y predecir hechos observados, estrecha porque no se propone explicarlos ni estudiar los hechos inaccesibles a la observación externa.

En resumen, la psicología conductista adopta un enfoque científico limitado. Por este motivo *a*] ha quedado estancada desde fines de la década de los cincuenta, y *b*] se la debe considerar como la madre (no ya la abuela) de la psicología plenamente científica que está en gestación. Pero es una madre soltera, ya que nunca quiso contraer nupcias con el padre de esta nueva psicología, es decir, la neurofisiología. Y a las madres se las ama, se las tolera y se las trata de modo tal que no impidan el desarrollo de sus hijos.

La crítica al conductismo es saludable con tal que no se convierta –como en el caso de Chomsky– en una apología del mentalismo. Al fin y al cabo el conductismo, lejos de ser anticientífico, peca tan sólo por ser científico a medias. Una sólida formación en psicología experimental de la conducta no debiera ser obstáculo para adoptar un enfoque más amplio. Valga en apoyo de esta afirmación la siguiente anécdota.

Cuando conversé con Skinner en el curso de una reunión científica en Boston, en febrero de 1976, le conté que en México se le profesa una admiración sin límites; que los psicólogos de ese país ya habían dejado atrás el mentalismo, en particular el psicoanálisis, y que casi todos ellos estaban entregados al llamado análisis experimental de la conducta. El rostro de Skinner resplandeció de satisfacción. Pero a continuación le dije que eso me parecía desastroso. Su expresión mudó del placer a la alarma. "¿Por qué dice usted eso?", preguntó. Le respondí: "Porque el conductismo les ha cerrado las puertas a la psicología fisiológica y a la modelización matemática. La gente se contenta con describir lo que observa, sin interesarse por

entender." Skinner exclamó con acento de pena sincera: "¡Qué lástima!"
Y se quedó meditabundo.

4. EL ENFOQUE DE LA PSICOBIOLOGÍA

Veamos ahora en qué medida se ajusta la psicobiología al enfoque científico caracterizado en el parágrafo 2. Observemos los aspectos siguientes: la psicobiología adopta

a] una *ontología francamente naturalista*: naturalista porque se ocupa de organismos, y sin limitaciones porque no acepta psique ni conducta descarnadas sino que, por el contrario, sostiene que lo mental y lo conductual son funciones o actividades del cuerpo;

b] una *gnoseología realista madura*: realista porque se propone dar cuenta de la realidad psiconeural, no sólo de la apariencia (conducta); madura porque, al no limitar la profundidad de las teorías, no puede rehuir el problema de averiguar el modo en que ellas representan la realidad;

c] *plenamente el método científico*: su método es científico al igual que el de la física; lo es plenamente porque hace frente al problema de poner a prueba hipótesis y teorías profundas, que pretenden explicar algunos efectos macroscópicos, entre ellos el comportamiento, por mecanismos neurales y endocrinos;

d] sin cortapisas la *meta última* de la investigación científica de avanzada, que es encontrar leyes que puedan explicar y predecir hechos.

En definitiva, la psicobiología adopta plenamente el enfoque científico. Más aún, en principio no le es ajeno ningún problema psicológico –ni siquiera los planteados por la psicología mentalista– aun cuando sean muy pocos los problemas que ha logrado resolver en el curso de su breve existencia. Por estos motivos, por abarcar el área íntegra de la psicología y por enfocarlos científicamente sin limitaciones, la psicobiología puede considerarse idéntica a la psicología contemporánea de avanzada. (El sufijo 'biología' se necesitará durante un tiempo más para diferenciarla tanto del mentalismo como del conductismo, ninguno de los cuales se ocupa del sistema nervioso. Con el tiempo se dirá simplemente 'psicología'.)

A continuación nos ocuparemos de un problema filosófico típico de la psicología: el problema ontológico de la naturaleza de la psique. Nos ocuparemos de él teniendo en cuenta los tres enfoques mencionados.

5. ¿QUÉ ES LA PSIQUE?

Es fama que en las postrimerías de la Edad Media, cuando un nuevo maestro se hacía cargo de su cátedra, los estudiantes solían comenzar por formularse la más embarazosa de las preguntas: "¿Qué es el alma?" La mayoría
de las respuestas eran espiritualistas, como convenía al dogma oficial. Pero
algunas eran evasivas, lo que ya era arriesgado; y a veces, poquísimas, se
oía la respuesta herética: "El alma es la forma del cuerpo". (Esta herejía
ya había sido formulada por Aristóteles.)

Hoy día el psicólogo científico de orientación conductista y el filósofo
de la mente no se sienten obligados a responder esa pregunta. A menudo
la evaden, diciendo que no es una pregunta científica, ya que el alma no
es observable. A mi modo de ver la que no es científica es esta respuesta,
ya que la ciencia teórica contemporánea se ocupa predominantemente de
inobservables tales como las partículas elementales, los campos electromagnéticos, la evolución geológica y biológica, la economía nacional, etc. El
excluir una pregunta, simplemente porque no cabe dentro del marco de una
filosofía empirista superada por las ciencias naturales, es signo de dog-
matismo filosófico, no de apertura mental y de rigor científico.

El mentalismo es equivocado: sea. Pero muchas preguntas mentalistas
son significativas, importantes e interesantes. Por ejemplo, a todos nos
gustaría saber no sólo que movemos las extremidades, sino también por
qué podemos moverlas a voluntad en condiciones normales y en qué consiste la parálisis. A todos nos interesa saber no sólo que hablamos, sino
también cuáles son los mecanismos cerebrales de producción de la palabra, por qué hay un área cerebral bien localizada del lenguaje y no de
otras funciones mentales, etc. A todos nos interesa saber no sólo que
recordamos y olvidamos, sino también por qué recordamos algunas cosas
y olvidamos otras, y qué ocurre con la memoria cuando cambian las
concentraciones de ciertas biomoléculas en el cerebro. A todos nos interesa saber no sólo que a veces entendemos, sino también cómo entendemos unas veces y por qué no otras. Desechar estos problemas de la
psicología, como lo hace el conductismo, es vaciarla de cuestiones interes-
santes y permitirle que se ocupe sólo de problemas relativamente triviales. (Lo que puede ser una ventaja para los perezosos, pero no para quienes
tienen curiosidad científica.)

Haremos pues a un lado, por anticientífica, la actitud de negar carácter
científico a la pregunta "¿Qué es la psique?" Nos ocuparemos de los enfoques que toman en serio esta pregunta. Hay dos doctrinas positivas posibles
acerca de la naturaleza de lo psíquico: el dualismo y el monismo. Según el

primero, lo físico y lo mental son sustancias heterogéneas: lo que es físico
no es mental y recíprocamente. Ésta es la doctrina que enseñaban Platón,
los Padres de la Iglesia, casi todos los escolásticos, los filósofos idealistas
y, más cerca de nosotros, los eminentes neurofisiólogos Sherrington, Pen-
field y Eccles.

Si lo físico y lo mental son heterogéneos, entonces son, o bien independientes, o bien interdependientes. Pero tanto el sentido común como la
experiencia científica nos dicen elocuentemente que lo corpóreo y lo psíquico son interdependientes, y ello a punto tal que no queda ya filósofo que
defienda la hipótesis de la independencia. Quedan pues dos versiones posibles del dualismo: el paralelismo psicofísico, defendido por la escuela de
la Gestalt, y el interaccionismo, defendido en la actualidad por dos personas eminentes: el neurofisiólogo Sir John Eccles, y el filósofo Sir Karl
Popper. (Véase Popper y Eccles, 1977.)

Según el *paralelismo psicofísico*, los estados mentales acompañan a estados fisiológicos: los unos son "correlatos" de los otros, como insistía el
célebre neurofisiólogo mexicano Arturo Rosenblueth. Pero, puesto que la
hipótesis no especifica en qué consisten los estados mentales ni cuál es su
"correlación" con los estados físicos, es imprecisa al punto de no ser científica.

Según el *interaccionismo*, las dos sustancias, aunque heterogéneas, actúan la una sobre la otra. Tampoco en este caso se especifica, ni qué es la
sustancia mental, ni de qué modo interactúa con la física. Peor aún: la
noción de acción recíproca está definida tan sólo para cosas concretas. Por
ejemplo, podemos decir que la neurona A actúa sobre la neurona B si los
estados de B no son los mismos cuando A está desconectada de B que cuando ambas están conectadas. Más aún, la propia noción de estado está definida tan sólo para cosas concretas que pueden describirse mediante
variables de estado. Todo estado es estado de alguna cosa concreta (material, física). No tiene sentido hablar del estado de la idea de triángulo: las
ideas no se hallan en estado alguno y por lo tanto no pueden cambiar de
estado. (En cambio el cerebro se halla en todo momento en algún estado
y puede cambiar de estado, como ocurre cuando piensa.)

El interaccionismo es, pues, tan impreciso como el paralelismo. Al no
ser hipótesis precisas, no son contrastables. Más aún, es posible que, aun
cuando se las pudiera formular con precisión, no sería posible decidir ex-
perimentalmente entre ellas. En efecto, parecería que todo experimento
psicológico se pudiera interpretar, sea en términos paralelistas, sea en términos interaccionistas, ya que los sucesos neuronales son simultáneos con
los correspondientes sucesos llamados mentales.

Llegamos así a la conclusión paradójica de que el paralelismo y el interaccionismo, aunque conceptualmente incompatibles, son empíricamente equivalentes, esto es, son compatibles con los mismos datos empíricos. Lo que es peor, ambas hipótesis son imprecisas y estériles. El dualismo no es entonces científicamente viable. De hecho jamás ha sido formulado en términos científicos: es una de las tantas conjeturas del conocimiento ordinario o precientífico. Como decía Spinoza, el dualismo no es sino un disfraz de nuestra ignorancia.

6. CONCLUSIONES

La filosofía, lejos de ser ajena a la ciencia, y en particular a la psicología, forma parte de ella por el mero hecho de que el andamiaje del enfoque científico de cualquier investigación tiene componentes filosóficos. Pero además de esta filosofía *inherente* a la ciencia está la filosofía *de la* ciencia, que examina la labor científica y sus resultados desde la perspectiva filosófica. Esta otra filosofía es no sólo descriptiva sino también crítica y por consiguiente prescriptiva.

Por ejemplo, al examinar las principales corrientes de la psicología actual hemos dicho no sólo que la escuela *X* hace *Y* sino también que hace bien, o hace mal, en hacer *Y*, puesto que el enfoque científico manda o prohíbe hacer *Y*. Se analiza un trozo de ciencia con ayuda de herramientas filosóficas –en particular lógicas y semánticas– y se lo enjuicia o valora contrastándolo tanto con otros resultados de la investigación científica cuanto con teorías gnoseológicas y ontológicas. Pero a su vez la filosofía, y en particular la epistemología, debiera examinarse críticamente a la luz de la ciencia para averiguar si es científica, si está al día con la ciencia, y si le es útil a ésta. Hay, pues, una intensa acción recíproca entre ciencia y filosofía. Y esta interacción debiera ser, pero no siempre lo es, beneficiosa para ambas.

Acaso la psicología es la ciencia más fuertemente influida por la filosofía. Esta influencia es tan intensa que las principales corrientes psicológicas explicitan otras tantas tendencias filosóficas. El cuadro 9.2 resume esta situación.

El resultado final de nuestro somero examen filosófico y metodológico de las principales direcciones de la psicología contemporánea puede resumirse así: *a*] el mentalismo y el dualismo, aunque de gran interés, son precientíficos; *b*] el conductismo es protocientífico, al igual que la biología

CUADRO 9.2
EMBANDERAMIENTO FILOSÓFICO DE LAS PSICOLOGÍAS

Escuela psicológica	Divisa filosófica
Mentalismo extremo	Pienso, luego existo
Dualismo	Pienso y existo
Conductismo	Te comportas
Monismo psicofísico	Existo, luego me comporto y pienso

meramente descriptiva y clasificatoria anterior a Darwin; *c*] el monismo
psicofísico, presupuesto por la psicología fisiológica, es plenamente científico aunque no plenamente desarrollado. Lo examinaremos más de cerca en el próximo capítulo.

10. EL ENFOQUE PSICOBIOLÓGICO

1. LA ALTERNATIVA MONISTA

Hay dos clases de monismo: el espiritualista y el materialista. Según el primero, todo es espiritual o ideal; según el segundo, no hay sino una sustancia: la materia, y toda cosa es un trozo de materia dotado de propiedades. En lo sucesivo nos referiremos tan sólo al monismo materialista, ya que el espiritualista está abiertamente en conflicto con el enfoque científico, que es francamente naturalista. (Recuérdese el parágrafo 2 del capítulo 9.)

El monismo materialista sostiene que la psique no es una sustancia sino un cierto *conjunto de sucesos o procesos cerebrales.* Esta hipótesis disuelve tanto el misterio de las sucesiones paralelas de sucesos físicos y psíquicos, como el de la interacción entre entes (el cuerpo y el alma) que no tendrían nada en común.

El propio problema mente-cuerpo se reformula radicalmente a la luz de la hipótesis monista: ya no es el problema de las *relaciones entre lo mental y lo físico,* sino el de las *interacciones entre distintas partes del sistema nervioso, y entre ellas y el resto del cuerpo.* Ahora sí podemos hablar con pleno sentido de sucesiones paralelas de acontecimientos, ya que todos éstos son sucesos físicos (más precisamente, biológicos). Ahora sí podemos hablar con pleno sentido de interacciones, a saber, de acciones recíprocas entre distintas partes del cuerpo.

Por ejemplo, en lugar de decir que los sentimientos colorean nuestros razonamientos o incluso interfieren con éstos, diremos que el hemisferio derecho actúa sobre el izquierdo, o que ciertas hormonas modifican los contactos sinápticos en ciertas áreas de la corteza.

El vocabulario dualista (paralelista o interaccionista) adquiere pleno sentido tan sólo en la perspectiva monista de la psicología fisiológica: lo que era metáfora tolerable en el lenguaje ordinario, pero intolerable en el científico, se convierte en descripción literal. Y lo que era hipótesis incontrastable se convierte en hipótesis contrastable, ya que tanto las variables fisiológicas como las psicológicas se pueden contrastar y, lo que es más, las psicológicas pueden traducirse a fisiológicas. De esta manera se pueden construir modelos teóricos, de forma matemática, dotados de la precisión y contrastabilidad deseables en ciencia. En suma, en lugar de la hipótesis dualista –imprecisa, incontrastable y estéril– se tiene ahora una hipótesis precisa, contrastable y fértil. Una vez más, la ciencia remplaza y supera al conocimiento ordinario, que tan a menudo es ignorancia común.

No sólo se reformula el problema mente-cuerpo en la perspectiva monista sino que cambia de nombre: se llama, o debiera llamarse, el *problema sistema nervioso central - resto del cuerpo*. En efecto, en el contexto de la psicología fisiológica, hablar del problema mente-cuerpo es tan errado como hablar del problema forma-cuerpo, o del problema movimiento-cuerpo, o del problema metabolismo-cuerpo, o del problema vida-cuerpo, o del problema conducta-cuerpo: en todos estos casos se presuponen las dicotomías órgano/función, sustancia/forma, cosa/propiedad. En la realidad no hay tales dicotomías: así como el metabolismo es un conjunto de procesos corporales, la mente es un conjunto de procesos cerebrales.

2. INMADUREZ Y FERTILIDAD DEL MONISMO

Hemos indicado ya algunas de las razones por las cuales el monismo psicofísico es más atractivo –desde el punto de vista científico– que el dualismo psicofísico. De las dos hipótesis es la más precisa y la mejor contrastable. Pero no nos engañemos: en su estado actual el monismo psicofísico es aún inmaduro. En efecto, el monismo psicofísico todavía no es una teoría propiamente dicha (un sistema hipotético-deductivo) que dé cuenta de una gran variedad de procesos neurales, y capaz de predecir sucesos neuropsíquicos de naturaleza diversa. Por el momento el monismo psicofísico *es una hipótesis (tanto filosófica como científica) en busca de teorías que la expliciten.*

Siendo una hipótesis de gran alcance y profundidad, el monismo psicofísico funciona principalmente como *programa de investigación*. Y no es un programa como cualquier otro, sino el programa de toda una ciencia: la psicología fisiológica. Todo éxito de esta ciencia, sea en el terreno de la teoría, de la experimentación o de la aplicación (a la psiquiatría, a la educación, etc.) confirma dicha hipótesis al par que socava a sus rivales.

Siendo una hipótesis de gran alcance, tanto científica como filosófica, el monismo psicofísico no puede ponerse a prueba mediante un experimento crucial. Las que sí pueden contrastarse empíricamente son las diversas hipótesis y teorías especiales –sobre la visión, el dolor, el aprendizaje, etc.– pertenecientes a la psicología fisiológica y por lo tanto compatibles con el monismo psicofísico. Tales hipótesis y teorías tornarán precisas, y desarrollarán, conjeturas de la forma

Estado o proceso ψ = estado o proceso φ
Variable ψ = función de variables φ ,

donde φ designa algo neural y ψ algo psíquico, expresado esto último en términos tradicionales. Si se confirman estas hipótesis particulares, se confirma el monismo psicofísico. Pero éste, por ser muy general, queda en pie aún si se refutan algunas hipótesis o teorías específicas que se inspiran en él. Los programas de investigación no desaparecen por falsos sino por estériles.

Que el monismo psicofísico es un programa extraordinariamente fértil, lo muestra el florecimiento de la psicología fisiológica en los dos últimos decenios, es decir, desde el comienzo de la decadencia del conductismo y el florecimiento de la neurofisiología. Recordemos tan sólo una muestra al azar de los éxitos recientes de la psicología fisiológica y disciplinas conexas tales como la psicoquímica:

a] Descubrimiento del rol del hipotálamo en la regulación del hambre.

b] Producción de placer por la estimulación eléctrica del área septal (Olds y Milner).

c] Acción de la experiencia sobre la conectividad sináptica (Hubel y Wiesel).

d] Regulación de la emotividad por el cambio de la concentración de ciertas sustancias en sistemas subcorticales.

e] Control de la conducta por estímulo eléctrico del cerebro (Delgado).

f] Alucinaciones y alteración de la percepción del tiempo por la suspensión de estímulos exteriores (Hebb).

Debe reconocerse que hay pocas teorías propiamente dichas que expliquen estos y otros hallazgos de la psicología fisiológica y de la psicoquímica: estos campos han sido dominados hasta ahora por la empiria más que por la razón matemática.

3. EL PAPEL CENTRAL DE LA TEORÍA

En la Edad Media solía bastar, sea la especulación incontrolada, sea la observación desnuda: entonces se hubiera tenido derecho a ser, sea mentalista, sea conductista. La ciencia moderna se caracteriza en cambio por una peculiar síntesis de razón y experiencia: por teorías sensibles al experimento, y experimentos guiados por teorías. Puesto que todos creen saber lo que es un experimento, no nos ocuparemos de él aquí. En cambio, el conocimiento de lo que es una teoría y de cuáles son sus funciones no está muy difundido entre los psicólogos, por lo cual vale la pena hacer un breve alto en este punto.

Los psicoanalistas llaman 'teoría' a cualquier fantasía, al par que los conductistas clásicos rechazaban toda teoría y los neoconductistas quisieran limitar las teorías psicológicas a las del tipo de caja negra, o a lo sumo gris, sin ensuciarse las manos con variables fisiológicas. Hay muy pocas teorías profundas y estrictamente monistas que expliquen hechos neuropsíquicos en términos fisiológicos.

Las teorías psicológicas del tipo de caja negra son las que relacionan estímulos con respuestas, en particular las que consideran el sistema nervioso como un mero elaborador de informaciones (*information processing devise*). Estas teorías, particularmente numerosas en los campos de la percepción y del aprendizaje, dan pábulo al mito del hombre-máquina, tan revolucionario en el siglo XVIII como reaccionario en el nuestro. Aunque parezca extraño, este mecanicismo no es justificado por la mecánica teórica ni por la teoría de las máquinas, si no más bien por la física aristotélica, según la cual el estímulo o insumo determina la respuesta, cualquiera que sea la organización interna del sistema, ya que supone que las cosas carecen de actividad intrínseca y por tanto de espontaneidad. Ésta no es la concepción de la mecánica moderna, que reconoce estados internos (p. ej., de elasticidad) así como la inercia (o tendencia al automovimiento) de todo cuerpo. Tampoco es la concepción de la teoría de los autómatas, según la cual la respuesta es función del estímulo juntamente con el estado interno.

La psicología robótica se basa sobre una concepción equivocada de los robots. La teoría de las máquinas contiene teoremas por los cuales la estructura de una máquina determina su conducta pero la recíproca es falsa: una misma conducta puede ser realizada por máquinas estructuralmente distintas, del mismo modo que personas muy diferentes pueden efectuar las mismas operaciones defensivas, aritméticas, etc. A la luz de este resultado se comprende que Turing –el iniciador de la teoría de los autómatas– se equivocara al proponer la observación de la conducta como criterio para distinguir un robot de un ser humano. Si no contaran los mecanismos internos, entonces indudablemente lo único que podríamos hacer es comparar salidas o conductas. Pero los mecanismos internos sí cuentan en la teoría de las máquinas.

(No es necesario recurrir a teorías para comprender que no es lo mismo un reloj a resorte que un reloj a batería, si bien los cuadrantes de ambos pueden ser iguales. Si estamos en duda acerca de la naturaleza de un sistema que se comporta humanamente, podemos hacer una de dos cosas: la primera es hacerle un agujero para ver qué tiene adentro; la segunda es plantearle problemas que pongan en juego, sea su inteligencia creadora –su capacidad para desempeñarse fuera de programa– sea sus sentimientos o, mejor aún, ambos a la vez. Bastará proponerle un problema moral. Un ser que entienda un problema moral y lo resuelva sin recurrir meramente a su almacén de convenciones sociales no puede haber sido íntegramente programado.)

Las teorías psicológicas que *expliquen* la conducta en lugar de limitarse a describirla y predecirla se parecerán a las teorías físicas y químicas que explican las propiedades molares, tales como la forma, el color y el brillo de un cuerpo en función de propiedades inaccesibles a los sentidos, tales como el peso atómico, la valencia, etc. Presumiblemente dichas teorías contendrán variables de diversos tipos:

Variables físicas φ_i; v. gr., la intensidad de la luz;
Variables químicas χ_j, tales como la concentración de serotonina;
Variables microfisiológicas μ_k, tales como la conectividad sináptica;
Variables macrofisiológicas M_m, tales como la acuidad visual o las velocidades de reacción;
Variables conductuales K_n, tales como la postura;
Variables psicológicas ψ_p, tales como el grado de atención, la retentiva o la originalidad.

Y estas variables se enlazarán en hipótesis típicamente psicológicas, de la forma

$$\psi_p = f(\varphi_i, \chi_j, \mu_k, M_m, K_n)$$

Las hipótesis de este tipo serán las piedras angulares de nuevas teorías psicológicas, en las que el organismo se concebirá como un sistema compuesto de componentes a diversos niveles y en interacción con su medio. Cuando se propongan y confirmen numerosas teorías de este tipo, la psicología pasará definitivamente del estado subdesarrollado en que se encuentra actualmente a una etapa de desarrollo acelerado.

No se diga que para alcanzar esta nueva etapa habrá que acumular más datos. Hace millones de años que venimos observándonos, y hace un siglo o más que venimos haciendo observaciones neuroanatómicas y neurofisiológicas. Lo que hace falta no son más datos –aunque éstos siempre serán bienvenidos si son relevantes a teorías– ni más especulaciones incontrolables. Lo que se necesita con urgencia son modelos teóricos, preferiblemente matemáticos, que contengan hipótesis del tipo de las descritas hace un momento. Solamente un buen puñado de teorías de este tipo nos permitirá comprender cómo y por qué percibimos, sentimos, apetecemos, aprendemos, imaginamos, inventamos y planeamos.

4. UN ENFOQUE TEÓRICO PROMISORIO

El monismo psicofísico no peca por falta de datos sino por escasez de teorías precisas, o sea, formuladas en términos matemáticos. Esto se debe en gran parte a que las corrientes dominantes en la psicología tradicional –el mentalismo y el conductismo– estaban aliadas a filosofías hostiles a la matemática, o al menos a la matematización de lo mental. (Recuérdese que Kant había decretado que la psicología jamás sería una ciencia porque jamás podría tornarse matemática.) Es verdad que hay numerosos modelos matemáticos en psicología, particularmente en teoría del aprendizaje. Pero en su mayoría son estrictamente conductistas: relacionan entradas con salidas. Lo que se necesita son modelos de procesos psíquicos que identifiquen ciertas variables psíquicas con variables neurofisiológicas o funciones de las mismas.

Una manera de enfocar el problema de construir teorías matemáticas en psicobiología es la que sigue. Considérese la totalidad de las variables neurofisiológicas necesarias para describir cualquier estado de un subsistema del sistema nervioso central de un animal de una especie dada. Llámese F_i a la i-ésima variable de este tipo, donde i varía entre 1 y n, que es la totalidad de las propiedades (conocidas). Estas n variables (en rigor, funciones) pueden considerarse como otras tantas componentes de un vector F representable en un espacio abstracto de n dimensiones. En general, cada una de las componentes de F será una función del tiempo. Por ejemplo, si una de ellas representa la concentración de cierto neurotransmisor, a medida que transcurre el tiempo su valor cambiará, aunque sea poco. Llamemos $F(t)$ al valor de F en el instante t. $F(t)$ es el ápice del vector de estado en el instante t, y representa el estado del sistema nervioso (o de un subsistema del mismo) en el instante t.

Ahora bien, según la hipótesis monista algunas de las componentes de F son *idénticas* a variables psicológicas o a funciones de éstas. Por lo tanto, algunos de los estados neurofisiológicos del sistema nervioso central son estados psíquicos. Y algunas relaciones entre las componentes de F son leyes psicofísicas. La figura 10.1 representa el caso imaginario en que se han aislado dos de las miles de componentes del vector de estado de un subsistema del sistema nervioso central.

El programa de investigación teórica sugerido por este enfoque sistemático del problema es complejo pero claro. Se trata, en primer lugar, de identificar los subsistemas del sistema nervioso central "responsables de" las funciones psíquicas de interés, o sea, que desempeñan dichas funciones (p. ej., recordar melodías durante un largo tiempo, o ejecutar operaciones aritméticas, o tomar decisiones). El segundo paso es identificar las variables, o sea las componentes de la función de estado F, que determinan el estado del subsistema en cada instante. El tercero (que suele ir acompañado del segundo) es encontrar (o conjeturar) las leyes que relacionan las componentes de la función de estado.

La realización de este programa, como de cualquier otro programa de investigación vasto y profundo, podrá ocupar todo el futuro de la psicología, con tal de que los psicólogos no se dejen desanimar por las filosofías que obstaculizan el estudio científico de lo psíquico. Naturalmente, no sabremos cuán bueno es el programa mientras no veamos sus frutos. Pero podemos juzgar su plausibilidad, cosa que haremos en el parágrafo 6.

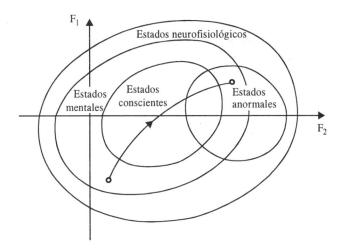

FIGURA 10. 1. Los estados mentales (normales o anormales, conscientes o no) son un subconjunto de los estados del sistema nervioso central.

5. ¿CÓMO SE CONOCE LA PSIQUE?

Los psicólogos se quejan sin razón de lo difícil que es el estudio de la psique. En rigor son privilegiados, ya que son los únicos que tienen acceso tanto directo como indirecto a los procesos que estudian. Si no han logrado un conocimiento mayor aún de su objeto es porque, debido a prejuicios de orden filosófico (en particular el idealismo y el positivismo), no han sabido conjugar correctamente las diversas vías de acceso a la psique. Hay por lo menos cinco maneras de investigar lo psíquico:

a] Por *introspección* o experiencia interna (directa).

b] Por *inspección de las manifestaciones externas* de la actividad del sistema nervioso: movimientos corporales y conducta verbal.

c] Por la *actividad fisiológica molar* que acompaña a los procesos psíquicos, tal como la aceleración del pulso, la secreción de sudor o la disminución del metabolismo.

d] Por la *actividad neural* puesta de manifiesto implantando electrodos en la masa cefálica, o levantando la tapa de los sesos.

e] Por los *productos culturales* de la actividad psicofísica, tales como canciones, dibujos, sandalias, chozas, etcétera.

El psicólogo puede y debe usar estas cinco vías de acceso a la psique, ya que cada una de ellas le proporciona indicadores de la actividad psíquica. El desdeñar algunos tipos de indicadores es tan erróneo como el desdeñar una rama íntegra de la biología. Ninguna de esas cinco vías basta para alcanzar un conocimiento adecuado de la psique:

a] La experiencia directa en sí misma no es científica sino ordinaria. Además, es lo que queremos explicar, no lo que explica. Pero sin ella no existiría la psicología propiamente dicha, ya que carecería de problemas: todo se reduciría a la neurofisiología y al llamado análisis experimental de la conducta.

b] La observación de la conducta, por precisa que sea y por más que se la someta a controles experimentales y estadísticos, sirve sólo de *indicador*. El confundir un indicador de X con la propia X es como confundir la infección con la fiebre que ésta produce. Así como la introspección por sí sola no tiene sino valor anecdótico y heurístico, la observación y el análisis de la conducta, por sí solos, se quedan a mitad de camino porque el estudio del indicador X no nos dice *qué indica* X ni *por qué* lo indicado se manifiesta como X y no como Y.

c] El control experimental de la actividad fisiológica molar que acompaña a la actividad cerebral propiamente psíquica suminista indicadores.

Este género de estudios no remplaza el estudio del sistema nervioso sino que lo complementa.

d] El estudio directo del sistema nervioso central y de sus subsistemas nos acerca al meollo de la psicología. Pero no la agota (i) porque queremos averiguar cuáles son los "correlatos" psíquicos de los procesos neurales y (ii) porque el sistema nervioso, lejos de ser aislable, es entre otras cosas el mecanismo de control e integración fisiológicos del organismo íntegro. Un sistema nervioso desprendido del resto del cuerpo y mantenido vivo en una solución nutritiva tendría poco que hacer: se parecería a un dictador jubilado.

e] El análisis de los productos culturales de la actividad psíquica es otro indicador. Por cierto, es muy específico y más importante en el caso del hombre que, digamos, el análisis de las posturas. Con todo también es un indicador y, por añadidura, no se lo puede estudiar separadamente de la sociedad.

En resumen, el estudio adecuado de lo psíquico es quíntuple: a todos los niveles de organización, del neuronal al social, y en todos sus aspectos, del fisiológico al cultural. Ni mentalismo puro, ni conductismo puro, ni fisiologismo puro. De lo que se trata es de estudiar los aspectos mentales de la actividad nerviosa y sus manifestaciones de todo orden, tanto fisiológicas como conductuales y culturales.

6. PLAUSIBILIDAD DEL PROGRAMA MONISTA

En las ciencias maduras las teorías científicas no se apoyan solamente sobre datos empíricos: toda teoría requiere de la solidaridad de otras teorías científicas así como de la de ideas filosóficas. (Por ejemplo, las teorías atómicas físicas no se habrían impuesto si no hubiesen contado con el apoyo de la química, no hubieran explicado algunos de los hechos tratados infructuosamente por teorías anteriores, y no hubiesen poseído el encanto filosófico que caracteriza a toda teoría fundamental.) En suma, la confirmación de las teorías científicas es multilateral. (Cf. Bunge, 1969.) Con los programas de investigación científica ocurre algo similar: se los juzga no sólo por la magnitud de los problemas que se proponen resolver sino también por su coherencia con el resto del saber científico así como con la filosofía que impulsa la investigación científica.

Si se tiene en cuenta no sólo el volumen de los problemas psicológicos no resueltos por las demás escuelas, sino también el cúmulo de conocimientos neurofisiológicos, neuroquímicos y de otro tipo relevantes a la psicología, se advierte que el programa del monismo psicofísico es compatible con todos ellos, en particular con los siguientes puntos:

a] A diferencia del dualismo y del conductismo, el monismo psiconeural adopta un *enfoque plenamente científico* (cap. 9, parágrafo 4).

b] El monismo está *libre de las dificultades conceptuales del dualismo*, en particular de los inefables misterios de la naturaleza de lo psíquico y el modo de su "correlación" con lo físico.

c] A diferencia del dualismo, el monismo *es compatible con el concepto general de suceso* que se recoge de todas las demás ciencias fácticas, a saber, como un cambio en el estado de una cosa concreta; en cambio, según el dualismo los sucesos mentales serían los únicos en que no serían cambios de cosa alguna, lo que haría de la psicología una ciencia singular totalmente separada de las demás (con excepción de la teología).

d] A diferencia del dualismo y del conductismo, el monismo psicofísico *estimula las interacciones de la psicología con las demás ciencias*, en particular con la biología (en especial la neurología).

e] A diferencia del dualismo (pero en común con el conductismo), el monismo psicofísico es *confirmado por la biología evolucionista*, la que exhibe un desarrollo gradual (aunque con aceleraciones en ciertos puntos) de las facultades psíquicas a lo largo del árbol filogenético y contra la suposición, de origen teológico, de que tan sólo el hombre ha sido agraciado con una psique.

Ninguna de las hipótesis rivales del monismo psicofísico goza de apoyos tan variados, directos o indirectos, que van desde la biología hasta la filosofía científica. Por este motivo es una hipótesis altamente plausible y digna de ser explorada con mucho más vigor que hasta ahora. El que lo sea depende no poco de que los filósofos iluministas logren aventar los prejuicios que aún obstaculizan el avance de la ciencia en este campo. Es hora de que los filósofos cesen de obstaculizar el desarrollo de la psicología científica repitiendo sus tesis originadas en una época anterior a la eclosión de la psicología fisiológica. Es hora de que modernicen su ontología y su gnoseología a la luz de estos nuevos desarrollos y en vistas de la promesa del monismo psicofísico. (Para una teoría biológica y sistémica de lo psíquico, véase Bunge, 1980.)

VI. FILOSOFÍA DE LAS CIENCIAS SOCIALES

11. EXAMEN FILOSÓFICO DEL VOCABULARIO SOCIOLÓGICO

Quien se acerca a las ciencias sociales desde las ciencias naturales se siente inicialmente repelido por la oscuridad de la jerga, la pobreza e inexactitud de las ideas, y las pretensiones de hacer pasar la búsqueda de datos sin importancia por investigación científica y la doctrina imprecisa por teoría científica. Por ejemplo, el eminente biólogo de Princeton, John Tyler Bonner (1975), escribe que la sociología humana "parece una ciénaga, una mezcla lóbrega de lo obvio y lo oscuro". Esta impresión negativa se justifica a medias. Es verdad que la sociología es una ciencia subdesarrollada, pero también es cierto que se ha lanzado finalmente por el buen camino. Por 'buen camino' entiendo el camino de la ciencia.

No ha sido fácil llevar a las ciencias sociales por el camino de la ciencia ni les es fácil permanecer en él. En primer lugar porque han nacido de las humanidades y de la ideología, en segundo porque siguen sometidas a presiones de ambos lados. No es que el contacto con las humanidades y con la ideología sea pernicioso en sí. Tales contactos son inevitables y pueden ser beneficiosos. Lo que es pernicioso para las ciencias sociales, y para cualesquiera otras, es someterse al control unilateral de ideas incorrectas, sean filosóficas, sean ideológicas. Me explicaré.

Las ciencias sociales, y en menor medida todas las demás ciencias, están ubicadas entre la filosofía y la ideología. La filosofía se cuela en las ciencias por el andamiaje general o visión del mundo, por los problemas, por los métodos, por los fines cognoscitivos y por la manera de evaluar unos y otros así como los resultados de la investigación. Si la filosofía es rigurosa y está al día con la ciencia, su influencia sobre la ciencia será positiva: la ayudará a aclarar, depurar y sistematizar sus ideas y procedimientos. Pero si la filosofía es dogmática, si se limita a repetir y comentar en lugar de proponerse problemas nuevos y de adoptar técnicas nuevas, entonces su influencia sobre la ciencia será nefasta, ya que le impedirá avanzar.

En cuanto a las ideologías sociopolíticas, es natural que influyan sobre las ciencias sociales. Al fin y al cabo, las ideologías de ese tipo se ocupan de problemas sociales: de ponerlos de manifiesto o de ocultarlos, según el caso, y de promover su solución o de obstaculizar todo esfuerzo por resolverlos. La cuestión no es entonces apartar a la sociología de la ideología y conservarla virgen para que llene las revistas y libros de datos y de ideas que no tengan influencia sobre la sociedad. La cuestión es más bien aparear la sociología con una ideología ilustrada y al servicio del pueblo, una ideología que, lejos de imponer soluciones prefabricadas a problemas no estudiados, acepte la tesis de que los problemas sociales deben estudiarse antes de interferir con ellos. No se trata de postergar la solución de problemas apremiantes sino de encararlos científicamente para evitar que empeoren y para evitar el fracaso de una acción bien intencionada pero improvisada y por tanto ciega. En suma, no se trata de impedir el casamiento de la sociología con la ideología sino de promover una unión fértil y útil a la sociedad.

Cuando se piensa en los problemas sociales contemporáneos no se puede menos que espantarse. El Tercer Mundo, en particular, está plagado de problemas pavorosos y que, lejos de ir resolviéndose, empeoran día a día. Baste mencionar el hambre, la sobrepoblación, la desocupación, la marginación, la explotación irracional de los recursos naturales, la dependencia, el bajo nivel educacional, la cultura raquítica e imitativa, la tiranía política, la corrupción, y el militarismo. Cuando el científico acostumbrado a una metodología rigurosa piensa en estos problemas, no tiene derecho a adoptar la actitud fácil de menospreciar o compadecer a los sociólogos empeñados en estudiarlos, ni a los políticos y estadistas que dicen querer resolverlos. La actitud constructiva es poner el hombro, sea convirtiéndose él mismo en científico social ocasional, sea promoviendo la tranferencia de metodologías de las ciencias maduras a las inmaduras, en este caso las sociales.

Cualquiera que sea el modo de colaboración que elija el científico proveniente de una ciencia madura es probable que proponga un saneamiento del vocabulario sociológico, vocabulario en gran medida impreciso que no se presta al pensamiento riguroso ni a la comunicación clara. Por supuesto, el problema del saneamiento del vocabulario sociológico no se resuelve con sólo escribir un nuevo diccionario de ciencias sociales, sino elaborando teorías exactas, profundas y comprobables acerca de hechos sociales. Pero esta otra tarea, que es la más urgente en el momento actual, puede ser facilitada por una crítica de las aberraciones verbales, ya que éstas no son sino manifestaciones de la pobreza teórica que se quiere corregir.

El presente capítulo es una contribución a la faena de limpiar el vocabulario de la sociología. Fue inspirado en la participación que le cupo al autor en una investigación de la CEPAL acerca de los estudios sobre dependencia y subdesarrollo de América Latina (Solari et al., 1976). Puesto que no tiene otro orden que el alfabético, puede leerse al azar.

1. DEPENDENCIA

Parece admitido que Argentina es un país dependiente, a la par que Canadá es independiente. Las nociones en juego en este caso son dicotómicas, o sea, de la clase blanco-o-negro. De hecho hay grados de dependencia. Por ejemplo, Argentina, aunque dependiente en algunos aspectos, no lo es en todos, y lo es menos que Paraguay. Es obvio entonces que necesitamos un concepto más refinado: es preciso hablar de dependencia en ciertos *respectos* y en determinados *grados*. Un análisis de la situación hecho en términos de estos conceptos daría lugar a una descripción más exacta y acaso abriría camino a teorías propiamente dichas (no ya meras opiniones ni doctrinas) sobre dependencia. (Véase *Teoría*.)

Los conceptos más refinados que se necesitan pueden obtenerse de la manera siguiente. Se parte de la expresión intuitiva

w depende de x en el respecto y en grado z,

que se simboliza $Dwxyz$. Luego se fijan algunas de estas variables y se estudian las relaciones binarias y ternarias que resultan o bien se adopta un camino más ambicioso: el de la cuantificación. Esto es, se remplaza la relación por una función. Por ejemplo, un posible índice de dependencia económica (o dependencia en el respecto e) de un país w para con un país x sería

$$D(w, x, e) = z = \frac{\text{Volumen de la producción de } w \text{ controlada por } x}{\text{Volumen de la producción total de } w}$$

(Se puede incluso pensar en una función para cada tipo de producto.) Dando valores a w (o sea, tomando diversos países dependientes) se obtienen distintos grados de dependencia económica, o sea, distintos valores de z, v. gr.:

$$D(w_1, x, e) = z_1 \qquad , \qquad D(w_2, x, e) = z_2$$

donde z_1 y z_2, ambas fracciones, miden el grado de dependencia (en el respecto e) de los países w_1 y w_2 respecto del país x. (Para lograr un análisis más fino se sustituirán países por regiones: de este modo se advertirá el colonialismo interno.)

Una vez construido un concepto cuantitativo de dependencia (en distintos respectos) se podrá definir sin dificultad el concepto comparativo empleado al comienzo de este parágrafo. Por ejemplo, se dirá que w_1 es *más dependiente* de x que w_2, en el respecto e, si y sólo si $z_1 > z_2$. Y dando valores a la variable x, que representa a las metrópolis, se obtendrá, por ejemplo para un mismo país dependiente w:

$$D(w, x_1, e) = z_1' \qquad , \qquad D(w, x_2, e) = z_2'$$

Diremos que *w depende más de x_1, que de x_2*, en el respecto e, si $z_1' > z_2'$.

2. CAUSALIDAD Y POSIBILIDAD

Muchos filósofos piensan que es menester remplazar la causalidad por la posibilidad. Algunos científicos han adoptado esta tesis. Así, p. ej., Kalman Silvert sostiene que, en las ciencias sociales, es más adecuado hablar de acontecimientos o de circunstancias que *hacen posible* otros hechos, en lugar de decir que los *causan*. Sin embargo, tal sustitución no siempre es posible y, en todo caso, la distinción no se limita a las ciencias sociales. La diferencia se manifiesta en todas las ciencias y rara vez es posible remplazar un concepto por el otro. Una condición que posibilita un hecho suele llamarse *condición necesaria*; si se dan *todas* las condiciones necesarias y suficientes para que se produzca un hecho, suele hablarse de *causación*. Por ejemplo, un elevado nivel de alfabetización es condición necesaria, aunque no suficiente (no es causa) para la implantación de una industria que emplea una tecnología avanzada; otras condiciones son la existencia de capitales y de mercado, así como de una empresa. Por sí sola ninguna de estas condiciones explica la aparición de la industria en cuestión. Análogamente, el que en un país se den las condiciones necesarias para una revolución (económica, cultural o meramente política) no implica que tal revolución se produzca. En resumen, es preciso retener la distinción entre posibilidad y necesidad causal.

Aun si se logra exactificar una noción de posibilidad, esto es, si se introduce el concepto de probabilidad, es menester distinguir entre posibilidad y causación. Por ejemplo, la probabilidad de que un organismo muera alguna vez es igual a la unidad, de lo cual no se sigue que el nacimiento sea la causa de la muerte. Otro ejemplo: la movilidad social puede tratarse como una matriz de Markov. Pero aun disponiéndose de la matriz de transición (entre grupos sociales) no se dice cuáles son las causas de las diversas transiciones. En otras palabras, un mero enunciado de posibilidad, aun cuando se trate de posibilidad cuantificada, no basta para explicar. La causalidad no ha desaparecido de las teorías estocásticas sino que es un aspecto subordinado de ellas. Por ejemplo, en la mecánica estadística se conservan las fuerzas que causan movimientos así como los choques que desvían a las partículas de sus trayectorias; ambos conceptos se conservan en la mecánica cuántica, otra teoría probabilista. En estas teorías se puede calcular la *probabilidad de que una causa produzca determinado efecto* antes que otro: se conservan los conceptos de causa y efecto aunque no el de ley causal que los enlaza.

3. DECISIÓN

Los sociólogos influidos por la escuela histórico-cultural suelen afirmar que las ciencias sociales no pueden ser exactas porque tratan con finalidades, valoraciones y actos deliberados, todo lo cual trasciende a la naturaleza y es rebelde a la matematización. Que se trate de objetos culturales antes que naturales, es verdad. Que no sean matematizables, es falso y lo ha sido desde el momento en que nació la teoría de la decisión, hace de esto ya dos siglos. Esta teoría estudia matemáticamente las decisiones que se toman en vista de alcanzar determinados fines (objetos valiosos) con ayuda de ciertos medios. Esta teoría rompe la barrera hecho-valor, pues trata a la vez de medios (a los que asigna probabilidades de conducir a los fines considerados) y fines (a los que asigna valores o utilidades). Y, puesto que todo acto deliberado es precedido de una decisión razonada, no puede decirse ya que las ciencias sociales sean forzosamente inexactas por ocuparse de actos deliberados cometidos con el fin de realizar finalidades valiosas. La teoría de la decisión se ha incorporado ya a la sociología de avanzada, en particular a la politología.

Los autores que optan por el globalismo o colectivismo (p. ej., Parsons) no tienen inconveniente en hablar de las decisiones tomadas por un grupo social. En rigor ésta es una mera metáfora: una decisión es un hecho que puede ocurrir solamente en un cerebro. Ciertamente, los miembros de un grupo pueden ponerse de acuerdo, pero esto no quiere decir que el grupo, como tal, es decir como ente supraindividual, sea capaz de tomar decisiones. Lo que sucede en este caso es que cada uno de los individuos componentes del grupo toma la misma decisión que los demás y, más aún, decide que obrará de concierto con ellos. Ciertamente, se puede hablar *elípticamente* de una decisión de grupo, o tomada por un grupo. Pero no es esto lo que quieren los pensadores influidos por el totalismo de Hegel y la psicología de la *Gestalt*, quienes (al igual que el hombre primitivo) proyectan sus propios estados psíquicos al mundo exterior.

4. DEFINICIÓN OPERACIONAL E INDICADOR

Los sociólogos y psicólogos han tomado de los físicos la infortunada expresión 'definición operacional'. No hay tal cosa. Toda definición es una operación estrictamente conceptual consistente en identificar dos conceptos, uno de los cuales (el definidor o *definiens*) ha sido introducido o aclarado con anterioridad.

Lo que a menudo se llama 'definición operacional' no es definición ni operacional, sino simplemente una relación entre variables inobservables, por una parte, y variables observables o medibles, por la otra. Las segundas actúan como *indicadores* o *índices* de las primeras. Así se dice, por ejemplo, que los niveles de la bolsa de valores constituyen un índice o medida (ambigua) del estado de la economía de un país capitalista. Ésta es una hipótesis, no una definición. Tanto es así que es verdadera tan sólo en primera aproximación, ya que hay factores psicológicos y políticos, no sólo económicos, que determinan los niveles de bolsa. Una definición, en cambio, es verdadera por estipulación o convención. Ejemplo: Oligopolio es una economía o un mercado controlado por unas pocas empresas.

5. ESTRUCTURA Y ESTRUCTURALISMO

La palabra 'estructura' está de moda pero no siempre designa un concepto claro. Por ejemplo, cuando se habla de la "visión estructural de los problemas sociales", o de "historia estructural", habitualmente no se entiende de qué se trata. En sentido estricto (matemático) una estructura es un conjunto arbitrario de elementos dotado de una o más relaciones, operaciones o funciones. Por ejemplo, si P es el conjunto de países y R una relación de dependencia (en algún respecto), entonces el par ordenado $\langle P, R \rangle$ es una estructura representativa de la dependencia en el respecto en cuestión. Correspondientemente, una "visión estructural" de la dependencia, o de cualquier otro hecho, sería una conceptualización del hecho en términos de, o con ayuda de, estructuras matemáticas precisas, o sea, un modelo matemático del hecho. Los únicos estructuralistas en sentido estricto serían entonces los matemáticos puros y aplicados, entre ellos los sociólogos matemáticos. Sin embargo, no parece ser éste el sentido de la frase 'visión estructural' en los escritos de los sociólogos dominados por la escuela estructuralista. Parecería que se trata de una doctrina más bien que de un método, y que la doctrina se reduce a la tesis dudosa de que lo permanente y universal, antes que lo transitorio y regional, debiera estar en el foco de las ciencias del hombre. Pero, dado el estilo oscuro de los escritos en cuestión, es difícil aseverar si esto es lo que se proponen decir.

6. EXPLOTACIÓN

La noción de explotación, de origen ideológico, se ha incorporado a la sociología de inspiración marxista así como a los estudios sobre dependencia económica de los países periféricos respecto de las metrópolis (cf. González Casanova, 1969). Es una noción cualitativa y poco clara que puede cuantificarse y con ello aclararse sin dificultad en términos de los conceptos de costo y beneficio, que son clásicos en la economía.

El costo puede concebirse como una función que asigna un número positivo a cada operación de producción. En otras palabras, $C : O \rightarrow \mathbb{R}^+$, donde '$C(z) = r$', para z en el conjunto O de operaciones y r en el conjunto $\mathbb{R}^+$ de números reales, se interpreta como el costo de z.

Por su parte, el beneficio o utilidad que obtiene la persona (física o jurídica) x de la persona (física o jurídica) y que realiza o permite realizar la operación z, puede concebirse como el valor de la función $B : P \times P \times O \rightarrow \mathbb{R}^+$ que asigna un número positivo w a la terna ordenada $\langle x,y,z \rangle$ perteneciente al conjunto de ternas $P \times P \times O$. Ya tenemos lo necesario para introducir la noción de grado de explotación.

Consideremos primero la diferencia $B(x,y,z) - C(z)$ entre el beneficio que obtiene x de y por la operación z, y el costo que ocasiona z a x. Esta diferencia es el beneficio neto, para x, de la operación z ejecutada o permitida por y. Compárese ahora este beneficio neto con el beneficio $B(y,x,z)$ que obtiene y como retribución por ejecutar o permitir la operación z. Este beneficio total puede ser igual a la suma de un salario más beneficios sociales (salud pública, educación, pensión de la vejez, etc.) o puede ser una mera regalía, como ocurre cuando una empresa paga derechos por la explotación de un recurso natural. Es decir, fórmese la diferencia

$$E(x,y,z) = B(x,y,z) - C(z) - B(y,x,z)$$

Si esta diferencia es nula, se trata de un *trato justo* por el cual se benefician mutuamente x e y. Si la diferencia es negativa, el que carga con el costo, o sea x, sale perjudicado. Si la diferencia es positiva, quien sale perdiendo es y. En este último caso, o sea, cuando la diferencia es positiva, puede llamársela el *grado de explotación* de que es objeto y por parte de x en el respecto z.

Si el que ejecuta o permite la operación z es todo un grupo social g (comunidad o nación), debemos sumar los beneficios de uno y otro lado, resultando así

$$E(x,g,z) = \sum_{y \in g} B(x,y,z) - C(z) - \sum_{y \in g} B(y,x,z)$$

Para computar el grado de explotación, sea individual, sea colectiva, es preciso: a] estimar los costos y beneficios en un periodo relativamente largo, para evitar que pesen excesivamente los costos de instalación, y b] incluir en los beneficios que recibe y no solamente los directos (p. ej., en forma de salarios) sino también los indirectos o sociales.

Presumiblemente, el empleo de la noción de grado de explotación que acabamos de introducir –o de otra acaso más adecuada pero igualmente precisa– contribuiría a una mejor descripción de las situaciones de hecho así como a la formulación de modelos matemáticos de sistemas de explotación.

7. GRUPO SOCIAL

El concepto de grupo social (en particular de clase social) es tan básico que pocos sociólogos se ocupan de aclararlo. Un análisis posible y elemental es el que sigue. Sea $C = \langle H, R \rangle$ una comunidad que consta de un conjunto H de personas vinculadas por relaciones sociales comprendidas en el conjunto R. Algunas de estas relaciones son relaciones de equivalencia (reflexivas, simétricas y transiṭivas). Ejemplos: ocupación similar, nivel cultural parecido, pertenencia a la misma iglesia y poder económico similar. Cualquiera de estas *relaciones de equivalencia social* induce una partición del conjunto H en subconjuntos homogéneos y mutuamente disjuntos: cada uno de éstos es un *grupo social*. Por ejemplo, si dos miembros de H están ligados por la relación R_i perteneciente a R, entonces son equivalentes en el respecto R_i, o sea, pertenecen ambos al mismo grupo social de la partición inducida por R_i (aun cuando no pertenezcan a los mismos grupos sociales producidos por otras relaciones pertenecientes a R). Habrá tantas particiones, o sea, tantas colecciones de grupos sociales, como relaciones de equivalencia social. La totalidad de estas particiones puede llamarse la *estructura social* de *H*.

Lo que vale para los grupos sociales en general vale para las clases sociales. En este caso la relación de equivalencia es la de igual poder económico. El concepto de poder económico puede definirse a su vez en función del número de productores controlados. El poder económico $P(x,y)$ que ejerce la familia x en la comunidad y es igual al número de miembros de la comunidad y que trabajan para x (o cuyas actividades económicas controla o influye x) dividido por el número total de familias de y menos uno. (O sea, primero se hace la partición de la comunidad en familias, luego se le asigna a cada una un poder económico.) Las familias que ejercen un poder económico similar (o comprendido entre dos cotas dadas) pertenecen a la misma clase social. En otras palabras, si a y b son dos números reales no nulos, entonces el conjunto de familias para las cuales hay al menos un x tal que el máximo de $P(x,y)$ está comprendido entre a y b, es una clase económica. Ejemplo: sea una comunidad que consta de 13 familias agrupadas de la manera siguiente:

1 familia dominante, que ejerce el poder económico 12/12;

2 familias de clase media, una de las cuales controla económicamente a 3 familias y la otra a 7, pero que son mutuamente independientes, de suerte que el poder económico en esta capa social está comprendido entre 3/12 y 7/12;

10 familias de clase ínfima, que ejercen poder económico nulo.

Se objetará que esta manera de concebir las clases sociales es simplista. Concedido. Pero es preferible un concepto simple y claro a una palabra que no designa ningún concepto preciso, y que sin embargo se emplea una y otra vez. Una vez que se ha alcanzado una claridad inicial se puede aspirar a una mayor complejidad, en tanto que la insistencia en que la realidad es demasiado compleja para ser apresada en fórmulas matemáticas no es sino una forma de oscurantismo. De oscurantismo y a veces también de defensa de la propia ignorancia.

8. IDEOLOGÍA

Las ideologías son de dos tipos: religiosas y sociopolíticas. Aquí nos ocuparemos solamente de las segundas. Una ideología sociopolítica es una visión del mundo social: es un conjunto de creencias referentes a la sociedad, al lugar del individuo en ésta, al ordenamiento de la comunidad y al control político de ésta. Estas creencias pueden agruparse en cuatro clases:

a] *Afirmaciones ontológicas* acerca de la naturaleza de la persona y de la sociedad: qué clase de entes son las personas (materiales, espirituales, o mixtos), de qué modo se combinan para formar comunidades, y qué son éstas (animales, culturales, o mixtas);

b] *Afirmaciones acerca de los problemas* económicos, culturales y políticos de las comunidades de diversos tipos: en qué consisten dichos problemas y cuáles son sus prioridades;

c] *Juicios de valor* acerca de las personas y de sus actos sociales, así como de las organizaciones y sus metas: qué es bueno y qué es malo para la sociedad;

d] *Un programa de acción* (o de *inacción*) para la solución (o la conservación) de los problemas sociales y la obtención de un conjunto de metas individuales y sociales.

La consideración de un ejemplo ayudará a comprender cómo funciona la ideología y cómo se relaciona con otros campos. Si se pregunta ¿De qué viven y cómo viven los campesinos sin tierra del estado *X*?, se pide una investigación científica o los resultados de la misma. En cambio, si se pregunta ¿Es justo y conviene a la sociedad en su conjunto que haya campesinos sin tierra en una zona donde algunas familias acaparan grandes extensiones de tierra?, esta pregunta clama por una respuesta ideológica. Finalmente, si se pregunta ¿Qué debiera hacerse para que los campesinos desposeídos adquieran tierra?, se plantea un problema político fundado sobre una respuesta negativa a la pregunta anterior. Pero la respuesta a este problema político debiera a su vez fundarse sobre un estudio científico de la cuestión de la tierra: es preciso saber cuánta tierra hay, cuántos campesinos capaces de cultivarla, qué necesitarían para cultivarla efectivamente mejorando su suerte individual y asegurando el abastecimiento de la población urbana, etc. En otras palabras, una solución adecuada al problema político requiere de una investigación en sociología aplicada o de programa. En suma, la cuestión agraria tiene varias facetas y exige que se la trate desde otros puntos de vista: sociología básica o pura, ideología, sociología aplicada y política. En rigor debiéramos incluir también a la filosofía, no porque esté en condiciones de dar respuestas precisas a los problemas de este tipo sino porque toda investigación, sea básica, sea aplicada, es guiada por supuestos filosóficos. Las relaciones mutuas entre las cinco áreas mencionadas se exhiben en la figura 11.1.

Nótese la diferencia entre una ideología y una teoría sociopolítica: una teoría está constituida por hipótesis, no por afirmaciones dogmáticas, y no

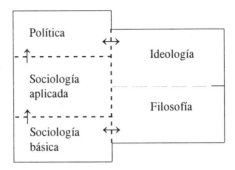

FIGURA 11.1

contiene juicios de valor ni programa de acción. (En cambio los juicios de valor y los programas de acción figuran en sociología aplicada.) Además, por lo común una ideología no es producto de la investigación básica ni cambia con los resultados de ésta: hasta ahora las ideologías han sido bastante resistentes a las novedades científicas. Una ideología puede cambiar, pero tan sólo en detalles: si un *ismo* cambiara radicalmente dejaría de ser ese *ismo*. Además, los cambios que se producen en una ideología son comúnmente introducidos por algún líder carismático en lugar de ser resultado de investigaciones realizadas por la comunidad de investigadores. La ideología, en suma, no tolera la crítica, no practica la autocrítica y no está al día con los avances de la ciencia social. Antes al contrario, los movimientos que sustentan una ideología practican la crítica, sea externa (a los demás), sea interna (a sí mismos) sobre la base de una ideología rígida. Se apoya o condena a X por ser X fiel o infiel al *ismo* en cuestión.

Las ideologías descritas en el párrafo anterior son las ideologías no científicas. Pero una ideología no es necesariamente ajena a la ciencia. En principio es concebible una ideología adecuada a las ciencias sociales y a la realidad social de una determinada área. Por ejemplo, una ideología que preconice medios viables para incrementar la participación popular en la producción económica y cultural, así como en la conducción política de una comunidad –o sea, que propicie la democracia integral– puede considerarse científica porque la sociología nos enseña que la participación múltiple (no sólo política) y constante (no esporádica) es la única garantía de cohesión social y, por lo tanto, de estabilidad tanto como de evolución. En cambio, las ideologías que preconizan la dictadura indefinida de un grupo social sobre otros no son solamente antipopulares sino también anticientíficas, porque la gente sometida termina, sea por rebelarse, sea por degradarse y por arrastrar en su degradación a los opresores. En suma, en principio es posible diseñar ideologías científicas, sistemas de creencias fundados en el estudio científico de la realidad social, así como en un sistema de valores auténticamente democrático.

De hecho no hay aún ideologías plenamente científicas: las que se disputan el mundo son más o menos conservadoras (a la par que la ciencia es revolucionaria), más o menos utópicas (en tanto que la ciencia es realista), más o menos incapaces de aprender de la experiencia (a la par que las ideas científicas no cesan de ser corregidas a la luz de la experiencia y de la crítica), y rara vez fundan sus programas de acción sobre un estudio científico de la realidad social. Por estos motivos, aunque hay que propiciar la formación de ideologías científicas –actitud más realista y constructiva que predicar la pureza de la sociología– es preciso admitir que estamos aún lejos de tales ideologías ilustradas.

Igualmente, es preciso reconocer que la ciencia social jamás está libre de ideología: que, si bien un dato o una teoría son verdaderos o falsos independientemente de consideraciones ideológicas, el planteo de problemas científicos, el diseño de planes de investigación, y la evaluación de resultados, tienen lugar en un marco conceptual que incluye elementos ideológicos. Por ejemplo, quien reconozca la existencia e importancia de la desigualdad social tratará –si tiene una mentalidad científica– de precisar los conceptos de desigualdad (económica, cultural y política), de hallar indicadores fidedignos de desigualdad, y de buscar datos para dar valores a tales indicadores. En cambio, quien sostenga que no hay inequidad social en una comunidad dada, o que si la hay no importa, no emprenderá tal investigación. En resumen, aunque la ideología no es creadora sino más bien consumidora, puede inspirar la investigación científica u obstaculizarla. De aquí que no conviene a los intereses de la ciencia seguir insistiendo en una imposible neutralidad ideológica. La neutralidad no es sino hoja de parra política. Lo que cabe no es cerrar los ojos a la realidad de la interdependencia entre ciencia e ideología, sino bregar por someter a la ideología al control de la ciencia, así como por utilizar la ciencia para resolver los problemas prácticos.

9. INFRAESTRUCTURA Y SUPERESTRUCTURA

Es común la distinción entre infraestructura material y superestructura ideal o cultural. Esta dicotomía traduce a la esfera social el viejo dualismo religioso y filosófico entre el cuerpo y el alma. Este dualismo es compartido por materialistas históricos y por idealistas. La diferencia entre ellos es que los primeros sostienen que la infraestructura genera y domina a la super-estructura, en tanto que los idealistas invierten la relación de dependencia.

En realidad no existe tal separación entre cuerpo y alma, entre infraes-tructura material y superestructura ideal o cultural. Lo que hay en realidad son personas que sienten y piensan así como digieren y caminan. Lo que hay en realidad son personas que producen y consumen bienes materiales, ta-les como tortillas de maíz, y bienes culturales, tales como conversaciones. Toda actividad económica tiene componentes culturales; incluso la econo-mía doméstica requiere el aprendizaje, la transmisión y la aplicación de recetas. Toda actividad cultural tiene componentes económicas; incluso el garabato de un niño requiere papel y lápiz, que son mercancías. Y toda actividad política está comprendida entre la esfera económica y la cultural.

El auténtico materialismo no afirma que lo material determina a lo ideal, sino que niega la existencia de lo ideal como cosa y lo afirma como acti-vidad o función de las personas. Lo que suele llamarse 'ideal' es una abs-tracción: se trata de una actividad de seres de carne y hueso que se valen de herramientas materiales tales como hachas o computadoras.

La división entre infraestructura y superestructura no tiene siquiera utilidad heurística. Mucho más sugerente es la distinción de tres subsistemas dentro de toda comunidad, por primitiva que sea: la economía, la cultura y la política. Cada uno de estos subsistemas, lejos de ser un conjunto de actividades desencarnadas, es un conjunto de personas que ejercen ciertas actividades. Más aún, lejos de ser ajenos entre sí, estos subsistemas se intersectan. Por ejemplo, un técnico agrícola pertenece tanto a la econo-mía como a la cultura; un inspector de escuelas pertenece simultáneamente a la cultura y a la política; y un empleado de hacienda pertenece tanto a la política como a la economía. Este análisis de un sistema social en tres subsistemas es más realista y más sugerente que el dualismo infraestruc-tura-superestructura. (Para mayores detalles véase el capítulo siguiente.)

10. LEY Y CAUSA

Algunos pensadores, desde Heráclito hasta ciertos economistas contempo-ráneos, conciben las leyes naturales o sociales como causas: hablan p. ej. de los *efectos* de una cierta ley de formación de precios, como quien ha-blase de los efectos de beberse una botella de vino. Esta manera de hablar se justifica en el contexto de la filosofía heraclítea, en la que la razón o *logos* se identifica con la ley y la norma. No es ésta la concepción contemporánea de ley natural o social (a diferencia de la ley positiva o norma jurídica). Según esta concepción, las leyes no existen separadamente de las cosas sino que son el *modo constante (pauta) de ser y devenir de las cosas mismas*. Por lo tanto, las leyes no son causas, luego no tienen efectos. A lo sumo puede decirse que, en primera aproximación, hay leyes causales que relacionan causas con efectos. Los que tienen consecuencias (lógicas), aunque no efectos (materiales), son los enunciados legales, o sea, las fórmulas mediante las cuales expresamos (en forma aproximada) dichas pautas objetivas.

11. LÓGICA DE LOS HECHOS

Los autores influidos por Hegel suelen hablar de la *lógica* de los acontecimientos y procesos. Se trata de una expresión desgraciada, que posee sentido solamente en un sistema idealista (p. ej., el de Hegel) en el cual los hechos no son sino corporizaciones del espíritu (sea subjetivo, sea objetivo o absoluto). En rigor no hay lógica de los hechos así como tampoco hay física de los conceptos. Lo que hay son *mecanismos* de los hechos (p. ej., del desarrollo económico), y tales mecanismos son parte de las *tendencias* y de las *leyes*. Nada de esto tiene que ver con la lógica en sentido estricto, que es la teoría de la estructura del argumento deductivo. No hay una lógica social como tampoco hay una lógica química: existe solamente la lógica a secas (o simbólica, o matemática). No es ésta una mera disputa verbal sino que lo es metodológica. En efecto, si existiese una lógica de los hechos, puesto que la lógica es *a priori* (previa a la experiencia), entonces el estudio de los hechos podría hacerse independientemente de nuestra experiencia con éstos. Éste es, precisamente, el motivo por el cual Hegel hablaba de la "lógica objetiva".

12. MATEMÁTICA Y CIENCIAS SOCIALES

La sociología clásica conocía un solo capítulo de la matemática: la estadística matemática. Aún hoy son numerosos los sociólogos que creen que su misión consiste en coleccionar datos, con prescindencia de toda teoría, y en llamar en su ayuda a un estadígrafo que elabore tales datos y "extraiga conclusiones". Hoy día el sociólogo debe recurrir no sólo a la estadística matemática para elaborar los datos y controlar las hipótesis: debe recurrir también a las demás ramas de la matemática *para elaborar sus ideas*, del mismo modo en que vienen haciéndolo las ciencias naturales desde hace tres siglos y medio.

Las funciones de la matemática en las ciencias sociales son por lo menos las siguientes:

a] La matemática provee a todas las ciencias un esqueleto formal prefabricado que puede rellenarse con cualquier contenido empírico compatible con la estructura formal;

b] La matematización de los conceptos y de las proposiciones incrementa la exactitud y por lo tanto la claridad de las ideas;

c] Una teoría matemática posee un poder deductivo ajeno a una doctrina verbal: en ésta las inferencias son laboriosas y a menudo inseguras, ya que no se sabe bien cuáles son las premisas;

d] La precisión y el poder deductivo aumentan la verificabilidad de la teoría: se facilita la derivación de conclusiones exactas, las que se pueden confrontar con los datos empíricos;

e] La teoría se puede ordenar mejor y, en particular, se puede axiomatizar;

f] El mejor ordenamiento lógico y la facilitación de la contrastación empírica hacen a su vez más fácil la comparación de la teoría dada con teorías rivales;

g] Se resuelven automáticamente, y sin recurso a ideología alguna, viejas controversias filosóficas que han obstaculizado la marcha de la ciencia, tal la disputa entre el individualismo y el colectivismo metodológicos en las ciencias sociales. Este último punto merece un párrafo aparte.

Los individualistas sostienen que todo discurso sociológico debiera referirse en última instancia a los individuos que componen una sociedad, en tanto que los colectivistas (o totalistas) afirman que hay propiedades sociales colectivas inexplicables en términos de propiedades individuales. La sociología matemática no se plantea esta disyuntiva si emplea las herramientas conceptuales adecuadas. En efecto, una sociedad puede representarse por una estructura relacional $S = \langle H, R \rangle$, donde H es un conjunto de individuos y R un conjunto de relaciones (sociales) entre miembros de H. Una sociedad no es, pues, un mero conjunto (o "suma") de individuos, ni es tampoco un ente supraindividual que planea por encima de éstos, ya que las relaciones que ligan entre sí a los miembros de una sociedad no existirían sin éstos, ni éstos serían tales miembros si no estuvieran relacionados socialmente entre sí. Una sociedad no es ni más ni menos que un sistema de individuos que viven en sociedad, o sea, que están conectados por relaciones sociales. Como se ve, para alcanzar esta síntesis de los dos polos tradicionales no se utilizó ninguna herramienta matemática complicada: bastó la noción de estructura relacional, o conjunto estructurado por un conjunto de relaciones. Se trata de una noción simple y cualitativa pero precisa, cuya aplicación muestra el absurdo del individualismo y del colectivismo metodológicos.

13. MÉTODO DIALÉCTICO

Entre los sociólogos del Tercer Mundo está de moda hablar del método dialéctico, pero nadie parece saber en qué consiste: cuáles son sus reglas, a qué y cómo se las aplica, ni cómo se controla su aplicación. Existe ciertamente una ontología o metafísica dialéctica, o más bien dos, la una idealista y la otra materialista (en la medida en que el materialismo es compatible con la dialéctica, lo que es dudoso). Pero se trata de un conjunto de *hipótesis* muy generales, llamadas "leyes de la dialéctica", acerca del devenir, en particular del desarrollo sociohistórico. Estas hipótesis más o menos precisas no constituyen un *método*, esto es, un procedimiento para hacer o estudiar algo. Constituyen una doctrina.

No hay pues *método* dialéctico sino más bien un *enfoque* dialéctico de problemas, sea teóricos, sea prácticos, consistente en presuponer la ontología dialéctica e intentar encajar en ella los objetos de interés. Tal enfoque se caracteriza por la búsqueda de polaridades (*q.v.*) y por la exageración de la importancia de los conflictos (en la naturaleza, en la sociedad o en el pensamiento) a expensas de la cooperación y de cualesquiera otros mecanismos de cambio. Como se indica en el artículo Polaridad, este enfoque es típico de una etapa primitiva del pensamiento. La ciencia no se limita a buscar polaridades sino que se esfuerza por encontrar pautas objetivas (leyes), las que rara vez son polares. Y, aun en el caso en que el conflicto es real, es de complejidad tal que desborda el marco polar.

Tómese, por ejemplo, la teoría de Volterra de la lucha interespecífica, aplicable tanto a poblaciones animales como a comunidades humanas. Supongamos que el sistema de interés esté constituido por dos poblaciones, una de las cuales vive a costillas de la otra. El ejemplo clásico es el de una población de liebres depredada por una población de zorros; pero la teoría vale igualmente para el par terratenientes-campesinos. Llamemos H a la población huésped y P a la población parásita. La evolución de estas poblaciones en el curso del tiempo está descrita por el par de ecuaciones diferenciales

$$\frac{dH}{dt} = (a_{11} + a_{12}\,P)\,H \qquad \frac{dP}{dt} = (a_{21} + a_{22}\,H)\,P$$

donde los coeficientes a_{11} y a_{22} son números reales positivos, y los demás reales negativos. Esta teoría describe el conflicto en detalle y, a diferencia de una "interpretación dialéctica", prevé las conocidas oscilaciones de población. Ciertamente, la teoría no es sino parcialmente verdadera. Pero es susceptible de corrección y, en todo caso, provee una primera aproximación. Por este motivo es parte integrante de la ecología de las poblaciones, en tanto que la doctrina dialéctica de los conflictos es imprecisa e incapaz de formular predicciones comprobables.

Para terminar: la frecuencia con que aparecen los términos 'proceso dialéctico' y 'método dialéctico' en un campo de estudios es un buen indicador del bajo grado de desarrollo de éste. Los físicos, químicos, biólogos, psicólogos y sociólogos matemáticos no hablan de objetos dialécticos ni dicen emplear el método dialéctico: emplean el método *científico*, que les permite formular concepciones precisas y comprobables. Si lo que se proponen los pensadores dialécticos es tan sólo subrayar el carácter cambiante de todas las cosas y la naturaleza conflictiva de algunos procesos, no necesitan salirse de la ciencia, ya que ésta estudia las leyes del cambio y, en particular, de la competencia. La dialéctica es dinamicista pero no científica; la ciencia no es dialéctica pero es dinamicista y, además, clara y a veces verdadera.

14. POLARIDAD

Los historiadores de las ideas han mostrado que es característica del pensamiento arcaico y aun antiguo el reducirlo todo a pares de opuestos: día-noche, mortal-inmortal, comestible-incomible, móvil-inmóvil, etc. Esta característica se conserva en la primera fase del tratamiento científico de un problema: así como el neurofisiólogo de principios de siglo intentaba reducirlo todo a un juego de excitaciones e inhibiciones, el sociólogo del subdesarrollo cae en la tentación de explicarlo todo en términos de dependencia e independencia y de pares de opuestos similares.

Sin duda algunos sistemas reales, sean físicos, sean culturales, presentan características polares. Pero también presentan otras que no lo son. La ciencia moderna ha mostrado que la realidad no cabe dentro de los esquemas polares, sea de Pitágoras, sea de Hegel: los sistemas polares son la excepción, no la regla. Aun así, la polaridad, cuando existe, no abarca todos los aspectos de un sistema. El estudio de un interruptor eléctrico comienza, no termina, con la observación de que puede estar abierto o cerrado. Y la mecánica no se limita a clasificar los cuerpos en móviles o inmóviles.

A medida que crece el número de sociólogos científicos en los países socialistas, crece el número de los sociólogos filosóficos ("humanistas") en los países capitalistas y del Tercer Mundo. Entre ellos hacen más ruido que luz los que sostienen inspirarse en la filosofía dialéctica. Esta filosofía comienza por distinguir los componentes o aspectos mutuamente contradictorios del sistema en cuestión, y encuentra en esta oposición el motor de su desarrollo (cuando no de su estancamiento). Este tipo de explicación es tan primitivo como la dicotomización que la precede e igualmente incompatible con una visión científica del mundo. Imagínese un físico que intentase explicar el funcionamiento de un motor de automóvil en términos de las oposiciones calor-frío, contracción-dilatación y movimiento-reposo en lugar de valerse de la termodinámica y de la mecánica.

Ciertamente, cuando hay polaridad u oposición también hay cambio o al menos equilibrio inestable. Pero a veces no hay tal oposición y sin embargo hay desarrollo, como ocurre con los procesos físicos, biológicos y sociales de cooperación. Todo cambia, ciertamente, pero no todo cambio se debe a una "lucha de contrarios". Y cuando hay tal lucha no se la describe adecuadamente en términos simplistas (polares) sino empleando conceptos mucho más ricos, tal como lo hacen la teoría matemática de la competencia interespecífica y la teoría de los juegos.

Entre los sociólogos, ideólogos y filósofos del Tercer Mundo está de moda emplear la expresión 'x es dialéctico', pero ninguno de ellos la explica. Parecería que, al igual que los filósofos intuicionistas, dichos pensadores son incapaces de hacer un esfuerzo de análisis conceptual. Lo menos que puede hacerse es intentar una definición tal como ésta: un objeto x es dialéctico si y sólo si existen al menos otros dos objetos, u y v, tales que: a] u y v forman parte de x, y b] u y v se oponen entre sí en algún respecto. Con todo, ésta es una seudoexactitud, ya que no está claro qué significa 'oposición': ¿incompatibilidad, fuerzas encontradas, o qué? Mientras no se aclare ese término oscuro, casi siempre metafórico, convendrá abstenerse de emplearlo. No es posible hacer girar toda una filosofía en torno a la oscuridad. Ni es posible obstinarse en reducir la complejidad real a polaridades y luchas de contrarios, como lo hacían los presocráticos. Estamos a fines del siglo XX, no a fines del siglo V antes de nuestra era. (Véase *Método dialéctico*.)

15. SENTIDO Y SIGNIFICACIÓN DE LOS HECHOS

Max Weber hablaba del *sentido* de los actos humanos, y muchos sociólogos influidos por él hablan de la *significación* de los hechos sociales. Esta terminología es equívoca y evitable. En los escritos de Weber la palabra 'sentido' puede remplazarse por 'finalidad'. Por ejemplo, en lugar de decir 'el sentido de la lucha por la independencia' puede decirse 'la finalidad de la lucha por la independencia'.

No está claro en cambio qué puede significar la expresión 'la significación del hecho *x*', a menos que se quiera decir 'la contribución del hecho *x* al hecho posterior *y*', donde *y* es el hecho principal que se estudia o bien una finalidad a lograr. No conviene violar la etimología de 'significación', que se refiere a *signos*, no a hechos extralingüísticos: se puede hablar legítimamente de la significación de un signo o símbolo escrito o hablado, pero no de la significación de los acontecimientos. (A menos que se pretenda que ciertos hechos son signos o augurios de otros.) Dicho en otros términos: es menester no confundir el estudio sociológico de las actividades humanas con la semiótica.

16. SOCIOLOGÍA SUBDESARROLLADA Y AVANZADA

Una de las características típicas del subdesarrollo es que su propia sociología es subdesarrollada. Es decir, los trabajos que se ocupan del subdesarrollo alcanzan rara vez un nivel científico moderno. En general, en los países del Tercer Mundo somos muy generosos en el empleo de la expresión 'ciencia social'. Por ejemplo, solemos llamar Facultad de Ciencias Sociales a lo que casi siempre es una Escuela de Ideologías Sociales. Y la mayor parte de nuestras revistas de Ciencias Sociales debieran llamarse Revistas Sobre Cuestiones Sociales. En efecto, el tema no lo es todo: un mismo tema puede abordarse, sea científicamente, sea de otro modo. En particular, la literatura sobre temas sociales puede clasificarse del modo siguiente:

a] *Impresionismo*: apreciaciones fundadas tan sólo en la experiencia personal.

b] *Crítica social* fundada en datos parciales o en consignas ideológicas.

c] *Ideología*: juicios de valor y programas de acción.

d] *Sociología literaria o filosófica*: descripciones y análisis impresionistas fundados en datos escasos y que no llegan a ser teorías.

e] *Sociología científica*: conjuntos de hipótesis verificables y de datos fidedignos. La sociología científica ha pasado por tres etapas de desarrollo, todas las cuales coexisten hoy día:

> *i*] *sociografía*: descripciones precisas pero superficiales por la falta de teorías propiamente dichas;
>
> *ii*] *sociología clásica*: datos no muy refinados y teorías verbales (no matemáticas);
>
> *iii*] *sociología de avanzada*: investigación empírica combinada con modelos matemáticos y un comienzo de experimentación.

Lo que hemos llamado *sociografía* es particularmente patente en la antropología social (o cultural) desde Boas hasta nuestros días. Los sociógrafos son los juntadatos cuidadosos que desconfían de las teorías y que, por lo tanto, a menudo coleccionan datos poco interesantes, poco reveladores de los mecanismos íntimos del cambio social, mecanismos que siempre están ocultos a la observación directa y que sólo pueden conjeturarse.

La *sociología clásica* comprende las obras de Marx, Durkheim, Weber, Veblen, Leslie White y Myrdal, para citar sólo a los más eminentes y mejor conocidos. Es la época de las grandes síntesis teóricas fundadas sobre datos fehacientes. Pero las teorías de ese periodo son meramente verbales y por ende imprecisas, y los datos son los que buenamente quieran proporcionar las oficinas estadísticas: no hay modelos matemáticos y por lo tanto las ideas son un tanto imprecisas y la interpretación de los escritos es discutible. Finalmente, la *sociología de avanzada* se caracteriza por proponer modelos matemáticos, los que sugieren la búsqueda de datos de tipo insospechado, así como por el diseño de uno que otro experimento social en gran escala. Descuellan en esta etapa, entre otros, Pareto, Lazarsfeld, Merton, Coleman, Dahl, Harrison White y Boudon.

La sociología de avanzada está confinada a unos pocos países: en los demás se cultivan aún la sociografía y la sociología clásica. Más aún, en los países de la periferia científica suele haber resistencia abierta a la sociología contemporánea, y ello por motivos filosóficos. Los positivistas, que sostienen apegarse a los datos (superficiales), rechazan toda teoría y se quedan por lo tanto en la sociografía. Y los sociólogos de formación humanista se refugian en la escuela idealista, según la cual las ciencias sociales son ciencias del espíritu (*Geisteswissenschaften*) y, por lo tanto, ajenas al método científico, el cual sería aplicable tan sólo a la naturaleza. (Además, la verdad es que casi todos ellos han sido entrenados para leer y comentar textos más que para investigar la realidad social y teorizar con ayuda de la matemática.) Esta resistencia se parece a la que experimentaban los escolásticos ante los trabajos revolucionarios de Galileo, al decirle: "No tenemos necesidad de tu telescopio: nos bastan los ojos que Dios nos ha dado. Ni tenemos necesidad de tus fórmulas matemáticas: nos bastan los textos escritos en lenguaje ordinario, que nos han legado Aristóteles y sus comentaristas."

17. SOCIOLOGÍA LATINOAMERICANA

Casi toda la producción sociológica, psicosociológica y politológica referente a Latinoamérica exhibe, en mayor o menor grado, diversos defectos conceptuales. Toda ella usa (y a veces abusa de) nociones oscuras o imprecisas. Por consiguiente las hipótesis que las contienen son ellas mismas oscuras e imprecisas, luego difícilmente comprobables. Por añadidura esas hipótesis no se presentan agrupadas en teorías propiamente dichas sino, más bien, en doctrinas o "interpretaciones".

Como consecuencia de la debilidad metodológica apuntada, las "interpretaciones" del desarrollo y de la dependencia no proveen descripciones exactas de la situación de dependencia ni del proceso de desarrollo. *A fortiori* no dan una explicación adecuada ni permiten formular predicciones precisas que las pongan a prueba o que sirvan para la acción política. En resumen, la producción en cuestión, aunque interesante y a menudo rica en sugerencias, dista de ser científica en la plena acepción de la palabra. En el mejor de los casos dichos trabajos son un punto de partida para una investigación rigurosa, y en el peor son trabajos periodísticos o aun ideológicos.

Los defectos anotados no son exclusivos de los estudios latinoamericanos y no tienen nada que ver con la carencia de datos empíricos. Son defectos conceptuales característicos del pensamiento sociológico tradicional anterior al nacimiento de la sociología matemática. Son los mismos males conceptuales que aquejaban a la física anterior a Galileo. Estos defectos se corrigen con una dosis de análisis conceptual y metodológico y otra de matemática elemental. Se trata, en suma, de dilucidar ciertos conceptos y de exactificar otros, así como de construir teorías propiamente dichas y de hacerlo con ayuda de la herramienta conceptual universal, a saber, la matemática.

Semejante reorientación conceptual en la investigación de la sociedad latinoamericana llevaría a su vez a una reorientación de la investigación empírica. Se buscarían datos relevantes a teorías bien formuladas, en lugar de acumular datos porque sí o para alimentar hipótesis imprecisas. Y si se dispusiera de teorías propiamente dichas, y más aún de teorías confirmadas, acerca de la dependencia y del subdesarrollo, se las podría aplicar: se podría discutir más eficazmente las medidas prácticas que debieran tomarse para lograr la independencia y orientar el desarrollo en beneficio de la propia América Latina. Mientras tanto se seguirá improvisando o inspirándose en ideologías. De aquí la enorme importancia práctica de la filosofía (avanzada) de la ciencia (avanzada).

18. TEORÍA, MARCO TEÓRICO, DOCTRINA, INTERPRETACIÓN

En las ciencias sociales hay tendencia a dignificar con el nombre de *teoría* a cualquier montón de opiniones, por desconectadas que estén y por infundadas que sean. Casi siempre se trata de meros marcos teóricos o de doctrinas. Veamos las diferencias.

La noción de marco teórico o conceptual, o simplemente contexto, puede caracterizarse como sigue. Un *marco teórico* (o *contexto*) es un conjunto de proposiciones referentes a un mismo dominio (p. ej., sociedades humanas) y tales que contienen ciertos conceptos (p. ej., los de clase social y *anomia*) que constituyen un grupo homogéneo, en el sentido de que todos ellos se refieren al mismo dominio. Más aún, en virtud de esta referencia común, un contexto, sin ser una teoría propiamente dicha, posee un grado de organización muy superior al de una colección de proposiciones tomadas al azar. En efecto, las proposiciones de un marco teórico o contexto se pueden negar y combinar, sea disyuntiva, sea conjuntivamente, sin que resulten proposiciones ajenas al contexto. En otras palabras, las proposiciones de un contexto dado constituyen un conjunto *cerrado* respecto de las operaciones lógicas. Un contexto sirve entonces de materia prima para la elaboración de teorías, ya que cada una de éstas se obtendrá seleccionando proposiciones del contexto y, en particular, guardando solamente aquellas que constituyan un conjunto coherente (no contradictorio).

Una posible definición formal de contexto o marco teórico es ésta: "La terna ordenada $C = \langle S, P, R \rangle$ es un *contexto* o *marco teórico* si y solamente si S es un conjunto de proposiciones tales que: a] S es cerrado respecto de las operaciones lógicas, b] S contiene solamente predicados comprendidos en P, y c] todos los predicados comprendidos en P se refieren a R." (En rigor esta definición vale solamente para predicados monádicos o unarios, tales como el atributo de ser subdesarrollado. Se la generaliza suponiendo que R es una familia de conjuntos de objetos, y que cada miembro de P se refiere a uno o más miembros de esta familia. Por ejemplo, un contexto para el estudio de la dependencia contendrá, entre otros, los conceptos de país central y de país periférico, así como el concepto de dependencia de un país respecto de otro. El concepto de dependencia es una relación binaria entre miembros de ambos conjuntos.)

Según el diccionario, una doctrina es un cuerpo de ideas susceptible de ser transmitido o enseñado. En cambio, una *teoría* es una doctrina muy especial: es un sistema hipotético-deductivo, o sea, un cuerpo de ideas organizado lógicamente. Más precisamente, una teoría es un conjunto de proposiciones, todas ellas referentes a un asunto dado (p. ej., el subdesarrollo), y tales que cada una de ellas es, o bien una premisa (p. ej., una hipótesis) o una consecuencia lógica de otras proposiciones de la teoría. Finalmente, una *teoría científica* es una teoría comprobable empíricamente, o al menos convertible (por especificación o agregado de premisas) en una teoría verificable mediante datos observacionales o experimentales. Ejemplo de doctrina: el estructuralismo. Ejemplo de teoría: la teoría de la utilidad (o valor subjetivo) de Von Neumann y Morgenstern. Ejemplo de teoría científica: la teoría de Coleman, de las redes de influencia social.

Por ser precisa y estar organizada lógicamente, una teoría específica permite el planteamiento y la solución de problemas bien determinados, entre ellos la predicción (o la retrodicción) de acontecimientos. Y la confrontación de tales anticipaciones con los datos empíricos, junto con el examen de la teoría a la luz de otras teorías aceptadas anteriormente, es lo que permite pronunciarse acerca del grado de verdad de la teoría. (Por ejemplo, para poner a prueba una teoría sociológica no bastan datos sociológicos, económicos, históricos, etc.: también son menester teorías económicas y psicológicas.) Si la teoría pasa el doble examen, empírico y conceptual, se la declara *teoría científica verdadera*, al menos en algún grado y hasta nuevo aviso. Pero en ausencia de tales tests habrá que suspender el juicio sobre el valor de verdad de la teoría.

Una mera doctrina, en cambio, es menos precisa que una teoría. Por consiguiente sus predicciones, si está en condiciones de hacerlas, son imprecisas. Luego, los datos empíricos no pueden decidir acerca de su valor de verdad. Esto no quita que una doctrina pueda tener valor heurístico, por ejemplo al ayudar a clasificar o a dirigir la atención hacia determinadas variables que de otro modo pasarían inadvertidas. (Éste es el caso del materialismo histórico.) Pero, precisamente por no ser comprobable empíricamente, una mera doctrina no puede aspirar al rango de teoría científica verdadera, o siquiera de teoría a secas.

Algunas doctrinas pueden ser convertidas en teorías propiamente dichas y aun en teorías científicas. En cambio otras quedan forzosamente en estado gaseoso. Por ejemplo, las doctrinas de Freud y Parsons parecen ser rebeldes a tal transformación. En todo caso hasta ahora estas doctrinas no han sido convertidas en teorías científicas. Luego, no puede afirmarse que sean verdaderas o falsas.

En sociología es frecuente llamar *interpretación* a lo que hemos denominado doctrina, acaso porque existen doctrinas, tales como el estructuralismo, el psicoanálisis y el materialismo histórico, que suelen llamarse *interpretaciones*. Pero en la semántica y en la epistemología contemporáneas el término 'interpretación' se reserva para designar la operación consistente en asignar un significado determinado a una teoría abstracta (no interpretada). No obstante, dado que en las ciencias de la realidad todas las doctrinas y teorías son interpretadas (en el sentido semántico del término), no hay peligro grave de confusión: las palabras 'doctrina' e 'interpretación' podrán seguir usándose indistintamente. Con todo, es conveniente esforzarse por unificar las terminologías de las metodologías de las diversas ciencias de la realidad, a fin de evitar confusiones.

19. TEORÍA GENERAL Y TEORÍA ESPECÍFICA O MODELO TEÓRICO

Una *teoría general*, como lo indica su nombre, concierne a todo un género de objetos, en tanto que una *teoría específica* se refiere a una de las especies de tal género. Por ejemplo, una teoría de la movilidad social, en general, difiere de una teoría de la movilidad social en los países capitalistas, en que esta segunda teoría es más específica. En efecto, la última contiene hipótesis (p. ej., acerca de los mecanismos de la movilidad) que no están contenidas en la correspondiente teoría general.

Por cada teoría general G hay entonces toda una clase de teorías especiales E_i, donde i es un número natural. Cada una de estas teorías especiales E contiene a la teoría general G y, además, ciertas hipótesis subsidiarias S que describen las peculiaridades de la especie i de objetos a que se refieren. (Por cada especie i habrá un conjunto de hipótesis subsidiarias: S_{i1}, S_{l2}, etc. Hemos llamado S a un miembro genérico de este conjunto.) O sea, se tiene

$$E_i = G \cup \{S_{i1}, S_{i2}, ..., S_{in}\}$$

donde n es el número de hipótesis subsidiarias que caracterizan a E_i con respecto a G.

Se puede decir que la teoría general "abarca" a cada una de las teorías específicas correspondientes, en el sentido de que éstas se obtienen con sólo agregarle a G ciertas premisas específicas. Pero es falso, aunque se lea a menudo, que G *contenga* o implique a todas las teorías específicas E_i. Más bien es al revés: E_i *implica* a G, esto es, lo genérico se deduce de lo específico, que es más rico. En otras palabras: dado un conjunto de teorías específicas, se puede extraer de éstas una teoría general con sólo suprimir todas las premisas particulares y dejar las suposiciones comunes a todas las teorías específicas de marras.

20. TIPO IDEAL

El concepto weberiano de tipo ideal dista de ser claro. Unas veces el tipo ideal es el modelo a imitar, o norma de acción del agente racional; otras el tipo ideal es el modelo teórico que contiene idealizaciones extremas. En todo caso no parece que ninguno de estos dos conceptos designados por la expresión ambigua 'tipo ideal' ayude mucho a comprender las idealizaciones científicas por excelencia, a saber, los modelos teóricos y, en particular, los modelos matemáticos. Todos éstos contienen, desde luego, idealizaciones; toda teoría, sea específica, sea genérica, esquematiza la realidad y, más aún, constituye un objeto ideal (conceptual). Pero esto no basta para caracterizar una teoría científica: también las clasificaciones esquematizan y lo propio hacen las doctrinas no científicas. Todas ellas son tipos ideales en la segunda acepción de este término.

Debido a la ambigüedad de la expresión 'tipo ideal', que acaba de señalarse, es dudoso que convenga conservarla.

21. VALOR Y OBJETO VALIOSO

Los sociólogos identifican a veces los conceptos de valor y de objeto valioso, al modo en que los grandes almacenes estadunidenses anuncian la venta de 'big values'. En realidad hay tan sólo objetos valiosos (o disvaliosos, o desprovistos de valor), o sea, objetos a los que asignamos algún valor (en algún respecto). La noción de valor es entonces tan sólo una componente del concepto complejo objeto-al-que-asignamos-valor-en-cierto-respecto.

Lo que precede se comprende claramente si se supone que todo sujeto humano x puede asignar, en principio, un determinado valor v a cualquier objeto y. (El que esta valuación cambie con las circunstancias no se niega, sino que se puede expresar agregando una variable, por ejemplo, el tiempo.) En otras palabras, se tiene

$$V(x,y) = v$$

donde V es una función de valuación. Esta representación pone en claro la diferencia entre el sujeto x que efectúa la valuación, el objeto y evaluado, y el valor v que x asigna a y. Cámbiese el sujeto, y el valor podrá cambiar aun cuando no cambie el objeto. Esto no quiere decir que los valores sean totalmente subjetivos, o sea, dependientes tan sólo del sujeto: dependen de ambos, del sujeto y del objeto, como lo exhibe la fórmula. Naturalmente, lo que precede no tiene sentido a menos que se especifique a] cómo se combinan los objetos evaluados y b] qué propiedades matemáticas tiene la función. Estas tareas competen a la moderna teoría de los valores.

El esquema de axiología esbozado arriba, aunque insuficiente para analizar con profundidad el concepto de valor, basta para aclarar ciertos problemas que se presentan en las ciencias sociales. Uno de ellos es el de los conflictos de valores. Según algunos politólogos, el conflicto de valores no admite compromisos; y cuando falla el compromiso, sobreviene la revuelta. La afirmación es verdadera solamente en el caso extremo, por tanto infrecuente, en que se enfrentan dos finalidades o desiderata que son a la vez supremos y mutuamente incompatibles. Pero en las situaciones corrientes los agentes tienen finalidades más o menos diferentes, a las que asignan valores diferentes. Por lo tanto pueden transigir en algún respecto con tal de poder salirse con la suya en algún otro. Ejemplo: el actor a (individuo o grupo) posee las finalidades f_1 y f_2 pero le asigna a la primera un valor mucho mayor que a la segunda. O sea, usando los términos del apartado *Valor y objeto valioso*,

$$V(a, f_1) \gg V(a, f_2) > 0$$

El actor b, en cambio, se opone a f_2, o sea, para él vale $V(b, f_2) < 0$. Ambos pueden evitar el conflicto si a transige, al menos momentáneamente, prescindiendo de f_2. La discrepancia evaluativa subsiste pero no se manifiesta como conflicto: el actor a sacrifica su finalidad f_2, al menos temporariamente, en aras de su finalidad más valiosa f_1. Esto ocurre diariamente en la vida de los individuos y es patente en las alianzas políticas en todo nivel.

22. CONCLUSIONES

El lenguaje de toda ciencia tiene impurezas que obstaculizan la búsqueda y la transmisión del conocimiento. Esas impurezas de lenguaje son a menudo manifestaciones de oscuridades conceptuales. Y cuando de esto se trata, el filósofo de inclinación analítica puede ser de utilidad. En algunos casos le bastará invocar la autoridad del diccionario, pero las más de las veces deberá efectuar una reconstrucción con materiales y herramientas contemporáneos. Semejante reconstrucción se impone a menudo pero no basta: la mejor manera de aclarar las ideas es sistematizarlas, es decir, incorporarlas en teorías. En el caso de las ciencias sociales, el problema es que hay pocas teorías y muchas doctrinas u opiniones. También hay una notoria resistencia a la teorización, debido a una filosofía anticuada que confunde teoría científica con especulación desenfrenada. También en este punto podrá ayudar el filósofo, no sólo haciendo el elogio de la teoría, sino también ayudando a construirla o, al menos, a organizarla mejor.

12. TRES CONCEPCIONES DE LA SOCIEDAD[*]

La sociedad humana ha sido pensada de tres maneras diferentes: a la manera individualista, al estilo globalista, y de modo sistémico. Según el *individualismo*, una sociedad no es sino una colección de individuos, y toda propiedad de la misma es una resultante o agregación de propiedades de sus miembros. Conforme al *globalismo* (o *colectivismo teórico*), una sociedad es una totalidad que trasciende a sus miembros y posee propiedades que no tienen sus raíces en propiedades de sus miembros. Y de acuerdo con el *sistemismo* una sociedad es un sistema de individuos interrelacionados y, en tanto que algunas de sus propiedades son meras resultantes de propiedades de sus miembros, otras derivan de las relaciones entre éstos.

En este capítulo intentaremos: a] caracterizar las tres concepciones; b] someterlas a un examen crítico, y c] averiguar cuál de ellas se adapta mejor a las ciencias sociales contemporáneas. Puesto que la concepción sistémica es la menos conocida, y dado que a menudo se la ha confundido con la globalista, le dedicaremos mucha mayor atención que a sus rivales. (Para detalles véase Bunge, 1979, cap. 5.)

El resultado de nuestro examen será que el individualismo y el globalismo son inadecuados. El primero porque ignora las propiedades emergentes de toda sociedad, tales como la cohesión social y la estabilidad política. El segundo porque rehúsa explicarlas. La concepción sistémica carece de estos defectos y combina los rasgos positivos de sus rivales, en particular el rigor metodológico del individualismo con la insistencia globalista en la totalidad y la emergencia.

Argüiremos que el sistemismo es la concepción compatible con, y, más aún, inherente a, las (pocas) teorías propiamente dichas que se encuentran en las ciencias sociales contemporáneas, en particular la sociología, la economía, la politología y la psicología social. (No incluimos a la antropología ni a la historia por ser acaso las disciplinas teóricamente menos desarrolladas.) Esta afirmación no debiera sorprender, ya que vale para el modelado matemático en cualquier campo. En efecto, todo modelo matemático se reduce en última instancia a un sistema conceptual compuesto por conjuntos de individuos dotados de ciertas estructuras. En

[*] Adaptación de "A systems concept of society", *Theory and Decision*, 10:13-30.

efecto, cualquiera que sea el objeto o referente de la investigación, se tratará de modelarlo como un conjunto (de individuos o de conjuntos) equipado con cierta estructura, o sea, como una *colección estructurada* de individuos antes que como una colección amorfa o como una estructura que planea por encima de los individuos sometidos a ella. Baste pensar en un organograma: los nodos representan personas o subsistemas, y los cantos relaciones entre ellos.

Incluso en el caso más sencillo se comienza con algún conjunto *S* de individuos de algún tipo (personas, grupos sociales, etc.) y se supone que dichas unidades están unidas por alguna relación *R*, tal como una relación de familia o de trabajo. El resultado es una estructura relacional $S = \langle S, R \rangle$ que representa a las unidades interrelacionadas, o sea, al sistema en cuestión. Argüiremos que una sociedad puede concebirse precisamente de esta manera, o sea, como su composición junto con su estructura (y también su medio natural y social). Por lo tanto una sociedad no es ni mera "suma" (agregado) de individuos ni idea platónica (p. ej., una institución) que los trasciende: *una sociedad es un sistema concreto compuesto de individuos relacionados entre sí* y, por lo tanto, representable por una estructura relacional. En lo que sigue se verá de qué clase de individuos y de qué tipo de estructura se trata.

1. BREVE FORMULACIÓN DE LAS TRES CONCEPCIONES

Toda concepción de la sociedad humana, y en rigor de cualquier objeto concreto, tiene dos componentes: una ontológica y la otra metodológica. La primera concierne a la naturaleza de la sociedad, la segunda a la manera de estudiarla. Esto es, en cuestiones sociológicas y, en general, científicas y filosóficas,

$$X\text{-ismo} = \langle\, X\text{-ismo ontológico, } X\text{-ismo metodológico}\rangle$$

Nos ocuparemos de tres *ismos*: individualismo, globalismo y sistemismo. Empecemos por formularlos de manera breve, tan breve que parecerá que estamos trazando caricaturas. (Véanse discusiones detalladas en O'Neill [comp.], 1973.)

a] *Individualismo*

Ontología

IO1. Una sociedad es un conjunto de individuos. Las totalidades supra-individuales son conceptuales, no concretas.

IO2. Puesto que las totalidades sociales son abstracciones, no tienen propiedades globales emergentes: toda propiedad social es una resultante o agregación de propiedades de los individuos que componen la sociedad.

IO3. Puesto que no hay propiedades sistémicas, una sociedad no puede actuar sobre sus miembros: la presión de grupo es la totalidad de las presiones que ejercen los miembros del grupo. La interacción entre dos sociedades consiste en la interacción entre sus miembros individuales. Y el cambio social es la totalidad de los cambios de los componentes individuales de la sociedad.

Metodología

IM1. El estudio de la sociedad es el estudio de sus componentes.

IM2. La explicación última de los hechos sociales debe buscarse en la conducta individual.

IM3. Las hipótesis y teorías sociológicas se ponen a prueba observando el comportamiento de los individuos.

b] *Globalismo*

Ontología

GO1. Una sociedad es una totalidad que trasciende a sus miembros.

GO2. Una sociedad tiene propiedades globales o *gestalt*. Estas propiedades son emergentes, o sea, no se reducen a propiedades de los individuos.

GO3. La sociedad actúa sobre sus miembros más fuertemente de lo que éstos actúan sobre la sociedad. La interacción entre dos sociedades es de totalidad a totalidad. Y el cambio social es supraindividual aun cuando afecta a los miembros individuales de la sociedad.

Metodología

GM1. El estudio de la sociedad es el estudio de sus propiedades y cambios globales.

GM2. Los hechos sociales se explican en términos de unidades supraindividuales tales como el estado, o de fuerzas supraindividuales tales como el destino nacional. La conducta individual puede entenderse (aunque acaso no se explique) en términos del individuo en cuestión y de la acción de la sociedad íntegra sobre él.

GM3. Las hipótesis y teorías sociológicas o bien no son comprobables empíricamente (globalismo anticientífico) o bien se contrastan con datos sociológicos e históricos (globalismo de orientación científica).

c] *Sistemismo*

Ontología
SO1. Una sociedad no es ni un conjunto de individuos ni un ente supra-individual: es un sistema de individuos interconectados.

SO2. Puesto que una sociedad es un sistema, tiene propiedades sistémicas o globales. Algunas de éstas son resultantes o reductibles y otras son emergentes: están enraizadas en los individuos y sus interacciones pero ellos no las poseen.

SO3. La sociedad no puede actuar sobre sus miembros, pero los miembros de un grupo pueden actuar individualmente sobre un individuo, y el comportamiento de todo individuo está determinado no sólo por su equipo genético sino también por la función que desempeña en la sociedad. La interacción entre dos sociedades es reductible a la interacción interpersonal, pero cada individuo ocupa un lugar determinado en su sociedad y actúa en función del mismo más que a título privado. Y el cambio social es un cambio de estructura social, por lo tanto es un cambio tanto social como individual.

Metodología
SM1. El estudio de la sociedad es el estudio de los rasgos socialmente relevantes del individuo así como la investigación de las propiedades y cambios de la sociedad en su conjunto.

SM2. La explicación de los hechos sociales debe buscarse tanto en los individuos y grupos como en sus interacciones. La conducta individual es explicable en función de las características biológicas, psicológicas y sociales del individuo-en-sociedad.

SM3. Las hipótesis y teorías sociológicas han de ponerse a prueba confrontándolas con datos sociológicos e históricos. Pero éstos se construyen a partir de datos referentes a individuos y subsistemas (o grupos), ya que sólo éstos son (parcialmente) observables.

La mayor parte de los filósofos sociales han favorecido, sea al individualismo (como Mill), sea al globalismo (como Hegel). En cambio los científicos sociales, cualquiera sea su filosofía explícita o declarada, han adoptado de hecho el punto de vista sistémico en la medida en que han estudiado grupos de individuos interrelacionados (p. ej., empresas y comunidades) y han reconocido la naturaleza específica de sistemas sociales tales como organizaciones. Incluso supuestos globalistas tales como Marx y Durkheim han actuado como sistemistas al reconocer que las totalidades sociales son creadas, mantenidas, reformadas o destruidas por las acciones, concertadas o divergentes, de individuos. Y los individualistas declarados, tales como Von Hayek y Homans, han reconocido la especificidad del grupo humano y la realidad de las relaciones sociales. Los extremos –el individualismo y el globalismo– son de hecho evitados por los científicos sociales y adoptados casi exclusivamente por filósofos sociales. El individualismo por Popper, Watkins y Finch, y el globalismo (o más bien una versión atenuada del mismo) por Mandelbaum, Brodbeck y Danto. La disputa entre estas dos escuelas se está tornando cada vez menos relevante a las ciencias sociales gracias a la proliferación de modelos matemáticos.

2. CRÍTICA DEL INDIVIDUALISMO Y DEL GLOBALISMO

El individualismo es insostenible porque, cuando es coherente y radical, implica el negar la realidad de las relaciones sociales, las cuales constituyen la argamasa que une a los miembros de un grupo o sistema social por oposición a un conjunto arbitrario de individuos. (El más eminente de los filósofos individualistas vivientes ha declarado que "las relaciones sociales pertenecen, de diversas maneras, a lo que más recientemente he denominado 'el tercer mundo', o 'mundo 3', esto es, el mundo de las teorías, de los libros, de las ideas, de los problemas": Popper, 1974, p. 14.) En efecto, si una sociedad no es más que su composición, entonces no puede haber relaciones reales (vínculos) entre sus miembros, ya que una relación entre dos individuos x e y no está en x ni en y. Claro está que, si x e y están vinculados, entonces el estar relacionado con y es una propiedad de x, y el estar relacionado con x es una propiedad de y. Pero la definición misma de tales propiedades unarias presupone la prioridad lógica y ontológica de la propiedad binaria o relación en cuestión. P. ej., el ser empleado es tener la relación "está empleado por" con alguien. (En general, llamamos R a la relación binaria en cuestión y P a la propiedad unaria de estar relacionado por R. Entonces $Px =_{df} (\exists y)Rxy$, mientras que la definición de R en términos de P es imposible.)

(El individualista querrá replicar que una relación binaria no es sino un conjunto de pares ordenados de individuos y, en general, una relación n-aria en un conjunto de n-tuplas ordenadas de individuos. Pero esta maniobra extensionalista no resulta, ya que la noción misma de n-tupla ordenada involucra la de relación: sin ésta se tendría una n-tupla desordenada, o sea, un conjunto homogéneo de n elementos. Lo que es cierto es que la gráfica o extensión de una relación es definible como un conjunto de n-tuplas de individuos, a saber, aquellos que satisfacen la relación en cuestión. Pero una relación no es idéntica a su gráfica, así como una propiedad unaria no es lo mismo que el conjunto de individuos que poseen dicha propiedad. En resumen, las relaciones –en particular las relaciones sociales– no son reductibles a conjuntos de individuos.)

Considérese la proposición sociológica más sencilla acerca de un individuo, a saber, "La persona b pertenece al grupo social G_i", o "$b \in G_i$". Antes de poder formular esta proposición debemos haber concebido la idea del grupo social G_i. Y esto último requiere partir de la composición S de la sociedad en cuestión en grupos (o clases de equivalencia), uno de los cuales es G_i. Esta partición debe haber sido inducida por alguna relación de equivalencia $\sim$, tal como la de ejercitar la misma ocupación. Esto es, la proposición de marras, "$b \in G_i$", presupone que la sociedad σ, lejos de ser un conjunto informe de individuos, puede analizarse como una familia de conjuntos, a saber, la colección de grupos sociales de σ. (Matemáticamente: G_i es un miembro del cociente de la composición S de σ por la relación de equivalencia $\sim$, o sea, $G_i \in S/\sim$.) Lo mismo vale, con mayor razón, para cualquiera de las proposiciones más complicadas de las ciencias sociales.

En resumen, toda proposición contenida en un contexto sociológico (o antropológico o económico o histórico) afirma o presupone que una sociedad, lejos de ser una mera colección de individuos, o bien una totalidad en la que el individuo está perdido, es un conjunto estructurado de individuos. La estructura consiste en cierto conjunto R de relaciones sobre la colección S de individuos que componen la sociedad. Ciertamente el individualista tiene razón al sostener que el conjunto S es una abstracción puesto que es un conjunto. (Recuérdese el capítulo 3: los constructos no malgastan ni pelean, no son buenos ni malos.) Y el globalista tiene razón al sostener que una sociedad determinada no es un conjunto sino una totalidad concreta dotada de una estructura determinada. Sin embargo, debido a su hostilidad al análisis, y en particular a la matemática, el globalista es incapaz de describir dicha estructura, de modo que de hecho se le escapa tanto como al individualista. En cambio para el sistemista tanto la composición S como la estructura R (conjunto de relaciones sobre S) son abstracciones tomadas por separado: lo que es real es la composición estructurada representable por el par ordenado constituido por S y R, o sea, $\langle\, S, R\,\rangle$.

En resumen, las concepciones que estamos considerando se reducen a los esquemas siguientes:

Individualismo: $\sigma = S = \{a, b, ..., n\}$, donde solamente los n miembros de S son reales.

Globalismo: σ es una totalidad inanalizable que consta de n partes, ninguna de las cuales es real separadamente.

Sistemismo: σ es una totalidad concreta analizable en S (composición) y R (estructura) –o sea, representable por el par ordenado $\langle\, S, R\,\rangle$– y es tan real como los miembros individuales de S.

Acaso el individualista acepte la tesis sistemista pero, si es coherente, deberá insistir en que la estructura R de σ está "contenida" de algún modo en, o es deducible de, las propiedades de los miembros individuales de σ. En suma, tratará de argüir que todo predicado sociológico es reductible a un conjunto de predicados individuales o unarios. (Véase la brillante defensa de esta tesis en Homans, 1974.) Pero hemos visto que esta maniobra es lógicamente imposible. Insistamos en este punto tomando como ejemplo las relaciones familiares.

De todas las relaciones de familia, la más importante, desde el punto de vista taxonómico, es la de pertenecer a la misma familia. Decimos que dos miembros x e y de S están relacionados por $\sim_f$ si y sólo si x e y pertenecen a la misma familia: $x \sim_f y$ *ssi*. Existe una familia F_i tal que $x, y \in F_i$, donde F_i es la i-ésima familia de la sociedad dada en un instante dado. No obstante el individualismo, este ente, F_i, es un sistema concreto y no una abstracción: se comporta como una unidad en ciertos respectos tanto como el sistema de moléculas que componen un lago. Así como estas moléculas están unidas por enlaces hidrógeno, una familia está unida por ciertos vínculos interpersonales de afecto e interés. Tanto es así que, cuando esos vínculos se debilitan o desaparecen, la familia está lista para la desintegración o conversión en un mero agregado de individuos.

Por ser una relación de equivalencia, $\sim_f$ induce una partición de la composición S de la sociedad σ dada en subconjuntos disjuntos que cubren la totalidad de S, a saber, la colección de todas las familias de σ. Llamemos $S/\sim_f$ a esta colección de familias de σ (o sea, el cociente de S por $\sim_f$). Este nuevo conjunto $S/\sim_f$ está compuesto de m familias:

$$\mathscr{P}_f(\sigma) = S/\sim_f = \{F_1, F_2, ..., F_m\}$$

Podemos decir que esta partición constituye la *estructura familiar* de σ. Con las demás particiones de *S*, p. ej. en clases sociales, sucede otro tanto. Hay tantas particiones de *S* como relaciones de equivalencia social, y en general las diversas particiones no son las mismas. (Piénsese en grupos de ingreso, grupos religiosos, políticos, étnicos, culturales, etc.) Llamemos ∼ al conjunto de las *n* relaciones sociales de equivalencia, y $\mathscr{P}_i$ (S) = S/∼$_i$ a la partición de *S* inducida por ∼$_i$ ∈ ∼. Esta partición puede llamarse la *i-ésima estructura social de* σ. Y la totalidad

$$\mathscr{P}(S) = \{\mathscr{P}_i(S) \mid \mathscr{P}_i(S) = S/\sim_i \ \& \ \sim_i \in \sim \ \& \ 1 \leq i \leq n\}$$

puede considerarse como la *estructura social* de σ. Ésta es una propiedad sistémica de σ, como lo es todo elemento $\mathscr{P}_i(S)$. Más aún, éstas no son propiedades de los miembros individuales de σ, sino propiedades globales de σ que emergen de ciertas acciones recíprocas entre miembros de σ. Ni el individualista ni el globalista dan razón de estas propiedades emergentes: el primero las niega, el segundo rehúsa analizarlas.

Estas propiedades sistémicas no son las únicas que caracterizan a un sistema social, pero son típicas. Otras propiedades sistémicas o *gestalt* de una sociedad humana son la diferenciación social (en particular la estratificación), la cohesión, la movilidad y la estabilidad. (Véanse Bunge, 1974; Bunge y García-Sucre, 1976; Bunge, 1979, cap. 5.) Éstas no son propiedades de los componentes individuales de una sociedad ni propiedades colectivas de su composición. No obstante el globalismo irracionalista, todas las propiedades sistémicas o globales están *enraizadas* en propiedades de individuos y sus interacciones, al punto de que cesan de existir cuando los individuos mismos desaparecen o cambian de actividades. Análogamente, las propiedades molares de un cuerpo de agua, tales como su transparencia y punto de ebullición, no son propiedades de las moléculas individuales sino funciones de ciertas propiedades intrínsecas y relacionales o mutuas de dichos componentes individuales. En general: si bien no todas las propiedades sistémicas son *reductibles* a propiedades de componentes, todas ellas son *explicables* en términos de componentes e interacciones. Más breve: la emergencia, aunque innegable, no es irracional.

Baste lo anterior como crítica del individualismo y del globalismo. Pasemos ahora a una exposición de nuestra concepción sistemista de la sociedad.

180 FILOSOFÍA DE LAS CIENCIAS SOCIALES

3. LA SOCIEDAD COMO SISTEMA CONCRETO

Concebimos un sistema concreto (no conceptual) como un conjunto de cosas concretas vinculadas entre sí y con un medio común. Más precisamente, formulamos la convención siguiente:

Definición 1. La terna ordenada $m = \langle \mathscr{C}(\sigma), \mathscr{E}(\sigma), \mathscr{S}(\sigma) \rangle$ representa un *sistema concreto* σ si y sólo si

I] $\mathscr{C}(\sigma)$, llamada la *composición* de σ, es el conjunto de las partes de σ;

II] $\mathscr{E}(\sigma)$, llamado el *medio* de σ, es el conjunto de las cosas, diferentes de los componentes de σ, que-actúan sobre éstas o son actuadas por éstas;

III] $\mathscr{S}(\sigma)$, llamada la *estructura* de σ, es el conjunto de las relaciones (p. ej., espaciales) y vínculos entre miembros de σ, o miembros de σ y miembros del medio de σ.

Los átomos, moléculas, cuerpos, células, organismos multicelulares, organizaciones sociales y comunidades satisfacen esta definición: todos ellos son sistemas concretos o materiales, aunque no todos ellos sean sistemas físicos. La ventaja de la definición anterior es doble. Por una parte es adecuada a su objeto (o sea, los sistemas son efectivamente cosas representables por su composición, medio y estructura). Por la otra, posee valor heurístico ya que guía la búsqueda de componentes así como de su medio y estructura.

Definamos ahora la noción de propiedad sistémica:

Definición 2. Sea P una propiedad de bulto de un sistema σ (o sea, una propiedad de σ como un todo). Entonces

I] P es una propiedad *resultante* de σ si y sólo si P es también poseída por alguno de los componentes de σ;

II] de lo contrario P es una propiedad *emergente* (o *gestalt*) de σ.

Por ejemplo, el consumo total (pero no la producción total) de un sistema social dado es una propiedad resultante del mismo, puesto que no es sino la suma de los consumos individuales. En cambio la estructura social y la cohesión de un sociosistema son propiedades emergentes del mismo. Sin duda, éstas pueden explicarse en principio en términos de relaciones interpersonales, pero esto no las hace menos sistémicas.

Ahora estamos en condiciones de definir el concepto de sociedad humana:

Definición 3. El sistema concreto es representado por la terna $\langle S, E, R \cup T \rangle$ es una *sociedad humana* si y sólo si i] La composición S de σ es un conjunto de seres humanos;

ii] R es el conjunto de las relaciones sociales entre miembros de S, e incluye un subconjunto no vacío $M \subset R$ tal que todo elemento de M es una relación sobre S^m, donde $m \geq 2$, que representa la acción de algunos miembros de S sobre otros;

iii] T es el conjunto de las relaciones de transformación de σ e incluye un subconjunto no vacío $W \subset T$ tal que todo elemento de W es una relación de un subconjunto de $S^p \times E^q$ (donde p, $q \geq 2$) a un subconjunto A de E, que representa la transformación, por algunos miembros de S, de ciertas cosas en E (p. ej., ramas de árboles), en ciertas cosas en A (p. ej., palancas);

iv] σ es autosuficiente.

Hay muchos tipos de sociedad animal. Lo que caracteriza a la sociedad humana es que está constituida por seres humanos, algunos de los cuales trabajan produciendo artefactos, y otros trabajan modificando a sus congéneres, p. ej., administrando o enseñando.

Finalmente, diremos que P es una *propiedad* o *rasgo social* si y sólo si existe una sociedad humana que la posee. (Está claro que P será una propiedad social resultante si P es resultante, y emergente si P es emergente.) Y un cambio de, o acontecimiento en, σ puede caracterizarse como un cambio de algunas de las propiedades de σ. Por lo tanto cualquier cambio de alguna propiedad social es un *cambio social*. En particular, los cambios en las relaciones de trabajo o de administración son cambios sociales.

4. LAS INSTITUCIONES COMO CONJUNTOS DE SOCIOSISTEMAS

El enfoque sistémico de las ciencias sociales es particularmente esclarecedor en lo que respecta a la naturaleza de las instituciones tales como la ley y el correo. El individualista tiene razón al rechazar la concepción platónica de la ley como un cuerpo de reglas que las sociedades obedecen o violan. Pero no ofrece sustituto de esta ficción globalista. Por consiguiente seguimos utilizando la expresión 'la ley' (o 'el sistema jurídico') en la vida diaria e incluso en jurisprudencia y filosofía del derecho, sin purgarla de su sentido idealista. Por ejemplo, es posible que digamos que "la ley" obligó a Fulano a hacer esto y aquello y, en general, empleamos expresiones del tipo 'L obliga a x a hacer y'. Sin duda, es posible traducir parcialmente esta oración por 'El juez u (o el gendarme v) obliga a x a hacer y'. Pero los individuos u y v a cargo del cumplimiento de L no son los determinantes últimos: se comportan como lo hacen por lo que son, a saber, miembros de cierto sistema jurídico *L* que, aunque regulado por un código, no es tan sólo un código. Esos individuos obrarían de manera diferente si pertenecieran a un sistema jurídico diferente, aun cuando se rigieran por el mismo código. Vale decir, si las personas *u* y *v* se incorporaran a un sistema jurídico *L'* diferente de *L*, acaso no obligarían a *x* a hacer *y*, sino que lo dejarían en paz o quizá le obligarían a hacer *z*. (Bastará para esto que la costumbre consagre un tratamiento más benigno o más severo de los delincuentes.) Esto sugiere que *L* no es simplemente un conjunto que incluye a los individuos *u*, *v* y *x*. Tampoco puede ser *L* una idea platónica (o hegeliana) que pende sobre dichos individuos, ya que las ideas carecen de eficacia causal. La respuesta sistemista es ésta: *L* es un subsistema de algún sistema social, o sea, es una parte de una comunidad humana que se distingue por ciertas relaciones sociales peculiares. Con las demás instituciones sucede otro tanto. Examinemos más de cerca esta idea. Pero antes definamos la noción general de subsistema:

Definición 4. Sea σ un sistema representado por la terna $\langle \mathscr{C}(\sigma), \mathscr{E}(\sigma), \mathscr{S}(\sigma) \rangle$. Entonces σ' es un *subsistema* de σ si y sólo si
  i] σ' es un sistema [en lugar de un mero agregado];
  ii] la composición de σ' está incluida en la de σ;
  iii] el medio de σ está incluido en el de σ';
  iv] la estructura de σ' está incluida en la de σ.
Ahora podemos definir la noción de subsistema *social*, ejemplificado por el sistema jurídico, el sistema educacional y el sistema industrial de una comunidad:

Definición 5. Un sistema es un *subsistema social* si existe una sociedad de la cual es un subsistema.
  Por ejemplo, el sistema jurídico de una sociedad es un subsistema de ella caracterizado por las siguientes coordenadas:

Composición: Jueces, abogados, procuradores, escribanos, empleados judiciales, gendarmes, litigantes y delincuentes.
Medio (*inmediato*): Tribunales, gabinetes jurídicos, bibliotecas legales, delegaciones de policía, prisiones, cámaras de tortura, parientes de los miembros del sistema.
Estructura: El conjunto de las relaciones sociales (incluidas en el conjunto *M* de relaciones de transformaciones humanas) consistentes en acusar, defender, investigar, sentenciar, hacer cumplir sentencias, evadir su cumplimiento, etcétera.

Con los demás subsistemas sociales ocurre otro tanto. Toda sociedad, por primitiva que sea, tiene subsistemas. (Los principales son el económico, el cultural y el político. Todos los demás son componentes de alguno de estos tres.) Por consiguiente toda sociedad humana puede analizarse en subsistemas, cada uno de los cuales desempeña cierta función, o sea, está caracterizada por un subconjunto del conjunto $R \cup T$ (estructura). Y la composición total de una sociedad está distribuida entre sus diversos subsistemas. Más aún, todo miembro de una sociedad pertenece simultáneamente a varios subsistemas de la misma. (Aquellos que no pertenecen a ninguno no pertenecen a la sociedad: son los marginados.)

Obsérvese que, según la Definición 5, aunque todo subsistema social es parte de una sociedad, no toda parte de ésta es un subsistema. Por ejemplo, los estudiantes de una escuela son componentes de ésta pero no constituyen un subsistema de la misma. Ni siquiera una clase social es un subsistema. En cambio el movimiento obrero de una sociedad sí lo es, ya que actúa en ciertos respectos y ocasiones como un todo.

Lo que los economistas suelen llamar un *sector* de la sociedad, es el conjunto de todos los subsistemas de la sociedad que desempeñan las mismas funciones, tales como la producción de productos lácteos, la recolección de desperdicios, o la enseñanza. Más precisamente, podemos adoptar la

Definición 6. Sea σ una sociedad humana y llamemos $S(\sigma) = \{\sigma_i \mid 1 \le i \le n\}$ a la colección de subsistemas sociales de σ. Más aún, sea F un conjunto de relaciones sociales o de transformación (o sea, $F \subset R \cup T$) y llamemos

$$F(\sigma) = \{\sigma_k \mid F \subset S(\sigma_k) \ \& \ 1 \le k \le n\} \subseteq S(\sigma)$$

a la colección de subsistemas de σ en los cuales se satisfacen las relaciones F. Entonces

I] $F(\sigma)$ se llama el *sector F* de σ;

II] F se llama la(s) *función(es) específica(s) de los miembros del sector F* de σ;

III] $G = \bigcup_{\sigma_k \in F(\sigma)} S(\sigma_k) - F$ se llama la(s) *función(es) no específica(s)* de los miembros del sector F de σ.

Un sector no tiene por qué constituir un subsistema de una sociedad. Cuando los miembros de un conjunto F están vinculados o conectados por acciones que modifican a algunos de ellos, como ocurre con las sucursales de una empresa o de un servicio público (tal como el correo), el sector F constituye el *sistema F*.

Ahora estamos en condiciones de dilucidar el concepto de institución, que no hemos de confundir con el de una organización particular tal como una escuela dada. Concebimos una institución como el conjunto de todos los sectores F en el mundo. Por ejemplo, el conjunto de todos los sistemas estatales se llama Estado, la colección de todos los sectores escolares Escuela, el conjunto de todos los sindicatos Movimiento Obrero, el conjunto de todos los sistemas postales Correo, y así sucesivamente (Las mayúsculas son quizá residuos de la ideología globalista.) Proponemos pues la

Definición 7. Sea $\Sigma = \{\sigma_1, \sigma_2, ..., \sigma_m\}$ el conjunto de las sociedades humanas, y F_{ik}, donde $1 \leq i \leq m$, $1 \leq k \leq n$, el k-ésimo sector de la i-ésima sociedad σ_i. Entonces el conjunto

$$\mathscr{F}_k = \{F_{ik} \mid F_{ik} \text{ es el } k\text{-ésimo sector de } \sigma_i \ \& \ \sigma_i \in \Sigma\}$$

se llama la *institución* F_k de Σ.

Obsérvese el alto grado de abstracción del concepto de institución: es una *familia de conjuntos* de cosas concretas. El atribuirle a tal conjunto de conjuntos propiedades de personas, tales como el estar vivo, el tener una mente, el ser agresivo o pacífico, y la capacidad de entrar en conflicto con conjuntos similares (o sea, otras instituciones), es caer en reificación. Adviértase también que no todo lo que se llama 'institución' lo es. Por ejemplo, el matrimonio y el papel moneda no lo son: el primero es una de las relaciones sociales, y el dinero es uno de los subconjuntos del conjunto de artefactos.

Podría objetarse que nuestra definición del concepto de institución deja de lado un ingrediente principal, a saber, los fines y normas de una institución. Así, p. ej., cuando se aplica la Definición 7 al caso de la ley considerada como una institución, parecería que no dejásemos lugar a los códigos que regulan las relaciones inherentes al sistema legal. El papel que desempeñan tales reglas es tan importante que algunos sociólogos (p. ej., Talcott Parsons) han llegado a identificar una institución con el conjunto de sus reglas, al modo en que ciertos antropólogos identifican una cultura con el conjunto de las reglas de conducta de sus miembros. Aunque ésta es una exageración, contiene un grano de verdad: es obvio que, a menos que se cumplan ciertas reglas, las instituciones (o mejor, algunos de los subsistemas que la forman) decaen o se extinguen. Sin embargo, no se sigue que las reglas institucionales constituyan una idea platónica que pende por encima del sistema concreto y lo hace marchar derecho.

Las reglas institucionales no hacen sino resumir una descripción de las condiciones de funcionamiento óptimo del sistema. Si se quiere, son recet?

para manejar el sistema de manera eficiente, esto es, para que cumpla sus finalidades o, más bien, las de quienes lo diseñaron. En esto no difieren del manual que ha de obedecerse para manejar correctamente un automóvil. El escribir una regla no le confiere existencia autónoma: sólo sugiere que la tiene, y ello porque, al inscribirla en una tableta de arcilla, o un papiro, puede durar más que su autor. El juez recto e inmisericorde que aplica el código obra análogamente al capataz que hace respetar el manual que describe la manera óptima de manejar una máquina. Estas acciones pueden llamarse 'dirigidas por reglas' siempre que no se entienda que las reglas dirigen efectivamente las acciones y que llevan una existencia independiente de las personas capaces de cumplirlas.

En general, las reglas de la conducta social son inherentes a las relaciones sociales en que entran los miembros del sistema social en cuestión. (Con las violaciones de tales reglas, o sea, la desviación de la recta conducta, ocurre algo similar: el delincuente se pone "fuera de la ley" en el sentido de que no cumple el código, pero es un miembro del sistema jurídico tanto como lo es el juez. Si no hubiera delincuentes, al menos en potencia, no habría necesidad de sistema jurídico.) En suma, las reglas institucionales, así como las maneras de desobedecerlas y las de castigar tales infracciones, están incorporadas en las relaciones sociales que mantienen al sistema como tal. Y no es "la sociedad" la que sanciona dichas reglas o castiga toda desviación de las mismas. Quienes sancionan o castigan son los individuos a cargo de la regulación del sistema social. Al concebir las reglas institucionales como pautas del funcionamiento óptimo (o deseable) del sistema social, se hace más fácil entender cómo se originan, dónde fallan y cómo podrían perfeccionarse dichas reglas.

5. CONCLUSIÓN

El individualista tiene razón al criticar la reificación globalista de conjuntos tales como las instituciones, y al exigir que (algunas) oraciones globalistas se traduzcan por oraciones referentes solamente a individuos. Así, p. ej., en lugar de decir que la sociedad castiga toda conducta desviada, debiéramos decir que algunos miembros de toda sociedad intentan castigar a todos los miembros de la misma que se comportan de manera desviada. Esta última oración no involucra reificación e indica claramente cuáles son sus referentes, de modo que es más fácil de poner a prueba que un enunciado globalista. Sin embargo, esta traducción no constituye una reducción completa, ya que tanto la oración originaria como su traducción involucran la palabra "desviada", que tiene sentido solamente respecto de la conducta normal en una sociedad dada, puesto que lo que es aceptable en una sociedad puede no serlo en otra. Y el concepto de conducta normal en una sociedad determinada no es un concepto puramente individualista, ya que involucra tanto el concepto de individuo como el de sociedad: representa una propiedad mutua de un individuo y un sistema social. (Es explicable en términos de propiedades de individuos-en-sociedad: véase Bunge, 1979, cap. 5.) El enfoque sistémico tiene en cuenta tanto al individuo como a la totalidad: recoge lo que es valioso en el individualismo y en el globalismo.

El punto de vista sistémico domina el pensamiento de los científicos sociales que construyen modelos matemáticos, ya que, como hemos visto, todo modelo matemático de una cosa concreta compleja es un sistema conceptual que se propone captar tanto los componentes como sus interacciones. (Véanse modelos matemáticos en ciencias sociales en el *Journal of Mathematical Sociology* y en *Applied mathematical modelling*.) El mismo punto de vista está siendo adoptado, cada vez más explícitamente, por los científicos sociales aplicados (p. ej., urbanistas e higienistas sociales) y por los administradores de grandes sistemas sociales tales como complejos industriales y organizaciones gubernamentales. En efecto, toda vez que se trata de estudiar un sistema social se comienza por individualizar sus componentes, su medio y su estructura. El segundo paso –que se da rara vez– es descubrir o conjeturar las variables de estado, aunque sea las entradas y salidas del sistema. El tercero es relacionar estas variables entre sí. El cuarto, simular el modelo en una computadora o incluso experimentar con el sistema mismo. Rara vez se cumplen estas cuatro etapas de la investigación. Pero, haga lo que hiciere el científico social, lo que hace es estudiar sistemas sociales y, con ello, abraza el sistemismo antes que el individualismo o el globalismo.

VII. FILOSOFÍA DE LA TECNOLOGÍA

13. TECNOLOGÍA Y FILOSOFÍA

1. DOS VECINOS QUE SE DESCONOCEN

¿En qué puede interesar la filosofía a los tecnólogos? En nada, a juzgar por la falta de cultura filosófica de casi todos ellos. Sin embargo, se verá más adelante que la investigación tecnológica, como toda investigación racional, tiene supuestos filosóficos.

Y ¿en qué puede interesar la tecnología a los filósofos? En casi nada, a juzgar por el desinterés –y en ocasiones el odio– por la tecnología de que alardean casi todos los filósofos. Sin embargo, veremos que la tecnología plantea un cúmulo de problemas filosóficos, desde la búsqueda de supuestos filosóficos de la ingeniería, la medicina y la administración, hasta la investigación de las peculiaridades del conocimiento tecnológico, del artefacto, y de la acción humana guiada por la tecnología. En suma, existe una filosofía de la tecnología.

Sin embargo, la filosofía de la tecnología es aún raquítica, y ello en buena parte porque los filósofos de la tecnología más conocidos, tales como Jacques Ellul, suelen confundir la tecnología con los efectos nocivos de sus aplicaciones.

Muchos filósofos se limitan a declamar el lugar común de que la tecnología –producto típicamente humano si los hay– "deshumaniza al hombre". Otros filósofos confunden la ciencia con la tecnología –la física con la ingeniería nuclear, la biología con la medicina, etc.– y así no advierten las peculiaridades de una y otra. Pero la mayoría de los filósofos se han desentendido de la filosofía de la tecnología. El tema es tan nuevo que la reunión bienal de la Philosophy of Science Association, que tuvo lugar en Chicago en octubre de 1976, incluyó un simposio sobre la cuestión "¿Hay problemas filosóficos interesantes en la tecnología?" Veremos a continuación que los hay y muchos y variados, desde la gnoseología hasta la ética pasando por la ontología y la axiología. Pero antes de investigar la cuestión debemos ponernos de acuerdo acerca de qué hemos de entender por el ambiguo vocablo 'tecnología'.

2. DEFINICIÓN DE LA TECNOLOGÍA

El primer problema que plantea la tecnología es el de caracterizarla, tanto más por cuanto no hay consenso acerca de la definición de 'tecnología'. Hay una desconcertante variedad de modos de entender esta palabra. El hombre de la calle confunde a menudo el receptor de televisión con la tecnología que ha guiado su producción. Y más de un estudioso, particularmente en los países de habla inglesa, incluye la artesanía en la tecnología. Por ejemplo, el prehistoriador habla a veces de la tecnología de la piedra pulida. Pero en castellano y en otros idiomas disponemos de dos palabras, 'técnica' y 'tecnología', y solemos distinguir entre los conceptos que designan respectivamente. Habitualmente se entiende por *tecnología* la técnica que emplea conocimiento científico. Por ejemplo, se distingue la técnica de la modista, de la tecnología de la industria de la confección.

La mayoría de los diccionarios igualan la tecnología moderna con la ingeniería. Si aceptamos esta identidad no sabremos dónde ubicar la bioingeniería, la tecnología educacional y otras disciplinas que no participan de la producción. En general no sabríamos qué hacer con las nuevas ramas de la tecnología que nacen cada tanto. Para evitar estas dificultades debiéramos adoptar una definición de la tecnología capaz de abarcar todas sus ramas futuras. Esto se logra si se caracterizan los fines y medios de la tecnología, como por ejemplo en la siguiente

Definición. Un cuerpo de conocimientos es una *tecnología* si y solamente si

i] es compatible con la ciencia coetánea y controlable por el método científico, y

ii] se lo emplea para controlar, transformar o crear cosas o procesos, naturales o sociales.

Obsérvese que, según esta definición, una tecnología puede tener o no una intersección no vacía con alguna ciencia. Todas las tecnologías tradicionales –las ingenierías y las tecnologías biológicas– tienen algo en común con la ciencia aparte del método. En cambio algunas de las tecnologías nuevas, tales como la investigación operativa y la informática, no comparten con la ciencia sino el método. Obsérvese también que, en la definición anterior, la tecnología y la ciencia se toman al mismo tiempo. Por ejemplo, no incluiríamos en la tecnología actual una agronomía que prescindiese de la genética y de la teoría de la evolución. Finalmente, la definición anterior contiene el concepto de método científico, que a veces es mal entendido (como si pudiese generar conocimiento por sí solo) y otras veces es rechazado (como si fuera responsable del mal uso de la ciencia). Pero no es éste el momento de ponerse a explicar qué es el método científico, sino de averiguar qué consecuencias tiene la definición anterior.

3. LAS RAMAS DE LA TECNOLOGÍA

Nuestra redefinición de la tecnología da cabida en ésta a todas las disciplinas orientadas a la práctica, siempre que practiquen el método científico. En efecto, sugiere la clasificación siguiente de las ramas actuales de la tecnología:

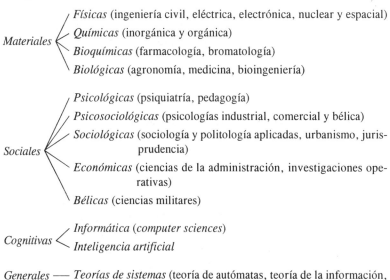

Materiales
- *Físicas* (ingeniería civil, eléctrica, electrónica, nuclear y espacial)
- *Químicas* (inorgánica y orgánica)
- *Bioquímicas* (farmacología, bromatología)
- *Biológicas* (agronomía, medicina, bioingeniería)

Sociales
- *Psicológicas* (psiquiatría, pedagogía)
- *Psicosociológicas* (psicologías industrial, comercial y bélica)
- *Sociológicas* (sociología y politología aplicadas, urbanismo, jurisprudencia)
- *Económicas* (ciencias de la administración, investigaciones operativas)
- *Bélicas* (ciencias militares)

Cognitivas
- *Informática* (*computer sciences*)
- *Inteligencia artificial*

Generales —— *Teorías de sistemas* (teoría de autómatas, teoría de la información, teoría de los sistemas lineales, teoría del control, teoría de la optimización, etcétera)

Esta lista no es completa pero es completable, lo que es una ventaja de nuestra definición de 'tecnología' respecto de las definiciones usuales, que son extensionales, esto es, se limitan a enumerar las ramas de la tecnología reconocidas en un momento dado de la historia de la misma.

Obsérvese que hay dos géneros de tecnología, los dos últimos, que por ahora tienen una especie cada uno: la informática y lo que he denominado *tecnología general.* Esta última es un cajón de sastre en el que se encuentran todas las teorías hipergenerales nacidas en los últimos decenios, teorías que hacen caso omiso de los detalles materiales de los sistemas para concentrarse en sus aspectos estructurales. Veremos más abajo que estas teorías constituyen la gran contribución de la tecnología a la ontología.

4. LOS VECINOS MÁS CERCANOS DE LA TECNOLOGÍA

Ninguna rama de la tecnología está aislada y ninguna ha surgido de la nada. Por lo tanto ninguna tecnología puede entenderse cabalmente sino en sus relaciones con sus vecinos próximos y sus antecesores inmediatos. La tecnología moderna crece en la misma tierra que ella fertiliza: la civilización industrial y la cultura moderna. (La distinción entre civilización y cultura, que parece haber caído en desuso, es particularmente útil para comprender la naturaleza de la tecnología. Se puede tener alguna industria moderna sin cultura moderna si se importa pericia tecnológica y no se aspira a mayores innovaciones tecnológicas, es decir, si uno se resigna al colonialismo tecnológico. Y se puede tener trozos de cultura moderna sin industria moderna si uno se resigna a una cultura unilateral y raquítica. Pero la tecnología creadora es imposible fuera de la civilización moderna –que incluye una producción industrial– y de la cultura moderna, que por supuesto incluye la tecnología moderna.)

Toda rama de la tecnología presupone no sólo el conocimiento ordinario y algunas pericias artesanales sino a veces también conocimiento científico y siempre conocimiento matemático. La tecnología está, pues, enraizada en otros modos de conocer. Y no es un producto final sino que se metamorfosea en la práctica técnica y el peritaje del médico, maestro, administrador, experto financiero o especialista militar. Ni es todo puro en la tecnología y sus alrededores: tiene componentes estéticas, ideológicas y filosóficas, y en ocasiones trazas de seudociencia y seudotecnología. El cuadro 13.1 exhibe algunos de los vecinos más cercanos de la tecnología. El cuadro se completa con el añadido de la matemática, las humanidades, las artes y las artesanías.

Baste lo anterior para esbozar la geografía de la tecnología. Ahora estamos en condiciones de plantearnos un problema aún virgen de la filosofía de la tecnología, a saber, el de averiguar sus supuestos filosóficos.

CUADRO 13.1
ALGUNOS DE LOS VECINOS MÁS CERCANOS DE ALGUNAS RAMAS DE LA TECNOLOGÍA

Protociencia	Ciencia	Tecnología	Práctica técnica	Seudotecnología
Física y astronomía antigua y medieval	Física y astronomía modernas	Ingenierías físicas	Práctica de la ingeniería	Astrología, rabdomancia
Mineralogía antigua y medieval y parte de la alquimia	Química	Ingeniería química	Práctica de la ingeniería química	Alquimia
Historia natural antigua y medieval	Biología	Agronomía, medicina, bioingeniería	Prácticas agronómica y médica	Homeopatía, quiropraxis, lysenkismo
Parte de la filosofía de la mente	Psicología	Psiquiatría	Terapia de la conducta y por psicofármacos	Psicoanálisis, grafología
	Economía	Planeación económica	Administración económica	Milagrismo económico
		Informática	Computación y control automáticos	Mal uso de computadoras

5. EL MEOLLO CONCEPTUAL DE LA TECNOLOGÍA

Dondequiera que hay búsqueda racional de conocimiento hay filosofía. Debe haber pues una *filosofía de la tecnología* entendida como el conjunto de los conceptos e hipótesis filosóficos inherentes a la teoría y práctica de la tecnología. Tales ingredientes filosóficos pueden agruparse en gnoseológicos, ontológicos, axiológicos y éticos. También pueden clasificarse en la filosofía que la tecnología comparte con la ciencia pura y la que le es peculiar. A su vez, la filosofía típica y exclusivamente tecnológica puede dividirse en ideas genéricas (tales como la de artefacto) y específicas (tales como la de salud mental).

Los ingredientes filosóficos de la tecnología suelen pasar inadvertidos porque no se dirige la mirada adonde corresponde, que no es la práctica técnica ni el producto del proceso tecnológico sino la investigación tecnológica, el diseño de artefactos o procesos, la planeación, la toma de decisiones clave, y la evaluación de estrategias y productos. Éstas son las zonas de mayor densidad conceptual del proceso tecnológico y por lo tanto allí es donde hay que arrojar la red para pescar ideas filosóficas y, en particular, gnoseológicas. Véase la figura 13.1.

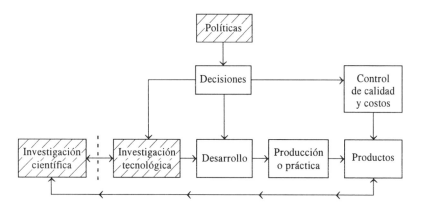

FIGURA 13.1. Diagrama de flujo del proceso tecnológico. Los bloques rayados son los de máxima densidad filosófica. Las etapas de investigación, sea científica, sea tecnológica, están ausentes a menudo, por cumplirse en otras organizaciones o incluso en otros países (caso de la industria colonial). Los productos finales no son necesariamente artículos industriales o agropecuarios, sino que pueden ser resultados de servicios prestados o de daños infligidos: puede tratarse de una unidad productiva organizada racionalmente, de una masa de consumidores o votantes dóciles, de un grupo de pacientes curados, o de un cementerio de guerra.

En cualquier proceso tecnológico de alto nivel, tal como el que tiene lugar en una refinería de petróleo, una red telefónica, un hospital moderno, o un ejército moderno, tanto los investigadores tecnológicos (pero no tanto los técnicos) como los administradores o dirigentes utilizan numerosas herramientas conceptuales, tales como la química orgánica, el electromagnetismo, la teoría de las colas de espera y la teoría de las decisiones. Si son innovadores o creadores, los investigadores y decisores ensayarán o aun inventarán nuevas teorías o nuevos procedimientos. En suma, la tecnología no es ajena a la teoría ni es una mera aplicación de la ciencia pura: tiene un componente creador, que es particularmente obvio en la investigación tecnológica y en el diseño de políticas tecnológicas.

Consideremos la investigación tecnológica. Desde el punto de vista metodológico no difiere de la investigación científica. En ambos casos un ciclo de investigación tiene las etapas siguientes:

- Discernir el problema;
- Tratar de resolver el problema con ayuda del conocimiento (teórico o empírico) disponible;
- Si falla la tentativa anterior, inventar hipótesis o técnicas (o aun sistemas hipotético-deductivos) capaces de resolver el problema;
- Obtener una solución (exacta o aproximada) del problema con ayuda del nuevo instrumental conceptual o material;
- Poner a prueba la solución (p. ej., con ensayos de laboratorio o de campo);
- Efectuar las correcciones necesarias en las hipótesis o técnicas, o incluso en la formulación misma del problema original.

Además de ser metodológicamente parecidas, en ambos casos la investigación es orientada hacia metas, sólo que sus metas son diferentes. La finalidad de la investigación científica es la verdad por la verdad misma; la meta de la investigación tecnológica es la *verdad útil* a alguien.

El aspecto conceptual del proceso tecnológico es descuidado o aun ignorado por quienes igualan la tecnología con su práctica o aun con sus productos materiales. (Aunque parezca extraño no sólo los idealistas ignoran la riqueza conceptual de la tecnología: los pragmatistas cometen el mismo error, al subordinar la verdad al éxito. Por consiguiente ninguno de ellos es capaz de desempacar la filosofía inherente a la tecnología.) Si queremos descubrir los componentes filosóficos de la tecnología debemos distinguir las diversas etapas del proceso tecnológico y centrar nuestra atención en las de mayor densidad conceptual, que son la investigación y la formulación de políticas.

6. EL TRASFONDO GNOSEOLÓGICO DE LA TECNOLOGÍA

La tecnología comparte con la ciencia un conjunto rico de interesantes hipótesis tocantes a la naturaleza y el alcance del conocimiento. He aquí algunos de estos principios generales:

G1 La realidad es cognoscible aunque sólo sea parcialmente.

G2 Todo conocimiento de la realidad puede incrementarse merced a la investigación científica.

G Hay diversas fuentes o modalidades de conocimiento: la experiencia sensible, la intuición, la acción, la razón, y acaso alguna otra.

G4 Las teorías científicas son representaciones (globales o detalladas, más o menos verdaderas, y siempre simbólicas) de objetos que se suponen reales.

G5 El grado de verdad de las teorías científicas se establece (provisoriamente) sólo con ayuda de observaciones y experimentos.

Estas hipótesis pertenecen a la doctrina gnoseológica llamada *realista*, que es incompatible tanto con el idealismo como con el convencionalismo. El tecnólogo clásico solía ser no sólo realista, sino también realista ingenuo, en el sentido de que tomaba sus representaciones de la realidad (planos, modelos materiales, modelos teóricos, etc.) por pinturas más o menos exactas de los objetos representados. El tecnólogo moderno, ocupado de construir o utilizar modelos matemáticos refinados de cosas y procesos, sigue siendo realista pero de la variedad crítica. En efecto, advierte que nuestras teorías científicas y filosóficas no son pinturas exactas sino representaciones simbólicas que distan de captar todos los detalles y que muchas veces, lejos de ser profundas, se ocupan tan sólo de algunos aspectos externos. (Éste es el caso de todas las teorías de caja negra, que incluyen solamente las entradas y salidas de un sistema.) En resumen, el tecnólogo moderno sabe que sus teorías son simplificaciones o idealizaciones de la realidad y que también contienen componentes carentes de contrapartida real, tales como el proverbial pistón ingrávido y el decisor racional.

Sin embargo, el realismo crítico inherente a la tecnología suele estar matizado y a veces aun deformado por una actitud marcadamente instrumentalista o pragmatista, que por lo demás es normal en individuos empeñados en obtener resultados prácticos antes que verdades profundas pero sin utilidad inmediata. Esta actitud trasunta del modo en que el tecnólogo trata tanto a la realidad como al conocimiento de ésta. En efecto, para él:

a] La realidad –que es el objeto o referente de la ciencia básica– es la totalidad de los *recursos* (naturales y humanos) y productos de desecho, y

b] el conocimiento fáctico –que es el objetivo de la investigación bási-ca– es primordialmente un *medio* para controlar el fragmento de realidad que le interesa.

En otras palabras, mientras que para el científico un objeto de estudio es una *cosa en sí*, existente por sí misma, el tecnólogo sólo se interesa por la *cosa para nosotros*, aquella que está en nuestro poder crear, controlar o destruir. Y en tanto que para el científico el conocimiento es una meta última que no requiere justificación, para el tecnólogo es una finalidad intermedia, algo a obtener: sólo para ser usado como medio para alcanzar una meta práctica.

En otras palabras, al tiempo que el científico busca *conocer por cono-cer*, el tecnólogo busca *conocer para hacer*. No debiera extrañar entonces que el instrumentalismo (pragmatismo, operacionalismo) atraiga tanto a los tecnólogos como a quienes confunden la ciencia pura con la tecnología.

Debido a esta actitud pragmatista el tecnólogo tenderá a despreocuparse de cualquier sector de la naturaleza o de la sociedad que no es o no pro-mete convertirse en recurso. Por la misma razón es proclive a desinteres-sarse de todo sector de la cultura que no prometa convertirse en instrumento para lograr sus fines. Lo que no es desastroso mientras sea suficientemente abierto de espíritu para tolerar lo que pone de lado.

7. EL TECNÓLOGO Y LA VERDAD, Y OTROS PROBLEMAS GNOSEOLÓGICOS

La actitud pragmática para con el conocimiento se refleja, en particular, en la manera en que el tecnólogo trata el concepto de verdad. Aunque en la práctica adopta la concepción realista de la verdad (fáctica) como *adae-quatio intellectus ad rem*, el tecnólogo no siempre se interesará por la ver-dad de las proposiciones que maneja. Le interesarán las informaciones (datos), hipótesis y teorías verdaderas siempre que sean conducentes a las metas deseadas A menudo preferirá una semiverdad simple a una verdad más compleja y profunda. Por ejemplo, si dos modelos diferentes del sis-tema de interés son equivalentes respecto de los datos disponibles, el tec-nólogo preferirá el más simple de ellos, o sea, aquel que resulte más cómodo de operar. (Por ejemplo, si sus únicos datos son la media y la varianza de una distribución de frecuencias, es probable que elija como

distribución de probabilidades un rectángulo o a lo sumo una campana.)
Es forzoso que así sea, porque el tecnólogo está habitualmente apurado
por obtener resultados útiles. Además, cualquiera que sea el error que come-
ta al despreciar algún factor o variable, es presumible que será disimulado
por las perturbaciones impredictibles a que está sujeto su sistema real. A
diferencia del físico, del químico o del biólogo, el tecnólogo no puede proteger a sus sistemas contra choques a menos que sea dotándolos de mecanismos absorbentes de choques, lo que no siempre es posible o deseable.

Por razones parecidas, el tecnólogo no puede preferir teorías profundas pero complicadas cuando le bastan teorías más simples aunque superficiales. Sin embargo, a menos que sea un seudotecnólogo, no evitará las
teorías profundas y complejas cuando prometan éxito. (Por ejemplo, em-
pleará la teoría cuántica de los sólidos para diseñar componentes de equipos de radio o de computadoras, y la genética para obtener variedades de
maíz de mayor rendimiento.) En resumidas cuentas, el tecnólogo adopta-
rá una mezcla de realismo crítico y pragmatismo, variando estos ingredientes según sus necesidades. Y de esta suerte parecerá confirmar ya esta
gnoseología, ya aquella, cuando en realidad sólo se propone maximizar su
propia eficiencia prescindiendo de cualquier lealtad filosófica. El tecnólogo
es, en suma, filosóficamente oportunista, no principista.

La concepción oportunista de la verdad sustentada por el tecnólogo es
sólo una de las componentes gnoseológicas de la tecnología. Mencionaremos a continuación otras dos que han participado en desarrollos tecnológicos, la una en didáctica, la otra en el campo de la inteligencia artificial.
Es sabido que las técnicas educativas de Pestalozzi se fundaban en la con-
signa del empirismo inglés "No hay concepto sin percepto". Análogamente, la base filosófica de las técnicas educacionales de Dewey era la tesis
pragmatista "No hay concepto sin acto". En cuanto a la filosofía subyacente
a las investigaciones en inteligencia artificial, contiene una hipótesis ontológica central ("Cuanto se comporta como un ser inteligente es inteligente") y un conjunto de hipótesis gnoseológicas, entre ellas "Toda percepción
es la aceptación de un estímulo exterior" y "Algunas regularidades espaciales son perceptibles y distinguibles de otras". No nos detendremos a comentar estas hipótesis: nuestro objetivo era señalar su existencia para
reforzar nuestra tesis de que la tecnología, en todas sus ramas, está satu-
rada de gnoseología.

Para terminar esta sección haremos una breve lista de problemas gnoseológicos que plantea la tecnología.

PG1. ¿Es verdad que no hay teorías específicamente tecnológicas, p. ej. en electrónica, en medicina, o en administración?

PG2. Si la respuesta a la pregunta anterior es negativa ¿qué caracteriza a las teorías tecnológicas a diferencia de las científicas?

PG3. ¿En qué se diferencian las reglas tecnológicas de las leyes científicas?

PG4. ¿Cómo podría exactificarse la noción de aproximación y cómo afecta ésta a la deducción?

PG5. ¿En qué se fundan los pronósticos que se hacen en tecnología y en qué difiere su función del papel que desempeñan las predicciones que se hacen en ciencia básica?

PG6. ¿Cómo se podría exactificar el efecto que tiene el conocimiento de un pronóstico tecnológico sobre el curso de los acontecimientos?

PG7. ¿En qué se funda la llamada evaluación de la tecnología (*technology assessment*)?

PG8. Los ingenieros y administradores, a diferencia de los físicos y biólogos, sostienen a menudo que emplean el concepto subjetivo de probabilidad como grado de creencia racional. ¿Es cierto o confunden probabilidades subjetivas con estimaciones subjetivas (a ojo de buen cubero) de probabilidades objetivas?

PG9. Uno de los rasgos distintivos de la persona mentalmente sana es la objetividad, o capacidad de ver a los demás y verse a sí misma tal como son. ¿En qué se distingue este concepto psicológico de objetividad del correspondiente concepto filosófico?

PG10. ¿En qué consiste un indicador social, p. ej., de desarrollo, o de calidad de vida, o de cohesión social?

Baste esta muestra al azar para fortalecer la tesis de que la tecnología plantea problemas gnoseológicos interesantes y descuidados.

8. EL TRASFONDO ONTOLÓGICO DE LA TECNOLOGÍA

La tecnología hereda la ontología de la ciencia y a su vez ha producido su propia ontología. Daremos algunos ejemplos de una y otra. Empecemos por la ontología que la tecnología comparte con la ciencia. He aquí algunos de sus principios:

O1. Existe un mundo exterior al sujeto cognoscente y actuante.

O2. El mundo está compuesto de cosas (objetos materiales).

O3. Toda propiedad es propiedad de alguna cosa: no hay propiedades o formas en sí.

O4. Las cosas se asocian formando sistemas.

O5. Todo sistema, salvo el universo, interactúa con otros sistemas en ciertos respectos y está aislado de otros sistemas en otros respectos.

O6. Toda cosa, todo sistema cambian.

O7. Nada surge de la nada y nada se reduce a la nada.

O8. Toda cosa satisface leyes objetivas.

O9. Hay diversos tipos de ley: causales y probabilistas, que ligan propiedades en un mismo nivel, y otras que ligan propiedades a niveles diferentes, etcétera.

O10. Hay varios niveles de organización: físico, químico, biológico, social, técnico, etcétera.

Éstas no son sino algunas de las hipótesis ontológicas comunes a la investigación científica y a la tecnológica, así como a sus respectivas políticas. Además de esas tesis generales hay otras específicamente tecnológicas, y entre éstas las hay genéricas (que abarcan todas las ramas de la tecnología) y específicas o privativas de ciertas ramas de la tecnología. Hagamos un muestreo de una y otra población de tesis específicamente tecnológicas. Empecemos por la primera.

a] El hombre, con ayuda de la tecnología, puede *alterar ciertos procesos* naturales o sociales en forma deliberada y con arreglo a planes. (Esta tesis no es tan obvia como parece a primera vista. En efecto, hay ontologías pasivas en las que el hombre no figura como agente transformador.)

b] Gracias a la tecnología el hombre puede *crear o destruir clases naturales* (p. ej., especies biológicas), enriqueciendo así en ciertos respectos la variedad de la realidad y empobreciéndola en otros. (Tampoco esta tesis es obvia, ya que en una cosmovisión religiosa el hombre no es creador sino creatura.)

c] Puesto que los artefactos están sujetos a control humano o están equipados de mecanismos de control que no han emergido espontáneamente en un proceso de mutación y selección naturales, *constituyen un nivel óntico propio* caracterizado por propiedades y leyes propias. (De aquí que sea preciso elaborar una ontología tecnológica junto a las ontologías de los objetos naturales y de los objetos sociales.)

Exhibamos ahora una pequeña muestra de las hipótesis ontológicas subyacentes a las tecnologías especiales.

d] La ingeniería química –a diferencia de las ingenierías civil y eléctrica– presupone y apuntala la hipótesis de que hay *novedades radicales*, o sea, de que no todo lo nuevo se reduce a una mera combinación de entes preexistentes.

e] La agronomía y la veterinaria contemporáneas presuponen y robustecen una *ontología evolucionista*. (Pero aquí se trata, por supuesto, de una evolución dirigida, no espontánea.)

f] La administración de empresas presupone y fortalece una *visión sistémica*, según la cual las organizaciones sociales (fábricas, hospitales, escuelas, ejércitos, etc.) no son ni meros conjuntos de individuos, ni organismos inanalizables.

9. OTROS PROBLEMAS DE LA ONTOLOGÍA DE LA TECNOLOGÍA

Hagamos una lista ilustrativa de problemas ontológicos, casi todos descuidados hasta ahora en la literatura filosófica, que plantea la mera existencia de la tecnología.

PO1. Los artefactos ¿poseen características distintas de los objetos naturales, aparte de la de haber sido diseñados y producidos por seres humanos o por artefactos controlados en última instancia por éstos?

PO2. Los artefactos y los compuestos hombre-máquina ¿poseen leyes propias distintas de las que estudia la ciencia básica?

PO3. Los compuestos hombre-máquina ¿pertenecen a un nivel óntico distinto de los demás?

PO4. ¿Puede decirse de los artefactos que son materializaciones o corporizaciones de ideas?

PO5. ¿Cuáles son las características de los sistemas autocontrolados artificiales respecto de los naturales?

PO6. ¿Es posible que algún día caigamos bajo el dominio de las máquinas?

PO7. ¿Es concebible una máquina capaz de plantear y elucidar problemas originales, y de hacer tanto el bien como el mal?

PO8. ¿Hay algo más que una mera analogía entre el buen funcionamiento de un artefacto y la salud de un organismo?

PO9. ¿Cuáles son los supuestos ontológicos referentes a la naturaleza de la mente subyacentes a las diversas terapias psiquiátricas?

P10. La ciencia social aplicada y la legislación ¿tienen supuestos ontológicos acerca de la naturaleza de la persona y de la sociedad humana?

La que precede es una lista casi al azar de problemas que, o bien no han sido abordados, o bien han sido tratados con superficialidad. Esto no es de extrañar: los filósofos no suelen estar familiarizados con la tecnología y, por añadidura, tampoco creen en la seriedad de la ontología, particularmente después que la desprestigiara el existencialismo. En todo caso, he aquí una rica veta casi inexplorada, cuya explotación pudiera ser labor conjunta de filósofos y tecnólogos.

Pero ¿es acaso posible la colaboración entre especialistas situados aparentemente en las antípodas de la cultura? Sí, con tal de que no sean especialistas sino generalistas. Que todo filósofo profundo lo es, no cabe duda, ya que la filosofía es un sistema conceptual en el que todo está relacionado con el resto del sistema. En cuanto a los tecnólogos, ya se mencionó en la sección 3 la existencia de tecnologías generales, a saber, las teorías generales de sistemas, teorías tan generales que lindan con la ontología cuando no están en su mero centro. Expliquémonos.

Las teorías generales de sistemas son teorías muy refinadas (aunque matemáticamente bastante simples) y extremadamente generales, tales como la teoría de los autómatas, la teoría general de las redes (de cualquier naturaleza), la teoría del control (de cualquier cosa por cualquier cosa), y otras similares. Estas teorías pueden ubicarse tanto en la tecnología como en la ontología, y ello por las siguientes razones. Primeramente, se ocupan de rasgos genéricos de géneros (no ya especies) de sistemas: son teorías interdisciplinarias o portátiles de un campo a otro. (Piénsese en la variedad de las aplicaciones de las teorías de los autómatas y del control, desde la ingeniería hasta la biología y a veces aun a las ciencias sociales.)

En segundo lugar, esas teorías son independientes del tipo de materiales de que está formado el sistema en cuestión y, por lo tanto, no dependen de leyes físicas o químicas. (Enfocan la estructura y el comportamiento del sistema más que su composición específica y su mecanismo.) En tercer lugar, esas teorías no son comprobables por sí mismas, ni siquiera si se les añade datos empíricos. Y no lo son porque no formulan predicciones. (Es claro que se las puede convertir en teorías capaces de formular predicciones, pero de este modo pierden generalidad, ya que las teorías predictivas se obtienen a partir de las genéricas adjuntándoles modelos precisos de los sistemas a que se refieren.)

Basten estas someras indicaciones para señalar la existencia de un pez gordo que pasó a través de la tosca malla de la filosofía actual. Una de las tareas de la filosofía de la tecnología es ubicar y analizar las teorías tecnológico-ontológicas creadas por los tecnólogos desde la segunda guerra mundial. Pasemos ahora a otra faceta filosófica de la tecnología.

10. TECNOAXIOLOGÍA

Toda acción humana está orientada hacia valores: si es espontánea, porque busca alcanzar fines valiosos para el actor; si es deliberada, porque toda decisión es precedida de una evaluación. Sin embargo, los objetos sobre los que se vuelca la acción humana no tienen por qué ser siempre valiosos o disvaliosos. En particular, para el científico todos los objetos concretos, por humildes que le parezcan al hombre de la calle, son igualmente dignos de estudio y desprovistos de valor. No sucede lo mismo con el tecnólogo: éste divide la realidad en recursos, artefactos y el resto. Este resto es el conjunto de las cosas inútiles, comprendidos los productos de desecho no reciclables. El tecnólogo asigna mayor valor a los artefactos que a los recursos y aprecia más a éstos que al resto. La suya no es, pues, una ontología libre de valores sino una cosmología que se parece a las de las culturas primitivas y arcaicas. Bastará un ejemplo para comprender este punto.

Llamemos *P* y *Q* a dos componentes o dos propiedades de cierto sistema de interés tecnológico. Y supongamos que, lejos de ser mutuamente independientes, *Q* interfiere con, o inhibe a *P*. Si *P* es deseable a los ojos del tecnólogo, entonces éste llamará a *Q* una *impureza*, o un *ruido*, o algo similar. Y, a menos que la impureza se necesite para obtener un tercer ítem *R* deseable –tal como conductividad, fluorescencia, o un color dado–, el tecnólogo considerará a *Q* como algo disvalioso y por lo tanto digno de ser minimizado o neutralizado. En cambio para el científico básico *Q* puede ser interesante o carente de interés (por el momento), pero nunca disvalioso. Es claro que *Q* podrá ser enojoso, como es el caso de una perturbación que interfiere con el funcionamiento normal de un aparato u obliga a complicar los cálculos. Pero en todo caso, si existe es tan digno de ser estudiado como cualquier otro ítem, aunque tal vez no inmediatamente.

Esta orientación de la tecnología hacia los valores contrasta con la falta de color axiológico de la ciencia básica. Es verdad que la ciencia social auténtica, lejos de ignorar los valores, intenta describirlos y explicarlos. Pero para la ciencia pura nada hay que sea puro o impuro en un sentido axiológico, ni siquiera los contaminantes. En ciencia básica no se evalúan los objetos de estudio sino las herramientas de investigación (p. ej., técnicas de medición o de cálculo) y los resultados de ésta (p. ej., datos y teorías). Una teoría de la luna puede ser mejor (más verdadera) que otra, pero la luna no es buena ni mala. En cambio, para el técnico espacial (así como para el político y el industrial que están detrás de aquél) la luna, por estéril que sea, es buena. En general, mientras que el tecnólogo lo evalúa todo, el científico como tal sólo evalúa su propia actividad y sus resultados. Enfoca incluso la valuación misma de modo ajeno a los valores.

La orientación de la tecnología hacia los valores le da al filósofo una magnífica oportunidad para analizar el proceso de evaluación en casos concretos en lugar de fabricar "tablas de valores" *a priori* o de limitarse a enterarse por boca del antropólogo acerca de los sistemas de valores de las sociedades primitivas. Hasta le puede inspirar a construir axiologías realistas, en las que la evaluación aparezca como una actividad humana –que se da siempre en un contexto histórico-social– en parte racional y ejecutada a la luz del conocimiento disponible. De hecho la tecnología ya ha tenido un fuerte impacto sobre la axiología. En efecto, la teoría de la utilidad, o valor subjetivo, aunque propuesta originariamente como una teoría psicológica, ha sido resucitada y aplicada, primeramente por economistas, luego por expertos en administración (*management scientists*).

Concluiremos esta sección enumerando algunos problemas abiertos que surgen a poco que se examine la tecnología a la luz de la axiología.

PA1. ¿Qué clases de valores maneja el tecnólogo: económicos, sociales, cognoscitivos, estéticos, o morales?

PA2. ¿Es posible agregar los diversos valores que posee un objeto tecnológico?

PA3. ¿Qué indicadores de valores tecnológicos son más fidedignos: la razón beneficio/costo, el tiempo ahorrado, o qué otros?

PA4. Los valores que figuran en la teoría de la decisión y sus aplicaciones (p. ej., en ingeniería y en administración) son subjetivos. ¿Sería posible y ventajoso remplazarlos por valores objetivos, tales como el grado de satisfacción de una necesidad o, en general, la medida en que se ha alcanzado una finalidad?

PA5. ¿Qué axiomas satisfaría una función de valor objetivo (a diferencia de la utilidad o valor subjetivo)?

PA6. El tecnólogo carente de sensibilidad social, al igual que el político inescrupuloso, podrá ignorar los efectos laterales de los medios que emplea para alcanzar sus metas. ¿Sería posible y deseable evaluar los medios y no sólo los fines?

PA7. ¿Sería posible formular reglas de decisión basadas sobre teoremas axiológicos que relacionen los valores de los fines con los valores de los medios?

PA8. Las decisiones tecnológicas se fundan sobre leyes (naturales o sociales) así como juicios de valor. ¿Sería posible y deseable generalizar este procedimiento a la moral y a la jurisprudencia?

PA9. ¿Cómo intervienen las consideraciones axiológicas en la formulación de planes urbanísticos, o educacionales, o de desarrollo de una nación?
PA10. Supuesto que cada componente de una comunidad asigna su propio valor a toda medida de alcance social ¿es posible construir el valor que le asigna la comunidad en su conjunto? Y si es posible ¿sirve de algo?

Las pocas líneas que anteceden debieran bastar para mostrar la riqueza axiológica de la tecnología y para incitar a los filósofos a superar el estado actual de la axiología, que se caracteriza por su pobreza tecnológica. Pasemos ahora a la aplicación más obvia de la tecnoaxiología: la tecnoética.

11. EL DILEMA MORAL DEL TECNÓLOGO

Tanto la investigación tecnológica como la básica tienen un código de honestidad intelectual. Por ejemplo, es tan ilícito engañar al hacer un informe sobre un nuevo proceso industrial, como al informar acerca de un experimento genético. También el robo de ideas es penado moralmente y en principio es jurídicamente punible en ambos casos, si bien de hecho se practica con frecuencia tanto en ambientes académicos como en círculos industriales.

Pero la honestidad intelectual, con ser un ingrediente importante de la moral científica, tanto básica como aplicada, no la agota. Para tener un código moral socialmente responsable es preciso incorporarle la llamada Regla de Oro: "No hagas al prójimo lo que no quisieras que te hagan a ti". Esta regla implica varias otras, entre ellas el mandamiento epicúreo ("Te esforzarás por minimizar el sufrimiento ajeno") y la máxima que acaso constituya el fundamento moral del socialismo: "Mi libertad termina donde empieza la tuya". Estas reglas morales debieran bastar –aunque de hecho no bastan– para lograr el control ético de las investigaciones científicas.

La mayor parte de las investigaciones en ciencia básica son inocuas y por lo tanto no plantean problemas morales. Es verdad que ciertas investigaciones actuales en genética, virología y psicología podrían ser mal aplicadas, conduciendo a consecuencias desastrosas para muchas personas, acaso para toda la humanidad. Pero las reglas morales habituales bastan, al menos en principio, para evitar semejantes perversiones del conocimiento. Por ejemplo, de hecho se toleran torturas livianas en investigaciones sobre la aversión y el miedo a condición de que cuenten con el consentimiento del sujeto y no resulten en traumas irreversibles. En resumen, la ciencia básica no requiere sino un control moral bastante leve que, en la mayoría de los casos, es ejercido por los propios investigadores sin necesidad alguna de coacción externa.

La levedad de los controles morales necesarios en investigación básica se debe a que el *conocimiento básico es un bien en sí mismo* (independientemente del modo en que pueda aplicarse). Para el ser humano, conocer es tan vitalmente necesario como alimentarse, abrigarse, defenderse, ser útil, o amar y ser amado. La buena vida, el bien supremo, no pueden concebirse hoy día en ausencia de conocimiento, tanto útil como desinteresado. La buena vida no se concibe hoy día sin física, química, biología, psicología, sociología, etcétera.

No sucede lo mismo con la tecnología. Aquí no sólo algunos de los medios de conocimiento pueden ser impuros; hay procesos tecnológicos íntegros que son moralmente objetables por proponerse metas prácticas perversas. Por ejemplo, es malvado realizar investigaciones sobre la defoliación de bosques, sobre el envenenamiento de reservorios de agua, la mutilación de civiles, la tortura de presos, la manipulación de consumidores o votantes, y cosas similares, ya que el conocimiento adquirido en investigaciones de este tipo se utiliza verosímilmente sólo para fines malvados; se investiga la tortura para torturar más eficazmente, la manipulación de consumidores para explotarlos más provechosamente, y así sucesivamente. No se trata del mal uso inesperado de un trozo de conocimiento neutro, como sucede con el mal uso de una tijera o de una cerilla. *La tecnología de la maldad es malvada.*

Los pocos resultados valiosos a que pueda llegar –resultados hasta ahora desconocidos– son ensombrecidos por sus resultados negativos, entre los cuales se cuenta el encanallamiento de los investigadores mismos y de sus amos. ¿De qué sirve el conocimiento acumulado por los eficientes organizadores de los campos de exterminio? ¿De qué el conocimiento adquirido en la búsqueda, producción y acumulación de gérmenes para la guerra biológica?

En conclusión, a diferencia de la investigación aplicada, la tecnológica puede ser una bendición o una maldición. Por esto es preciso someterla a controles morales y sociales. Por lo tanto, aunque esto no baste, es preciso que tanto los tecnólogos como los filósofos se tomen más a pecho que hasta ahora la construcción de una tecnoética.

12. TECNOÉTICA

Entiendo por *tecnoética* el estudio de los códigos morales inherentes a las diversas ramas de la tecnología, tanto los adoptados de hecho como los aceptados de palabra (pero no siempre de hecho) cuanto los que debieran adoptarse. (La distinción entre una profesión de fe y su cumplimiento no se limita a las creencias religiosas y políticas. Se estima que el 40% de los ingenieros del mundo entero están involucrados de un modo u otro en la producción de armamentos, pese a que la mayoría de ellos han formulado promesas, sea en universidades, en asociaciones profesionales o en iglesias, que debieran impedirles aceptar el encargo de matar por interpósita persona.)

Toda actividad humana es controlable o criticable a la luz de un código de conducta que es en parte moral y en parte legal. En particular, los procesos tecnológicos han sido guiados, y a menudo extraviados, por las siguientes máximas de tipo axiológico o moral:

1] El hombre está separado de la naturaleza y es más valioso que ésta.

2] El hombre tiene el derecho, y acaso también el deber, de someter a la naturaleza en su propio beneficio (individual o social).

3] El hombre no es responsable de la naturaleza: podrá proteger a su hermano (por ejemplo metiéndole preso) pero no es la nana de la naturaleza.

4] La tarea suprema de la tecnología es alcanzar la explotación más completa de los recursos naturales y humanos –o sea, maximizar el producto nacional bruto– al menor costo posible, sin importarle nada más.

5] Los tecnólogos y técnicos son moralmente irresponsables: su deber es desempeñar sus tareas sin dejarse distraer por escrúpulos estéticos o éticos. Estos últimos son de responsabilidad exclusiva de quienes formulan la política tecnológica, y muy en particular los políticos.

Estas máximas constituyen el núcleo de tecnoética que ha prevalecido hasta ahora en todas las sociedades industriales, cualquiera que sea su tipo de organización social. La propia tecnología no justifica dichas máximas sino que éstas han servido para usar y abusar de la tecnología. Más aún, esa moral no se ha desarrollado dentro de la ciencia o de la tecnología sino de ciertas religiones, ideologías y filosofías, en particular de aquellas que consideran el desarrollo industrial como un fin, no como un medio.

En los últimos años hemos comenzado a dudar de esa tecnoética que pudiéramos llamar *desarrollista*, porque hemos comenzado a sospechar que justifica el lado oscuro de la tecnología. Pero aún no hemos propuesto una alternativa viable, esto es, un código moral que no rechace las ventajas de la sociedad tecnificada y, en particular, industrializada.

Ya es tiempo de estudiar una nueva ética de la tecnología, que involucre metas diferentes y que se base sobre el conocimiento de la naturaleza y de la sociedad, conocimiento que apenas existía cuando se formuló el código anterior, o sea, a principios del siglo XVII. Si deseamos conservar la mayor parte de la tecnología moderna y estimular su avance al tiempo que se minimicen sus componentes nocivas y sus aspectos laterales negativos, debemos esforzarnos por diseñar y poner en práctica un código moral para la tecnología, que contemple todos los procesos tecnológicos y sus repercusiones tanto en el nivel individual como en el social. En rigor, debemos elaborar un juego de tres códigos morales compatibles entre sí: un código universal, un código que rija la actividad del tecnólogo, y un código moral social que rija la actividad del que adopta decisiones concernientes a la tecnología. Más explícitamente, necesitamos:

1] Un *código moral universal* para todo ser humano, por encumbrado o humilde que sea. Éste deberá ser un código viable –no uno diseñado exclusivamente para héroes o santos– y deberá fundarse sobre juicios de valor acerca de los cuales se pueda discutir (en lugar de fundarse sobre mandamientos dogmáticos). Este código universal podrá centrarse en la Regla de Oro.

2] Un *código moral individual para el tecnólogo* en cuanto tal. Este código debiera incluir el código moral de la ciencia, esto es, el conjunto de normas morales que aseguran la búsqueda y diseminación de la verdad. Pero también debiera tener en cuenta los problemas morales característicos que enfrenta el tecnólogo empeñado en alcanzar metas no cognoscitivas. Estas normas adicionales debieran subrayar la responsabilidad personal del tecnólogo en su trabajo profesional así como su deber de negarse a participar en proyectos que se proponen metas antisociales. Estos imperativos morales –o mejor, reglas fundadas– debieran ser compatibles con

3] Un *código moral social* que rija la formulación de políticas de investigación y desarrollo (o práctica) tecnológicos. Sus normas debieran condenar la búsqueda de metas socialmente indeseables y debieran imponer una limitación drástica de todo proceso tecnológico que, aun cuando persiga fines dignos, interfiera gravemente con otros desiderata. Este código moral social debiera inspirarse en las necesidades básicas de la sociedad en lugar de ser dictado por cualquiera de sus grupos, pues de lo contrario sería injusto o utópico. La esencia de este código debiera ser la norma: "Todo proyecto tecnológico debe ser razonable, factible y beneficioso para todas las personas –vivientes o futuras– que puedan ser afectadas por él."

Si se elaborara y pusiera en práctica semejante juego de códigos no tendríamos el caso, cada vez más frecuente, del Dr. Jekyll merecedor del premio Nobel por sus contribuciones a la ciencia básica, que de noche se convierte en un Mr. Hide merecedor de la pena máxima por diseñar medios diabólicos de asesinato en masa. No se tolerarían los estándares éticos dobles –tan caros a los intelectuales como a los poderosos– si no hubiera dos códigos morales, el uno para el científico puro y el otro para el tecnólogo impuro. Si deseamos controlar la tecnología en beneficio de la sociedad deberemos adoptar un código que cubra toda la gama de la tecnología, desde la investigación hasta la acción.

13. TECNOPRAXIOLOGÍA

La praxiología estudia la acción humana en general, sea racional o irracional, buena o malvada. En rigor no hay una disciplina única y orgánica con semejante cometido, sino un conjunto por ahora bastante amorfo de fragmentos tomados de diversos campos. El estudio de la acción racional está mejor encaminado, aunque también distribuido entre disciplinas dispares y a menudo ajenas entre sí. Estas disciplinas son, entre otras, la ingeniería humana, la investigación operativa, la administración de empresas, la estrategia y táctica militares, la teoría de la decisión, y la joven teoría filosófica de la acción.

A estas ramas de la praxiología dedicadas a estudiar diversos aspectos de la acción racional habría que agregar una que todavía no existe, la *tecnopraxiología*, cuyo objeto de estudio sería la acción guiada (o extraviada) por la tecnología. No se trata de planear la acción –cometido éste del tecnólogo en la fase operacional del proyecto tecnológico– sino de encarar filosóficamente el estudio de los proyectos tecnológicos y de su ejecución.

Considérese, por ejemplo, un proyecto de construcción de una nueva ciudad. La elaboración racional de un proyecto de semejante magnitud, con tantos aspectos diferentes, exige un equipo numeroso de urbanistas, arquitectos, ingenieros civiles, geólogos, geógrafos, sociólogos, expertos en sanidad pública, etc. Y ¿por qué no solicitar también la colaboración de un filósofo, en particular de un ético? A menos que sea un filósofo oscurantista o insensible a las cuestiones sociales, podrá ser de utilidad de varios modos. Por ejemplo, el filósofo podrá aclarar ciertas nociones imprecisas (tan frecuentes en las ciencias sociales). También podrá señalar, aquí y allí, que esto precede a aquello, o que tal curso de acción presupone ciertas ideas que es preciso examinar más de cerca, o que las metas fijadas por el proyecto son compatibles con cierto código moral (p. ej., el de los empresarios) pero no con otros (p. ej., el de los usuarios).

Independientemente de que el filósofo participe en la etapa de planeación de un proyecto tecnológico, podrá interesarse por desarrollar la inexistente disciplina que hemos denominado *tecnopraxiología*. He aquí una muestra representativa de los problemas que deberá encarar esta futura disciplina:

PTP1. ¿Cómo puede exactificarse el concepto de acción, y en particular el de acción racional?

PTP2. ¿Cómo puede exactificarse el concepto de acción guiada por conocimientos y decisiones tecnológicos?

PTP3. El grado de éxito de un acto ¿es igual a la probabilidad de su resultado? Si no ¿a qué es igual?

PTP4. ¿Cómo puede formalizarse la noción de grado de eficiencia de una acción?

PTP5. ¿En qué consiste un plan de acción: cuál es su estructura formal?

PTP6. ¿De qué manera participan la experiencia (conocimiento empírico), las teorías y las evaluaciones en la confección de un proyecto tecnológico?

PTP7. ¿Cómo se evalúa o debiera evaluarse un proyecto tecnológico: por ciertas características intrínsecas (p. ej., solidez o elegancia), por los beneficios (individuales o sociales) que pueda acarrear, o de qué otra manera?

PTP8. ¿Cómo puede caracterizarse el sistema compuesto por los decisores, los planeadores, los ejecutores y lo planeado?

PTP9. Todo plan revela fallas en el curso de su ejecución. ¿Hay alguna manera general de generar planes flexibles que hagan lugar a ajustes sobre la marcha?

PTP10. La planeación desde arriba puede ser técnicamente impecable pero socialmente impracticable o aun nociva. La planeación desde abajo puede ser socialmente viable (aunque no necesariamente beneficiosa) pero técnicamente incompetente. ¿Es posible y deseable combinar la tecnocracia con la democracia?

Ojalá basten las líneas que preceden para despertar la curiosidad de algún filósofo con interés por la tecnología, y de algún tecnólogo con mentalidad filosófica, para que se den a la tarea de fundar la tecnopraxiología. (Existe un Instituto de Praxiología, afiliado a la Academia Polaca de Ciencias, que se ocupa de problemas praxiológicos generales.)

14. CONCLUSIÓN: EL LUGAR DE LA TECNOLOGÍA

Nadie niega que la tecnología sea central en toda civilización industrial. Lo que se niega a veces, especialmente por parte de filósofos retardatarios, es que la tecnología forme parte esencial de la cultura intelectual contemporánea. En efecto, hay quienes sostienen que la tecnología es ajena a la cultura y hasta enemiga de ésta. Y numerosos tecnólogos han caído en la trampa, como lo muestra el que se preocupen por "inyectar algo de cultura" en los programas de estudio de ingeniería, medicina o administración de empresas.

Este error lamentable exhibe una incomprensión de la riqueza conceptual del proceso tecnológico, en particular el de tipo innovador. Y es un error que tiene consecuencias funestas, ya que perpetúa la formación de universitarios de mentalidad preindustrial, que suelen despreciar o temer cuanto no entienden. Cuando estos individuos alcanzan poder en organizaciones estatales o educacionales, tratan de reforzar el aislamiento de los tecnólogos del resto de la sociedad, confirmando así su imagen preconcebida y anacrónica del tecnólogo como bárbaro habilidoso a quien hay que conservar en su modesto lugar como proveedor de confort material. Al comportarse de este modo esos letrados profundizan las zanjas que dividen a las diversas subculturas y pierden la oportunidad de contribuir a orientar el curso de la tecnología a lo largo de un camino beneficioso a la sociedad en su conjunto.

Como toda cultura, la moderna es un sistema complejo compuesto de componentes interactuantes y que está a su vez en estrecha interacción con los otros dos subsistemas de la sociedad: la economía y la política. Algunos de esos componentes de la cultura moderna ya han pasado la época creadora y otros recién empiezan a producir; pero todos ellos están presentes derramando los unos su sombra y los otros su luz.

Los principales componentes de la cultura moderna se muestran esquemáticamente en la figura 13.2. En la base del edificio figuran los componentes más "sólidos" (aunque no los menos cambiantes), a saber, la ciencia y la matemática. En el primer piso alto vienen la tecnología y las humanidades, un tanto más "blandas" aunque no tanto como los sectores del segundo piso alto: el arte y la ideología. La filosofía, en la concepción del autor,

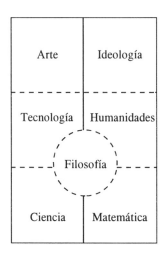

FIGURA 13.2. El sistema de la cultura moderna. Las líneas punteadas indican la ausencia de fronteras precisas.

es un sector híbrido que se superpone parcialmente con la ciencia, la matemática, la tecnología y las humanidades.

De las siete áreas de la cultura moderna, que hemos señalado, la tecnología es la más joven. Acaso por este motivo no siempre se advierta que es tan esencial como las demás. Tan central es la tecnología, que interactúa vigorosamente con todas las demás ramas de la cultura. (En cambio el arte y la ideología apenas interactúan con la matemática.) Más aún, la tecnología y la filosofía son las únicas componentes de la cultura moderna viva que interactúan fuertemente con todas las demás componentes. En particular, como se ha visto en secciones anteriores, la tecnología interactúa con diversas ramas de la filosofía: la gnoseología, la ontología, la axiología y la ética.

No sólo interactúa la tecnología con todas las demás ramas de la cultura contemporánea sino que, como se señaló hace un rato, se recubre parcialmente con algunas de ellas. Por ejemplo, la arquitectura y el diseño industrial pertenecen a la intersección de la tecnología y el arte. Una buena parte de la física y de la química son tanto ciencia como ingeniería. La genética aplicada a la agronomía se distingue apenas de la genética pura. La medicina y la veterinaria tienen zonas en común con la biología. Incluso parte de la ontología (o metafísica) está incluida tanto en la filosofía como en la tecnología: recuérdense las teorías generales de sistemas.

Al igual que la ciencia, la tecnología consume, produce y circula bienes (y males) filosóficos. Algunos de ellos son los mismos que los que activa la ciencia, otros son peculiares a la tecnología. Por ejemplo, debido a su énfasis sobre la utilidad, la gnoseología de la tecnología tiene una fuerte inclinación pragmática y es por ello más tosca que la gnoseología de la investigación científica. En cambio la ontología, la axiología y la ética de la tecnología son más ricas que las de la ciencia.

En conclusión, debido a la riqueza conceptual del proceso tecnológico –en particular en sus etapas de investigación y de formulación de políticas– y a los contactos múltiples entre la tecnología y las demás componentes de la cultura moderna, la tecnología es central a ésta. No podemos ignorar la integración orgánica de la tecnología con el resto de la cultura si queremos mejorar la salud de nuestra cultura o incluso salvarle la vida. No podemos darnos el lujo de ignorar la naturaleza de la tecnología, ni mucho menos de menospreciarla, si deseamos controlarla para evitar que sirva a fines malvados. Por consiguiente, debemos reforzar todas las disciplinas que tratan de la tecnología, y en primerísimo lugar la filosofía de la tecnología, tanto más por cuanto suele ignorársela o confundírsela con la filosofía de la ciencia. La historia, la sociología, la politología y la psicología de la tecnología nos dicen mucho acerca de las tecnologías y de los tecnólogos, pero sólo la filosofía de la tecnología se ocupa de describir los gallardetes gnoseológico, ontológico, axiológico y ético de la tecnología.

14. IATROFILOSOFÍA

1. UNA NUEVA RAMA DE LA EPISTEMOLOGÍA

Llamaré *iatrofilosofía* a la filosofía de la medicina. La iatrofilosofía es la rama de la epistemología que se ocupa de escarbar y examinar los supuestos filosóficos de las ideas y prácticas médicas, así como de investigar los problemas filosóficos que surgen de la investigación y la praxis médicas.

No hay pensamiento profundo ni acción racional totalmente desvinculados de toda filosofía. En particular, el pensamiento médico y el ejercicio de la medicina están y han estado siempre salpicados de ideas filosóficas, a veces estimulantes y otras inhibitorias. Baste recordar las tres concepciones del hombre que se han sucedido en la historia de la medicina: el espiritualismo, el naturalismo y la concepción del hombre como ser biopsicosocial. Las ideas acerca de la salud, la enfermedad y la terapia dependen críticamente de la concepción filosófica del hombre que se adopte. Si el hombre es un ente espiritual o puede albergar espíritus, la enfermedad es un espíritu maligno y la terapia consiste en espantar o exorcizar dicho espíritu. Si el hombre es un animal, la enfermedad es un desarreglo puramente físico o químico, y su terapia un tratamiento fisioterapéutico o quimioterapéutico. Y si el hombre es un animal que piensa y que vive en sociedad, entonces está expuesto a una mayor variedad de desarreglos y también puede beneficiarse de una mayor variedad de terapéuticas.

En resumen, la medicina siempre ha estado sometida a influencias filosóficas. (En cambio es dudoso que la filosofía haya sufrido un gran impacto por parte de la medicina.) Sin embargo, el reconocimiento explícito de que la medicina tiene una filosofía y propone tareas al filósofo, es reciente. La literatura iatrofilosófica, aunque crece con rapidez, es aún exigua. La primera colección especializada en este campo –*Philosophy and medicine*, dirigida por los doctores H. T. Engelhardt Jr. y S. F. Spicker– no comenzó a aparecer sino en 1975. Y la primera revista del ramo –*The Journal of Medicine and Philosophy*– empezó a publicarse recién en 1976.

Por ser una disciplina nueva y subdesarrollada, la iatrofilosofía ofrece una espléndida oportunidad al médico con vocación filosófica dispuesto a aprender algo de filosofía, así como al filósofo con un mínimo de conocimientos médicos. En efecto, hay una multitud de problemas iatrofilosóficos que es menester abordar con seriedad. Procedamos a hacer una breve lista de ellos.

2. PROBLEMAS IATROFILOSÓFICOS

El primer problema que confronta la iatrofilosofía es el de caracterizar la medicina misma. ¿Qué clase de saber es el saber médico y qué clase de praxis el ejercicio de la medicina? ¿Es la medicina una ciencia o una rama de la tecnología o, más bien, un híbrido de tecnología con superstición? Y la práctica médica ¿es predominantemente empírica, intuitiva o racional, o bien una combinación de las tres? Obviamente, una respuesta adecuada a estas preguntas requiere un estudio profundo de la literatura médica contemporánea así como una investigación empírica o de campo que permita averiguar cómo actúan de hecho los médicos: si como sabios o charlatanes, técnicos o comerciantes.

El problema de la caracterización de la medicina y de la práctica médica tiene tanto interés teórico como práctico, particularmente en vista de la confusión popular entre una y otra. En efecto, esta confusión es la base de las acusaciones de Ivan Illich, de que la medicina es más una religión y un comercio que una ciencia y un apostolado. La profesión médica ha optado por ignorar estas acusaciones en lugar de aprovechar la oportunidad para investigar el problema y hacer una autocrítica honesta, que reconozca los elementos de charlatanismo y de comercialismo y trate de averiguar los orígenes de éstos en la formación universitaria de los médicos y en la estructura de la sociedad.

Un segundo problema de la iatrofilosofía es el de distinguir sus propias ramas y señalar algunos problemas característicos y urgentes de cada una de ellas. En opinión del autor la iatrofilosofía, a semejanza de la filosofía de la ingeniería, tiene las ramas siguientes:

1. *Iatrológica* o estudio de los problemas lógicos de la medicina. *Ejemplos*. Estudio de las relaciones lógicas entre teorías médicas y entre éstas y teorías científicas (biológicas, psicológicas y sociológicas). Determinación del estatus lógico (como primitivo o como definido) de ciertos conceptos médicos en ciertas teorías médicas. Análisis de las pautas de inferencia más comunes en medicina. En particular, análisis de los razonamientos que desembocan en diagnósticos y en pronósticos. También: diagnosticar las falacias más comunes en medicina.

2. *Iatrosemántica* o estudio de los problemas semánticos de la medicina. *Ejemplos.* ¿A qué se refieren y qué representan los modelos teóricos en medicina? ¿En qué consiste la verdad de un diagnóstico o de un pronóstico médicos? En particular ¿pueden formularse diagnósticos y pronósticos totalmente verdaderos, o a lo sumo aproximadamente verdaderos?

3. *Iatrognoseología* o estudio de los problemas del conocimiento médico. *Ejemplos.* ¿En qué difiere el conocimiento médico del biológico? ¿Qué es un indicador médico? ¿De qué tipo son las hipótesis médicas y qué funciones desempeñan? ¿En qué difiere un diagnóstico de una descripción científica? ¿En qué difiere un pronóstico médico tanto de una predicción científica como de un pronóstico de ingeniería o en ciencia social aplicada? (Recuérdese lo que puede llamarse el *efecto hipocrático*: el enfermo mejora si se le da un pronóstico optimista, empeora en caso contrario.)

4. *Iatrometodología* o estudio de los problemas metodológicos de la investigación y de la práctica médicas. *Ejemplos.* ¿Cómo se elaboran y utilizan los indicadores médicos artificiales, tales como los datos del laboratorio de análisis clínicos? ¿Cómo se ponen a prueba las teorías médicas: al igual que las científicas? ¿Es verdad que el consultorio médico es un laboratorio experimental donde se ponen a prueba las teorías médicas?

5. *Iatro-ontología* o estudio de los conceptos o hipótesis ontológicos inherentes a las doctrinas y prácticas médicas. *Ejemplos.* ¿Qué es el ser, humano animal, mixto de bestia y ángel, o animal pensante y social? ¿Qué es la enfermedad: ente, estado o proceso? En particular, ¿qué es la enfermedad mental? ¿Es verdad que no hay enfermedades mentales sino tan sólo sociales? ¿Cuáles son los mecanismos más comunes del mantenimiento de la salud?

6. *Iatroaxiología* o estudio de los valores médicos. *Ejemplos.* ¿Es la salud física el bien supremo? ¿Es el ajuste al ambiente social siempre preferible al desajuste? ¿Cómo se relacionan fines y medios en la práctica médica? ¿Cómo está relacionada la medicina con la salud pública?

7. *Iatroética* o estudio de los problemas morales que suscitan la investigación y la práctica médicas. *Ejemplos.* ¿Debe imponerse una moratoria a las investigaciones en ingeniería genética (p. ej., DNA recombinante) o es aconsejable proseguirlas en microorganismos que no amenacen la salud humana? ¿Debe seguir intentándose salvar la vida a todo coste o es preciso tener en cuenta los factores psicológicos y económicos? ¿Es moralmente lícito el ejercicio privado de la medicina en áreas donde la enorme mayoría de la población carece de acceso a los servicios médicos?

8. *Iatropraxiología* o estudio de los problemas generales que plantea la práctica médica individual y el manejo de la salud pública. *Ejemplos.* ¿Cuá-

les son las características de la praxis médica que la distinguen de la del ingeniero, el administrador de empresas o el estadista? ¿Cuál es el *feedback* de la práctica a la investigación, en principio y en realidad? ¿Qué supuestos filosóficos tienen el médico y el paciente, que hacen posible su colaboración? ¿Qué lugar ocupa el médico en el sistema nacional de la salud?

Lo que antecede no es sino una breve lista de problemas a investigar. Si bien es cierto que varios de ellos ya han sido tratados por algunos autores, también es cierto que no han sido tratados con ayuda de las herramientas de que dispone la filosofía exacta. Éste es uno de los motivos del atraso de la iatrofilosofía. Pero no continuemos deplorando la situación actual sino que sigamos el viejo consejo chino: *Más vale encender una vela que deplorar la oscuridad.* Aportemos nuestro grano de arena a la iatrofilosofía, abordando uno de sus problemas centrales: el de dilucidar el concepto de enfermedad.

3. EL CONCEPTO DE ENFERMEDAD

La historia del concepto de enfermedad exhibe la influencia, a menudo nociva, que ha tenido y tiene la filosofía sobre la medicina (o, mejor dicho, los filósofos y sus libros sobre los médicos). Por ejemplo, se ha concebido la enfermedad como un ente que de alguna manera ingresa en el organismo, el cual lo acarrea (es *portador* de aquél) y lo puede descargar (*pasárselo* a) otros organismos. Esta concepción de la enfermedad recuerda a la doctrina platónica de las Ideas (formas, propiedades) como objetos ideales con existencia autónoma (en el Reino de las Ideas) y que pueden insertarse en las cosas materiales desde arriba. Cuando los médicos hablan de "la enfermedad" como de un ente hacen platonismo sin saberlo.

En cambio quienes sostienen que "No hay enfermedades sino enfermos", adoptan tácitamente una ontología nominalista, versión cruda del materialismo. Esta tesis iatrofilosófica lleva a negar que se pueda agrupar a todos los enfermos de un tipo (p. ej., los artríticos) en una clase natural o especie médica. (Podemos llamar *especie médica* a todo conjunto de organismos, pertenezcan o no a la misma especie biológica, afectados de una enfermedad dada.) Pero el tenerle miedo a las ideas generales equivale a tenerle miedo a la ciencia. Las ideas generales son indispensables siempre que no las reifiquemos. El predicado "es artrítico" no tiene existencia de por sí: solamente hay individuos artríticos, pero si los calificamos así es porque tienen algo patológico en común. Por consiguiente tiene sentido formular generalizaciones acerca de los artríticos y buscar terapias para todos los artríticos.

Lo que vale para los conceptos particulares o específicos de enfermedad –por ejemplo artritis, tuberculosis u obesidad– vale también para el concepto general de enfermedad a secas. (Sin embargo aquí hay que distinguir entre dos conceptos generales de enfermedad: a] un sujeto está enfermo si tiene una o más enfermedades particulares o específicas; b] un sujeto presenta el síndrome de la enfermedad generalizada descrito por Hans Selye.) Si no aceptáramos el concepto general de enfermedad no podríamos aceptar la definición de la medicina como el estudio y tratamiento de la enfermedad.

Pero una cosa es aceptar la necesidad del concepto de enfermedad y otra es definirlo. Si bien es cierto que el médico puede caracterizar con precisión y diagnosticar con certidumbre razonable la fractura de hueso y la obstrucción del canal biliar, la anemia y la tuberculosis, etc., la medicina no posee aún un *concepto* general, claro y adecuado de enfermedad. Tampoco dispone del concepto dual de salud. Si supiéramos con precisión cuáles son las condiciones necesarias y suficientes para que un organismo esté sano, la tarea de definir la enfermedad sería un ejercicio trivial de lógica. En efecto, estipularíamos que un organismo x está enfermo si y sólo si x no está sano. En resumen, pondríamos: *Enfermedad = no salud.* (Precaución: "no" no equivale a "anti". La enfermedad no es la antisalud, porque la salud no puede combatir, ya que es un estado, no una cosa.) Pero desgraciadamente no disponemos de un concepto general, claro y adecuado de salud.

Es posible que no se logre forjar conceptos generales, claros y adecuados de salud y de enfermedad mientras la medicina no se una más íntimamente a la biología y mientras los investigadores biomédicos no se decidan a dar un envión más vigoroso a la modelización matemática. Al menos esto es lo que sugiere la historia de la ciencia y de la tecnología: todas las ideas generales han permanecido en la penumbra mientras no se construyeron teorías generales y exactas que las contuviesen. Baste pensar en los conceptos de fuerza y de energía, de especie química y de elemento. Todos ellos fueron motivos de prolongadas controversias que terminaron solamente cuando se propusieron teorías generales adecuadas que los contenían. Por ejemplo, el concepto general de energía (a diferencia de los conceptos especiales de energía mecánica, eléctrica, etc.) se aclaró recién con la formación de las teorías dinámicas generales y de la termodinámica, y el concepto de elemento con la formación de teorías atómicas.

Puesto que el autor no es un investigador biomédico, no está en condiciones de proponer una teoría que elucide el concepto de enfermedad. Pero sí está en condiciones de ofrecer un andamiaje que puede ayudar a

construir teorías. Este andamiaje es el esquema sistémico que se expone a
continuación.

4. ENFOQUE SISTÉMICO DE LA ENFERMEDAD

Parece obvio que la enfermedad no es un ente o cosa sino un estado (mejor dicho un conjunto de estados) de un ente, a saber, un organismo de alguna especie. No hay tuberculosis en sí sino organismos tuberculosos, o en estado tuberculoso. Un paciente con una caverna pulmonar causada por bacilos de Koch está en un estado diferente del estado en que estaba antes de enfermar de tuberculosis o después de curarse. El nuevo estado (o conjunto de estados) está caracterizado por ciertos valores (anómalos) de ciertas propiedades, tales como el peso, la temperatura, la concentración de bacilos de Koch, etc. El tisiólogo sabe que estos valores son anormales, esto es, que caen fuera de ciertos intervalos tolerables. Este ejemplo nos indica la vía hacia un esquema general que nos permitirá aclarar el concepto general de enfermedad.

Sea un sistema concreto cualquiera a (átomo, sólido virus, bacteria, alga, ser humano, comunidad, o lo que fuere). Como todo otro sistema concreto o cosa compleja, a posee cierto número n de propiedades. Este número es por cierto elevado, tanto más cuanto más elevado es el nivel organizativo al que pertenece a. (Para el concepto de nivel, véase el capítulo 8.) Llamemos P_i a la i-ésima propiedad de a y supongamos que, para cada número comprendido entre 1 y n, es posible encontrar una función F_i que representa adecuadamente a la propiedad P_i. (En general habrá más de una función por propiedad.)

Por ejemplo, en el caso de un ser humano, F_i podrá ser la función cuyos valores miden la concentración de glucosa en sangre, o bien los valores de la intensidad de las ondas sonoras incidentes sobre el tímpano del sujeto. En el caso más sencillo, la función F_i será una función de dos argumentos: sistemas (por ejemplo sujetos humanos) y tiempo. Y tomará valores reales o m-tuplas de valores reales. O sea, en el caso de los organismos de la especie humana, se tendrá con frecuencia que

$$F_i: H \times T \to \mathbb{R}^m$$

donde H es la humanidad, T el conjunto de los instantes de tiempo, y $\mathbb{R}$ la recta real. Por lo tanto el valor de la i-ésima propiedad P_i para el individuo

a en el instante t será $F_i(a, t) = f_i$, que es un número real o una m-tupla de
números reales. Para un individuo diferente o un instante diferente F_i tendrá, en general, un valor f'_i diferente del anterior. (Dicho sea de paso, este
ejemplo muestra que es equivocada la difundida opinión de que la
matematización hace caso omiso de las particularidades individuales.)

Agrupemos ahora las n funciones (representativas de las n propiedades)
en una n-tupla ordenada

$$F = \langle F_1, F_2, ..., F_n \rangle$$

que puede imaginarse, sea como un vector en un espacio cartesiano n-di-
mensional, sea como una matriz columna de n elementos. El valor de f para
el individuo a en el instante t se llamará el *estado de a en t*. A medida que
transcurre el tiempo este estado cambia. Los cambios de estado pueden
representarse como sigue.

Las componentes del vector F en un instante determinado son las coordenadas del punto que representa el estado del sistema considerado en ese
instante. O sea, $s = F(a,t)$ es el punto representativo del estado de a en t.
Este punto representativo se mueve en el espacio de los estados de a, que
es el conjunto de los valores posibles de F para a, o sea, el conjunto de los
valores $F(a,t)$. En otras palabras, el *espacio de los estados* del sistema (p.
ej., paciente) a es el conjunto

$$S(a) = \{F(a,t) \mid t \in T\}$$

La punta de la flecha $F(a,t)$ se mueve entonces en el espacio abstracto $S(a)$,
y la curva que describe es la *historia* o *línea de vida* del sistema. En el caso
de un organismo su historia va, desde luego, desde su nacimiento hasta su
muerte.

El espacio $S(a)$ de los estados de un sistema a –es decir, el conjunto de
los estados posibles del sistema– está circunscrito por las *leyes* que limitan o vinculan entre sí a los componentes F_i de la función de estado F. En
otras palabras, el espacio de los estados legalmente posibles (o *estados
nomológicos*) de un sistema es un subconjunto propio de los estados
concebibles (los que podrían llenar un hiperparalelepípedo en el espacio
$\mathbb{R}^n$). Lo llamamos $S_L(a)$. Por ejemplo, en el caso de un ser humano, la
frecuencia cardíaca no va de cero a infinito sino que está acotada entre,
digamos, 30 y 200 pulsaciones por minuto. A su vez, esta variable está
relacionada (mediante una ley) con el diámetro de la aorta y la elasticidad
de su pared, la concentración de adrenalina en sangre, etcétera.

En resumen, para cada clase de sistemas concretos (p. ej., especie biológica) hay un espacio de estados compatibles con las leyes características de dichos sistemas. Y la historia de cada individuo se representa como una curva en dicho espacio. En particular la *historia clínica* de un individuo es un conjunto numerable de arcos de la curva representativa de la historia total del individuo. (Al médico no le interesa esta historia completa sino tan sólo ciertos fragmentos de ella.)

Ahora bien, en el caso de un organismo o biosistema no todos los estados son equivalentes: hay *estados sanos* o normales y *estados enfermos* o anómalos. Los primeros corresponden al funcionamiento óptimo del organismo, los segundos a su funcionamiento subóptimo. Para cada una de las n propiedades consideradas relevantes, los valores normales o sanos de la función F_i correspondiente están acotados severamente, esto es, están comprendidos en un intervalo pequeño relativamente al intervalo en que F_i toma sus valores. Caso imaginario: un organismo está vivo sólo si sus valores de F_i están comprendidos en el intervalo real $(0,1)$, pero está sano solamente si F_i varía dentro del subintervalo $(2/5, 3/5)$.

En definitiva, los estados sanos de un organismo a son los pertenecientes a un determinado paralelepípedo incluido en el espacio $S_L(a)$ de sus estados legales o nomológicamente posibles. En la figura 14.1 se muestra el

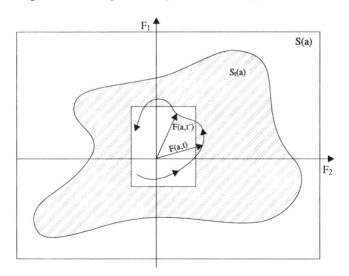

FIGURA 14.1. Los estados normales del organismo a están comprendidos dentro del rectángulo inscrito blanco, que es el producto (cartesiano) del conjunto de los valores normales de F_1 por el de los valores normales de F_2.

caso imaginario de un organismo caracterizado tan sólo por dos propiedades, representadas por las funciones F_1 y F_2. La zona rayada es el conjunto
de los estados enfermos (pero desde luego vivos) del organismo. El rectángulo inscrito es el conjunto de los estados sanos. La curva es la historia del
organismo. Esta curva está casi toda comprendida dentro de la zona sana
pero hace incursiones por la enferma. La última de estas incursiones es la
que termina en la muerte del organismo. En este punto final el espacio de
los estados del sistema se contrae rápidamente a medida que cesan sus funciones específicamente biológicas, tales como las cardiovasculares, hepáti-
cas y renales. El biosistema se convierte gradualmente en un quimiosistema
desprovisto de propiedades biológicas.

5. ESTRATEGIA DE MODELIZACIÓN

Lo que procede no es sino un andamiaje sistémico para aclarar el concepto de enfermedad. Es tarea del investigador biomédico, no del filósofo, el
construir el edificio, o sea, el modelo o conjunto de modelos representativos
del organismo sano o enfermo. (Decimos sano *o* enfermo, porque para cada
organismo hay un único espacio de los estados ya sanos, ya enfermos. En
esta perspectiva la diferencia entre la biología humana y la medicina no es
conceptual sino social: se trata de una división convencional del trabajo.)
   Más precisamente, el investigador biomédico que se proponga construir
modelos sistémicos específicos deberá determinar: *a*] cuáles son las variables relevantes o propiedades de interés, *b*] cuáles son las funciones que
representan adecuadamente dichas propiedades, *c*] cuáles son las leyes que
restringen dichas funciones (sus valores) así como las relaciones entre ellas,
y *d*] cuáles son los valores normales, sanos u óptimos de dichas funciones.
   Para llevar a buen término la construcción de tales modelos sistémicos
es aconsejable no comenzar por el organismo entero sino por algunos de
sus subsistemas, p. ej., el sistema cardiovascular, el digestivo o el nervioso,
o incluso por algunos subsistemas de estos subsistemas, tales como el corazón, el hígado o el sistema visual. En tales estudios habrá que poner especial atención a los mecanismos de control puesto que muchas
enfermedades son desarreglos de biocontroles. (Piénsese en la diabetes y
en la enfermedad de Parkinson.) En una segunda etapa se procederá a poner
al descubierto las conexiones entre dichos subsistemas de subsistemas (p.
ej., entre el hígado y la vesícula). En una tercera se intentará relacionar
entre sí a los subsistemas principales del organismo, por ejemplo el diges-

tivo y el nervioso, ya que estas conexiones son las que hacen que el todo pueda llamarse un sistema. En resumen, para construir modelos biomédicos conviene recordar que un organismo complejo, tal como un insecto o un ser humano, está compuesto de subsistemas organizados al modo de un árbol: véase la figura 14 2.

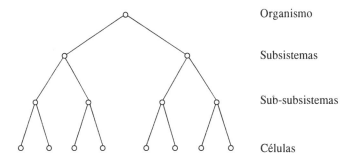

Organismo

Subsistemas

Sub-subsistemas

Células

FIGURA 14.2. Dendrograma de un organismo complejo. Algunas enfermedades son desarreglos locales (confinados a un subsistema). Otras afectan a varios subsistemas. Finalmente, otras consisten en desarreglos de la coordinación entre dos o más sistemas.

Y en todos los casos habrá que comenzar por las simplificaciones inevitables que caracterizan a los modelos teóricos en todas las ciencias fácticas: restricción del número de variables (funciones) y suposiciones inicialmente simplistas acerca de las relaciones invariantes (leyes) que las vinculan. Una vez construidos algunos modelos simples (pobres y alejados de la verdad) se podrá aspirar a complicarlos con el fin de mejorar su adecuación a la realidad. Una de las complicaciones necesarias es el ensamble de modelos parciales, representativos de sendos subsistemas de un organismo, para dar cuenta de las interacciones entre estos subsistemas. Pero antes de ensayar la construcción de modelos comprensivos conviene disponer de modelos parciales.

6. CONSIDERACIONES FINALES

La medicina plantea un cúmulo de problemas filosóficos cuya solución puede cambiar el rumbo de la investigación o de la enseñanza de la medicina. Por ejemplo, si la enfermedad se considera como un conjunto de estados (o de procesos) inscritos en la totalidad de los estados del organismo, se comprende cuán artificial es la separación entre la medicina y la biología. Y si se acepta que no hay investigación científica sin modelización, se comprende que la organización y financiación de las investigaciones médicas y de la enseñanza de la medicina requieren de una reestructuración a fondo que impulse decididamente la investigación teórica y descorazone en cambio la mera recolección de datos incomprendidos. En resumen, la iatrofilosofía no es mera espectadora de la actividad médica sino que puede desempeñar y de hecho desempeña un papel activo, aunque no siempre beneficioso. Siendo así habría que impulsar los estudios de iatrofilosofía, propiciando que se formen médicos con competencia filosófica y filósofos con competencia médica.

VIII. MORALEJAS

15. TRES POLÍTICAS DE DESARROLLO CIENTÍFICO

En muchos países en vías de desarrollo se discute actualmente el papel que debiera desempeñar la ciencia en el desarrollo nacional. Con este motivo se examinan los conceptos mismos de ciencia, de adelanto científico y de desarrollo nacional. En efecto, se formulan las preguntas clave: ¿qué es la ciencia y en qué se distingue de la tecnología?, ¿para qué queremos que se desarrolle la ciencia y a cuáles de sus ramas hemos de darles prioridad?, ¿cuál es la mejor manera de impulsar el desarrollo científico?, ¿de qué manera influye el desarrollo científico sobre el desarrollo nacional?, ¿qué clase de desarrollo queremos para el país?, y ¿por qué queremos que se desarrolle el país en la dirección indicada?

En este capítulo no investigaremos todas esas cuestiones. Nos limitaremos tan sólo a esbozar algunas características de la ciencia pertinentes al problema de su papel en el desarrollo nacional. En particular, insistiremos en el carácter *sistémico* de la ciencia, el cual desaconseja la adopción de políticas de prioridades que dificultan el desarrollo integral de la ciencia.

1. LA CIENCIA COMO SISTEMA SOCIAL O COMO SISTEMA CONCEPTUAL

El término 'ciencia' puede entenderse de dos maneras: concreta o abstracta. En el primer caso 'ciencia' denota la comunidad de investigadores científicos, en el segundo designa el conjunto de las ideas que resultan de la investigación. En su primera acepción el término denota primordialmente el proceso de la investigación científica, en la segunda designa los productos conceptuales de dicha actividad. Aquí nos interesan ambos conceptos. Y nos interesa destacar que en ambos casos se trata, no de un mero conjunto (de investigadores o de ideas, según el caso), sino de un sistema. Es decir, en ambos casos se trata de un conjunto de elementos relacionados entre sí, de manera que ninguno de ellos puede eliminarse o cambiarse sin que cambie el sistema total. Para justificar esta afirmación debemos comenzar por caracterizar la noción de sistema.

El concepto general de sistema es éste: Un sistema es un conjunto de objetos cualesquiera, cada uno de los cuales está relacionado con los demás componentes del sistema, sea directamente, sea por intermedio de otros elementos del sistema. Si los componentes de un sistema son conceptos, proposiciones o teorías, entonces sus relaciones mutuas son relaciones lógicas, y el sistema es un *sistema conceptual*. El paradigma de sistema conceptual es, desde luego, el sistema hipotético-deductivo organizado axiomáticamente. En cambio, si los componentes del sistema son materiales o concretos –p. ej., átomos, campos, organismos o personas– y si cada uno de los componentes del sistema actúa sobre los demás, sea directamente o por intermedio de otros componentes, el sistema es un *sistema concreto* o *material* (físico, químico, viviente, o social). Nótese la diferencia en el tipo de relación entre los componentes en uno y otro caso: tratándose de un sistema concreto no basta que sus componentes estén relacionados entre sí, ya que cualquier relación espaciotemporal bastaría en tal caso. Es preciso, para que un conjunto de cosas dé lugar a un sistema concreto, que cada componente modifique de alguna manera a otros componentes del sistema. Los sistemas concretos son cosas materiales que se comportan como totalidades en ciertos respectos. En cambio, los conjuntos son conceptos.

Consideremos un gremio científico cualquiera, sea nacional o internacional. Sea, por ejemplo, el gremio de los biólogos de un país. Si en el país hay más de un centro de investigaciones biológicas, o bien estos centros constituyen un sistema concreto, o bien constituyen un mero conjunto. Esto es, o bien cada uno de los biólogos del país está relacionado con sus colegas, sea por relaciones de trabajo o porque está informado de sus investigaciones, o bien algunos de los centros, o aun todos ellos, están aislados entre sí. En este último caso el gremio de los biólogos del país en cuestión no constituye un sistema, aunque cada centro de investigaciones biológicas sí constituye un sistema. Pero aun así, puesto que los biólogos del país leen a biólogos de otros países o son leídos por ellos, todos ellos forman parte del supersistema que es la biología internacional. Véase la figura 15.1.

La situación esquematizada en la figura *a* es común en los países subdesarrollados, en los que cada laboratorio tiene relaciones más estrechas con algún laboratorio extranjero que con los demás laboratorios del mismo país. En cambio, en los países desarrollados es más frecuente el caso representado en la figura *b*. Pero en ambos casos el gremio de los biólogos, a escala internacional, constituye un sistema en virtud de la red de informaciones, de la que cada biólogo es un nodo. Lo que vale para los biólogos también vale para los matemáticos, los físicos, los químicos, los sociólogos, etc. Podemos pues suponer el

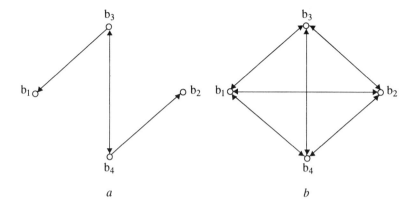

FIGURA 15.1. Sistemas compuestos por dos centros nacionales, b_1 y b_2, y dos centros de nivel internacional, b_3 y b_4. Caso a: los centros nacionales no están relacionados entre sí, pero están relacionados con centros que sí lo están. Caso b: todos los centros interactúan (integración máxima).

Postulado 1. Todo gremio científico es, en escala internacional, un sistema concreto (social) compuesto de los investigadores y sus auxiliares (técnicos, bibliotecarios, administradores, dactilógrafas, personal de maestranza, etcétera).

Podría argüirse que no podemos asegurar que este postulado sea verdadero en todos los casos: podría suceder que, en algún lugar remoto, existiese un centro de investigaciones científicas totalmente aislado de todos los demás. Concedido. Pero sería muy improbable que los investigadores de tal centro aislado estuvieran al día con su ciencia, ya que para estar al día es menester recibir la literatura científica mundial. Por este motivo podemos sostener el postulado anterior hasta tanto se descubra el hipotético centro científico aislado.

Ahora bien: para hacer investigaciones biológicas es menester contar con la colaboración de investigadores, técnicos e instructores pertenecientes a otros sistemas científicos: matemáticos, físicos, químicos, ingenieros, etc. En otras palabras, el sistema biológico internacional, lejos de estar aislado de los demás sistemas científicos nacionales, es un subsistema del sistema científico total, al menos en escala internacional. Lo mismo sucede, en mayor o menor medida, con los demás sistemas científicos. Incluso los matemáticos más abstractos forman parte del sistema o gremio matemático, el que incluye a los matemáticos aplicados (clientes y ocasionalmente también proveedores de los primeros), los que a su vez establecen puentes (tanto conceptuales como sociales) entre el sistema matemático y los demás sistemas científicos. Todo lo cual sugiere adoptar el

Postulado 2. Todo sistema científico es un subsistema del sistema científico internacional.

En otras palabras, la ciencia, concebida como algo concreto (compuesto de investigadores) es un sistema (social). Los subsistemas de este supersistema (la ciencia universal) son los sistemas científicos particulares, p. ej., la matemática estadunidense, la física mexicana, la biología venezolana, y la sociología argentina, por no citar sino ejemplos del continente americano.

Lo que ocurre con la ciencia concebida como algo concreto ocurre también con la ciencia concebida como un conjunto de ideas: en la ciencia moderna no hay compartimentos estancos. No sólo hay interdisciplinas, tales como la bioquímica y la psicología social, sino que ninguna disciplina puede cultivarse adecuadamente sin el concurso de otras. Incluso la taxonomía biológica emplea hoy día recursos de laboratorio impensables sin la ayuda de la física (p. ej., el microscopio electrónico), la química (p. ej., reactivos) y la tecnología (p. ej., la energía eléctrica). Por lo tanto podemos adoptar también el

Postulado 3. Toda ciencia, considerada como un conjunto de ideas (conceptos, proposiciones, teorías, reglas metódicas, etc.), es un sistema conceptual, y cada sistema conceptual científico es un subsistema del supersistema conceptual que es el conjunto de todas las ciencias.

2. EL DESARROLLO CIENTÍFICO ES MULTIDISCIPLINARIO Y MULTINACIONAL

Veamos qué consecuencias, para la planeación del desarrollo científico, tienen los postulados anteriores. Pero ante todo habrá que agregar una definición de desarrollo. Proponemos ésta:

Definición 1. El desarrollo de una ciencia particular consiste en el aumento del volumen y de la calidad de la producción científica de la comunidad que cultiva dicha ciencia.

Para que haya desarrollo científico en un área dada no basta, pues, que aumente el número de publicaciones en dicha área, lo que puede conseguirse con relativa facilidad impulsando las investigaciones de rutina e incrementando el número de investigadores mediocres. Es preciso también que haya aumento de calidad: que algunas de las publicaciones constituyan auténticos aportes originales al conocimiento científico. Se comprende que, concebido de esta manera, el desarrollo de una ciencia no puede ser una meta inalterable, pues, si lo fuera, habría que propiciar que todo el mundo se dedicara a ella. En lugar de propender a maximizar el desarrollo científico debiéramos aspirar a incrementar su calidad, lo que siempre es posible sin aumentar el personal científico. En otras palabras, debiéramos desear un desarrollo científico ininterrumpido hasta alcanzar un nivel de madurez. Y a partir de este nivel debiéramos desear un progreso científico que no involucre necesariamente un aumento del volumen de la producción científica. (Hasta se podría argüir que el volumen de la producción científica puede llegar a ser excesivo, en el sentido de que es prácticamente imposible comunicarlo, y que insume recursos humanos y materiales que podrían emplearse mejor, sea en mejorar la calidad, sea en otras áreas de la producción cultural) En resumen, Desarrollo = Progreso & Aumento de la producción. De modo que puede haber progreso sin desarrollo, pero no a la inversa.

De la definición 1, junto con los postulados 1 y 3, se sigue que el desarrollo de una ciencia particular cualquiera se hace a nivel internacional. Esto es, tal desarrollo requiere de la colaboración internacional, aun cuando esta colaboración no sea deliberada sino que consista en la mera circulación libre de informaciones científicas. Formulado negativamente: no es posible impulsar el desarrollo nacional de una ciencia sin insertarla en el sistema científico internacional. Más brevemente: no hay ciencia nacional, excepto en tanto que sistema concreto de investigadores científicos pertenecientes a una nación. Los científicos de una nación bloqueada o aislada voluntariamente podrán seguir trabajando durante un tiempo (inercia), pero terminarán por quedarse atrás y por producir resultados de importancia decreciente.

Para recordar que éstas no son sino consecuencias de hipótesis aceptadas previamente, así como de la definición de desarrollo, las reformulamos brevemente en la forma de

Teorema 1. El desarrollo de toda ciencia especial requiere de la colaboración internacional, aun cuando ésta se reduzca al libre flujo de información científica.

De la definición 1, junto con los postulados 2 y 3, se infiere que no hay ni puede haber desarrollos científicos unilaterales, es decir, de algunas

ciencias pero no de otras. Las ciencias de desarrollan todas a una o ninguna.
Se puede, sí, favorecer el desarrollo de tal o cual ciencia, pero sería un
error funesto el hacerlo a costa del estancamiento o el retroceso de otras
ciencias, porque toda ciencia particular es un subsistema de la ciencia a
secas. En otras palabras, llegamos al

Teorema 2. El desarrollo de toda ciencia requiere el desarrollo de las demás.
   A la par que el Teorema 1 señalaba el carácter multinacional del desarrollo científico, el Teorema 2 señala su carácter multidisciplinario o integral.
   Ahora bien: ese codesarrollo, o desarrollo integral, de las diversas ciencias no tiene por qué ocurrir en cada nación: basta, para la salud de la ciencia, que ocurra a nivel internacional. Por ejemplo, sería absurdo que una
nación que recién comienza a desarrollarse aspirase a poner en práctica un
plan de investigaciones experimentales en física de partículas, que reque-
riría la inversión de la totalidad de su producto bruto. Para el adelanto de
la ciencia basta que algunas naciones la hagan.
   Pero la salud de la ciencia no coincide con la salud de la nación: lo que
basta para el adelanto científico puede no bastar para el desarrollo nacional, ya que el primero es internacional y el segundo no. En efecto, el desarrollo de una nación no puede ser solamente económico: debe serlo
también cultural y político. Por grande que sea la producción per cápita de
un país, no se lo considera desarrollado si una gran parte de su población
vive miserablemente y no tiene acceso a la cultura ni al manejo de la cosa
pública. En otras palabras, el desarrollo nacional es, por definición, *integral*: económico-cultural-político. Si es sólo una minoría la que se desarro-
lla, no cabe hablar de desarrollo nacional sino de desarrollo de una élite.
   Puesto que la ciencia está en medio de la cultura contemporánea, no hay
desarrollo nacional sin desarrollo científico. No se trata solamente –como
suelen suponer los economistas– de que la ciencia básica es necesaria para
tener ciencia aplicada, la que a su vez hace falta para modernizar, en particular industrializar y urbanizar. La ciencia tiene tanto un valor instrumental como un valor intrínseco: queremos conocer no sólo para actuar sino
por conocer. De lo contrario no seríamos seres humanos, o al menos ci-
vilizados. En otras palabras, el desarrollo nacional involucra el desarrollo
de la cultura, el cual a su vez incluye el desarrollo de la ciencia tanto pura
como aplicada.
   Ahora bien: dijimos antes que el desarrollo científico es integral o
multidisciplinario por ser la ciencia sistémica tanto al nivel social como al

conceptual. Pero entonces ¿cómo podría una nación pobre desarrollarse científicamente en forma integral si sus recursos le alcanzarían a lo sumo para desarrollar las ciencias teóricas, que sólo consumen papel en blanco e impreso? Obviamente, no podría hacerlo cada una de por sí. ¿Se sigue que las naciones pobres –que son las más– están condenadas a permanecer en el atraso científico y por lo tanto culturalmente marginadas? En otras palabras, ¿es imposible que una nación pobre se desarrolle? No necesariamente, y veamos por qué.

La receta para lograr un desarrollo científico, y por lo tanto cumplir una de las condiciones para el desarrollo nacional, es simple; *modificación de las prioridades vigentes y cooperación regional*. Lo primero consiste en esto: todas las naciones tienen gobiernos excesivos, que coartan la responsabilidad local y despilfarran los recursos nacionales en inversiones improductivas, tales como fuerzas armadas, policiales y paramilitares, embajadas lujosas, celebraciones pomposas, etc. Bastaría reducir semejantes gastos para disponer de recursos para financiar la cultura superior.

La segunda medida se refiere a lo siguiente: si una nación no tiene recursos para establecer un laboratorio, puede asociarse con varias otras naciones de su región para establecerlo. Por ejemplo, podría crearse un centro centroamericano de biología, o un centro andino de economía, o un centro latinoamericano de fundamentos de la física. Los casos del CERN, de Dubna, de Trieste y de la FLACSO son ejemplares. Muestran que *la cooperación regional propende al desarrollo nacional* y con ello a la soberanía nacional, en tanto que el aislamiento propende al atraso y con ello, en definitiva, al coloniaje.

3. PLANEACIÓN Y PRIORIDADES

Cuando un organismo estatal se propone impulsar el desarrollo científico suele trazar planes para el mismo, ya que dispone de recursos limitados (aunque sean cuantiosos) y tiene ciertas metas (más comúnmente económicas que culturales o políticas). Esto es razonable. Pero hay diversos estilos de planeación del desarrollo científico, cada uno de los cuales responde a una determinada concepción de la naturaleza de la ciencia y de su lugar en la sociedad. Y estos diversos estilos no son todos razonables o adecuados a la realidad.

Distinguiremos tres políticas de planeación del desarrollo científico: el mecenazgo, su opuesto el dirigismo, y el estilo que llamaremos sistémico.

El *mecenazgo* consiste en asignar recursos para la investigación a quienes los soliciten, o al menos a quienes demuestren competencia o, en su defecto, buenas conexiones políticas. Es el estilo más común en las naciones desarrolladas de Europa Occidental y América del Norte. La concepción subyacente a esta política científica es la de la ciencia como reina de la cultura, no como sirvienta de la sociedad ni como compañera de las demás ramas de la cultura. La reina puede darse el lujo de vivir en una torre de marfil si así lo desea, y es menester atender a sus menores deseos.

En el polo opuesto encontramos, desde luego, al *dirigismo*, o la política consistente en planear el desarrollo de acuerdo con criterios precisos (p. ej., el de la utilidad práctica, o bien el de la conformidad con la ideología dominante). Como su nombre lo indica, el dirigismo es planeación desde arriba, sin participación de los interesados, que son los investigadores mismos y los eventuales usuarios de los resultados de sus investigaciones. Esta política científica se funda sobre la concepción de la ciencia como sirvienta de la sociedad o de algún grupo social (la élite de poder económico o político).

Finalmente, entre el mecenazgo y el dirigismo encontramos al *sistemismo*, o política de planeación liberal trazada con la participación de los investigadores científicos y teniendo en cuenta tanto la necesidad de desarrollar todas las ciencias, como las necesidades de la tecnología y la posición central de la ciencia en la cultura contemporánea. Esta política científica se funda sobre la concepción de la ciencia como uno de los subsistemas del sistema cultural, que a su vez no es sino uno de los tres subsistemas principales de toda sociedad. (Los demás son la economía y la cultura.) Según esta concepción, la ciencia no es reina ni sirvienta: es compañera de las demás ramas de la cultura viviente, a saber, la tecnología, las humanidades y el arte. Por consiguiente, a menos que la ciencia se contente con vegetar por falta de apoyo de parte de la sociedad (tanto en términos de recursos materiales como humanos), no puede sustraerse a sus deberes sociales. Pero estos deberes no son todos extrínsecos ni se limitan a auxiliar a la tecnología: el primero de todos los deberes de la ciencia, en cuanto comunidad de investigadores, es enriquecer el conocimiento científico, y sólo si cumple este deber podrá cumplir sus obligaciones restantes.

Para facilitar la discusión desglosemos las notas características de la política científica sistémica. Ellas son:

1] *Integralidad*. El desarrollo científico debiera abarcar todas las ciencias: formales y fácticas, naturales y sociales, puras y aplicadas, tradicionales y nuevas. Es menester estimular lo bueno que ya hay –en cualquier capítulo del saber– y ayudar a crear lo que hace falta.

2] *Modernidad*. No toda investigación científica contribuye al progreso del conocimiento. Hay líneas de investigación ya obsoletas, tales como la taxonomía biológica preteórica (o sistemática alfa) y la sociología puramente descriptiva, que no es necesario alentar sino, más bien el contrario, descorazonar. En cambio hay otras, tales como la biomatemática, la sociomatemática y la psicomatemática, que habría que alentar porque a menudo se las descuida pese a que son indispensables para la maduración de las respectivas ciencias.

3] *Moderación*. Toda investigación científica se planea, pero en toda investigación valiosa es menester hacer cambios sobre la marcha. La planeación excesiva conduce a la rigidez: coarta la libertad creadora. La planeación debe respetar el talento y su derecho a cambiar de rumbo cuando lo juzgue conveniente. La planeación debe facilitar la investigación, no dificultarla.

4] *Agilidad*. La administración de los recursos materiales y humanos debe ser liviana y ágil. Una administración pesada, de estilo hispanoamericano, es descorazonadora y causa frecuente de emigración de científicos a lugares donde la administración está al servicio de los investigadores y no al revés.

5] *Realismo*. Todo plan de desarrollo debe contar sólo con los recursos humanos y materiales existentes o que puedan preverse de manera razonable. De lo contrario se forjarán investigadores por decreto y, en lugar de desarrollo científico, habrá simulación o, en el mejor de los casos, desilusión.

6] *Participación*. Ningún científico creador funciona bien cuando se pretende forzarle a trabajar en una investigación en cuya planeación no ha participado. Es pues indispensable, si se pretende alcanzar elevados rendimientos, dar amplia participación en la planeación a los científicos. No se trata simplemente de evitar lastimar sus egos, sino de formular planes con la competencia que sólo tienen los expertos en investigación, o sea, los investigadores mismos. Esto no implica que la planeación del desarrollo científico deba venir de abajo: si viniera se correría el riesgo de que fuese irrealista, o que no tuviese en cuenta las necesidades de los demás sectores de la cultura. Una planeación del desarrollo científico que sea realista y útil al desarrollo integral de la nación debe contar también con la cooperación y aprobación de los funcionarios estatales encargados de velar por todos los aspectos del desarrollo nacional. En resumen, la planeación no debe ser de arriba ni de abajo: debe resultar de una franca discusión y colaboración de todos los responsables.

4. CONCLUSIÓN

La ciencia es un sistema, tanto en el nivel conceptual como en el nivel social. Por lo tanto no es posible desarrollar uno cualquiera de sus componentes si no se desarrollan los demás. En otras palabras, el desarrollo científico debe ser multidisciplinario.

Hay dos maneras de impedir el desarrollo integral de la ciencia. Una es la política del *laissez faire* científico, que deja librada toda iniciativa a los investigadores individuales, sin importarle los claros que queden en el mapa de la ciencia. La otra es la política dirigista cara al desarrollismo económico, que lo subordina todo a la industrialización. La primera política, que ha dado excelentes resultados en los países desarrollados, ha conducido, en los subdesarrollados, al crecimiento desigual de la ciencia: al desarrollo de unas pocas ramas a expensas de las demás, en las que, en el mejor de los casos, se ha importado conocimiento. La segunda política también ha conducido al desarrollo desigual de la ciencia: a la hipertrofia de las aplicables a expensas de las puras, de las naturales a costa de las sociales. Y, debido al culto del desarrollo por cualquier medio, ha conducido también a la importación de expertos sin desarrollar la fuerza de trabajo intelectual del país. Tanto el dirigismo de inspiración economicista como el mecenazgo elitista han sido, pues, desfavorables al desarrollo científico.

Es aconsejable entonces adoptar una política de desarrollo científico que no sea mecenista ni dirigista: que conserve la libertad creadora que permite la primera, así como el estímulo y la corrección de los desarrollos unilaterales que provee la segunda. Hemos llamado sistemista a esta tercera política de desarrollo científico. Esta alternativa reconoce:

a] Que la investigación científica, a diferencia de la tecnológica, tiene objetivos primariamente cognoscitivos.

b] Que la obtención de estos objetivos es un bien en sí que no necesita justificación.

c] Que los investigadores científicos son motivados primariamente por la curiosidad, sólo secundariamente por el afán de lucro, o de gloria, o de servicio social.

d] Que la ciencia moderna es integral; por lo cual también el desarrollo científico debe ser integral: formal y fáctico, natural y social, básico y aplicado.

e] Que la comunidad científica, lejos de vivir en una torre de marfil, o en las dependencias de servicio de la mansión del capitán de industria, constituye un subsistema del sistema cultural internacional.

f] Que no hay ciencia nacional si no es como parte de la ciencia internacional: que el libre flujo de la información científica es esencial para el progreso científico.

g] Que no hay investigación científica sin libertad.

h] Que la libertad no alimenta: que es menester impulsar la investigación científica dotándola de los recursos humanos y materiales necesarios para que se desarrolle en forma integral.

i] Que la planeación del desarrollo científico, indispensable en los países en desarrollo, debe ser integral y favorecer la modernidad; debe ser moderada y ágil; y debe ser realista y diseñada con la participación tanto de investigadores como de administradores.

16. CARTA A UNA APRENDIZA DE EPISTEMÓLOGA

Posible futura colega:

Me cuenta usted que está por ingresar en la universidad y le interesa la filosofía de la ciencia. Y me pregunta qué debiera hacer para convertirse en una buena epistemóloga.

Después de haber pensado durante sesenta años en este problema, he elaborado la siguiente receta para formar epistemólogos:

1. *Cerciórese de que es capaz de realizar trabajo intelectual productivo, y ello de la única manera posible: intentándolo.* Aborde problemas intelectuales difíciles aunque no imposibles para su nivel actual, y haga esfuerzos sostenidos por resolverlos. Examine los resultados de su esfuerzo y asegúrese de que esta clase de trabajo le gusta más que cualquier otra. Además, pida que le critiquen y comenten sus ensayos. Pero no se descorazone si la crítica es adversa: todo comienzo es inseguro.

2. *Asista a buenas escuelas y rodéese de gentes inteligentes y productivas, con intereses amplios, así como de profesiones y edades diversas.* (Una mala escuela puede enseñar malos hábitos intelectuales, coartar vocaciones auténticas o dar una seguridad injustificada. Y amigos superficiales o improductivos pueden lograr los mismos malos efectos.) Y rodéese de buenos libros y buenas revistas. Sea omnívora pero no trague todo lo que está a su alcance: seleccione.

3. *Estudie a fondo una ciencia o tecnología.* Escoja una ciencia o tecnología que haya alcanzado madurez teórica o esté en vías de alcanzarla. Esto la pondrá en contacto con problemas filosóficos interesantes y difíciles, y la obligará a estudiar matemática, el lenguaje de toda ciencia madura. Pero, a menos que crea sentir una vocación irresistible por la física o la química, no escoja ninguna de éstas, porque hoy día se necesita una decena de años de arduos estudios universitarios para llegar a la frontera de la física o la química. Escoja más bien una ciencia en desarrollo, de frontera más cercana, tal como la biología molecular, la biología matemática, la bioingeniería, la psicobiología, la sociología matemática, la investigación operativa o la administración científica de empresas. Si lo hace podrá usted llegar con relativa rapidez a la frontera y podrá abordar problemas científicos y epistemológicos tan apasionantes como descuidados.

4. *No se contente con leer y asistir a algunos cursos: siga estudios formales intensivos*, sométase a exámenes y, en general, cumpla los requisitos para obtener el grado de licenciado en una ciencia pura o aplicada. Ni se contente con esto: emprenda cuanto antes investigaciones científicas, primero con ayuda, luego por sí misma. De lo contrario se verá forzada a consumir, y más tarde a vender, productos acerca de cuya manufactura no tendrá la más pálida idea. Así como para escribir buenos poemas de amor es menester amar, para filosofar bien sobre la investigación científica es preciso haberla hecho. Los filósofos que jamás la han hecho suelen trazar caricaturas de ella, al modo de los cartógrafos medievales, que jamás se habían movido de su región natal, dibujaban mapas imaginarios de comarcas lejanas. Todo esto implica que no le bastará una licenciatura en ciencias: apunte a una maestría y, luego, a un doctorado. Ni siquiera éste le bastará: convendrá que siga toda la vida activa en ciencias, aunque sólo sea enseñándolas, para no perder de vista el objeto mismo de su filosofía. El epistemólogo no debiera ser un científico fracasado ni un filósofo descarriado, sino un filósofo que ha tenido éxito en la ciencia pero se ha sentido más atraído por los problemas filosóficos que ésta suscita que por los problemas científicos particulares.

5. *Especialícese en una ciencia o tecnología determinada sin descuidar las demás disciplinas científicas*: manténgase al tanto, aunque sea a distancia, de lo que acontece en todas las ciencias si quiere hacer filosofía de la ciencia en general y no tan sólo de su especialidad. Para esto visite laboratorios, asista a coloquios y lea literatura de alta divulgación. Recuerde que la ciencia es un gran sistema formado por subsistemas que se nutren y controlan mutuamente. Y recuerde que las divisiones del trabajo intelectual son ignoradas por el mundo exterior.

6. *Estudie filosofía por su cuenta al mismo tiempo que estudia ciencia o tecnología*, y ello aun a riesgo de que sus estudios científicos marchen con alguna lentitud. Para esto tendrá que programar cuidadosamente su estudio independiente de la filosofía. (Si se dedica por entero a la ciencia, dejando la filosofía para más adelante, podrá perder su interés actual por la segunda. Y si se dedica desde el comienzo y exclusivamente a la filosofía, acaso llegue demasiado tarde a la ciencia. Al que logra lo más difícil poco le cuesta lo menos.)

7. *Introdúzcase a la filosofía por vía histórica o por la puerta de la lógica*, según su disposición actual, pero no descuide ninguno de los dos polos. Siga los pasos de los buenos filósofos antiguos, medievales, modernos y contemporáneos. Lea algunas de sus obras. (Lea los clásicos en buenas traducciones. No pierda el tiempo aprendiendo lenguas clásicas,

ya que lo necesita para aprender el lenguaje universal de las ciencias, o sea, la matemática.) Dedique un par de años a los estudios históricos, pero trate de conservar toda la vida el trato amistoso con los gigantes del pasado. Y dedique otro tanto al estudio de la lógica matemática y de sus aplicaciones al análisis de las ideas científicas y filosóficas. Este estudio de la lógica no le inspirará acaso ideas originales pero le ahorrará más de una falacia, le acostumbrará a la claridad y el rigor, y le ayudará a ordenar sus pensamientos. Una vez munida de las herramientas históricas y lógicas mencionadas, destine un año a estudiar filosofía general de la ciencia así como la filosofía de la ciencia de su especialidad. (En realidad, puesto que el asunto le interesa ya ahora, usted habrá estado haciendo de contrabando lecturas epistemológicas durante todo el periodo anterior. Tanto mejor. No hay como una pizca de desorden añadida a una vida por demás ordenada para realzar su interés.) Finalmente, dedique el último año a la semántica, la ontología y la ética de la ciencia. Si completa usted este programa estará en condiciones de pasar al nivel siguiente, que es el de la investigación original.

8. *No se limite a estudiar libros: consulte revistas y escriba*, escriba incansablemente, desde meras fichas de datos hasta ensayos de diversa longitud. Y no guarde estos ensayos como si fuesen cartas de amor: enséñeselos a sus compañeros, amigos y profesores. Discútalos en grupo. Forme un pequeño Círculo Epistemológico compuesto por gentes de formaciones dispares pero unidas por el interés por la epistemología. De esta manera podrá intercambiar informaciones y críticas, así como recibir y dar consejos y estímulos. Ya pasó la época del filósofo solitario que no salía de su aislamiento sino para montar a una cátedra desde la que pronunciaba frases oraculares sin intentar jamás interactuar con sus colegas y alumnos. El filósofo moderno se comporta al modo del científico: no sólo estudia y escribe por su cuenta, sino que también discute activamente con alumnos y colegas de las más diversas disciplinas. La búsqueda de la verdad, sea filosófica o científica, es una empresa social, no una aventura solitaria.

9. *Busque y ejerza la crítica pero no se deje aplastar por ella ni la ejerza por mero placer.* Ejérzala con moderación y con ánimo de contribuir al avance de los conocimientos más que para sobresalir o para vengarse. Recuerde que la crítica destruye el error pero también puede matar la verdad. Recuerde que la mayoría de las personas ven con desconfianza las ideas nuevas. Y recuerde que, sea o no justificada, la crítica no sustituye a la creación.

10. *Comience por abordar problemas modestos pero apunte a problemas ambiciosos.* La modestia inicial es necesaria por la escasez de cono-

cimientos, pero no es cosa de pasarse la vida en el jardín de infantes. No es lo mismo modestia que impotencia. Comience por averiguar qué piensa el gran filósofo *X* sobre el problema *Y*, pero trate de pensar con su propia cabeza sobre *Y*. Y más adelante busque nuevos problemas. Comience por abordar un asunto bien circunscrito, acaso ajeno, con el objetivo final de ir ampliándolo o de abordar eventualmente problemas inéditos Sin embargo, no se proponga alcanzar la originalidad por sí misma: es demasiado fácil. En efecto, para ser novedoso en filosofía basta (aunque no es necesario ni honesto) decir disparates en lenguaje oscuro y poniendo cara seria. (Los argentinos llamamos *macanear* a esta actividad siempre de moda en los países latinos. Los franceses podrían llamarla *charlacaniste*.) La finalidad de la investigación filosófica, al igual que la de la científica, es la verdad general y profunda formulada de manera clara y exacta en el caso particular de la epistemología, una idea es verdadera en este campo si y solamente si corresponde fielmente a la realidad de la ciencia. Las ideas de este tipo no abundan porque, para concebirlas, es preciso someterse a un largo aprendizaje, que no todos están dispuestos a hacer.

Si usted, posible futura colega, logra recorrer el largo camino que le recomiendo, se convertirá gradualmente en una auténtica epistemóloga. Pero si no busca la autenticidad, sino tan sólo hacerse pasar por epistemóloga para ganarse la vida, ya sabe lo que *no* tiene que hacer. Como ve, la decisión que usted está a punto de tomar es de orden moral, como lo es toda decisión que pueda afectar al prójimo. En este punto no sirven consejos. Sin embargo, no resisto el impulso de dárselo: Escoja el camino largo, no sólo porque es el único que lleva a donde usted quiere llegar, y no sólo porque es el único honesto, sino también porque es el único interesante.

ORGANIZACIÓN DE LA ENSEÑANZA DE LA EPISTEMOLOGÍA EN AMÉRICA LATINA*

1. INTRODUCCIÓN

Hay en Latinoamérica una sed intensa y creciente de conocimiento, en particular de conocimiento científico y técnico. Junto con éste crece la curiosidad por ese conocer, esto es, por ahondar en la ciencia de la ciencia, tanto formal como fáctica, pura como aplicada. Se discute sobre ciencia de la ciencia en universidades y politécnicos, escuelas preparatorias y organismos estatales. Estas discusiones se presentan, en particular, en consideraciones sobre las políticas de desarrollo de nuestras naciones.

La epistemología, o filosofía de la ciencia, ocupa un lugar de privilegio en dichas discusiones por ser, de todas las ciencias de la ciencia, aquella que investiga la naturaleza misma del conocimiento científico y tecnológico. Las demás ciencias de la ciencia –la psicología, sociología, política e historia de la ciencia– se ocupan en cambio de las circunstancias personales, socioeconómicas o históricas de la investigación científica o tecnológica. Si bien todas las ciencias de la ciencia son interdependientes y todas hacen falta para comprender cabalmente la naturaleza de la investigación científica, sus resultados y sus aplicaciones, la epistemología es la que se ocupa de las cuestiones teóricas básicas concernientes a la ciencia y a la tecnología. La epistemología, en suma, es el eje de la ciencia de la ciencia.

Siendo así, es menester que el filósofo ponga mayor atención al quehacer científico y tecnológico y que se esmere por colaborar con los científicos, tecnólogos y administradores del desarrollo científico y tecnológico en el tratamiento de los problemas metodológicos, lógicos, semánticos, ontológicos, éticos y de otro tipo que surgen inevitablemente en el curso de las investigaciones científicas o tecnológicas, así como en las aplicaciones de sus resultados y en la planeación de su desarrollo. Si lo hace, el filósofo podrá contribuir al desarrollo vigoroso y armonioso de la ciencia y

---

* Ponencia presentada al IX Congreso Interamericano de Filosofía, Caracas, del 20 al 24 de junio de 1977.

de la tecnología de su país. Más aún, podrá contribuir a recuperar la unidad de la cultura, perdida hace sólo dos siglos.

Hay tres maneras de lograr la intensificación de los estudios epistemológicos. Una es promover la colaboración personal de científicos y filósofos en la discusión de problemas de interés común a ambos, tales como los siguientes: ¿es cierto que la física contemporánea ha demolido el objetivismo y el determinismo?, ¿es verdad que la química no es sino un capítulo de la física?, ¿es cierto que la biología no puede prescindir de la teleología?, ¿es verdad que la neurociencia no puede decidirse por el dualismo o el monismo psiconeurales?, y ¿es cierto que las ciencias sociales son globalistas? Esta colaboración personal entre filósofos y científicos puede hacerse de diversas maneras, y podría institucionalizarse haciendo que cada instituto de investigación y cada escuela científica o profesional cuenten con su epistemólogo capaz de entender al menos en parte lo que hacen sus colegas y capaz de ayudarles a advertir, plantear y resolver algunos de los problemas epistemológicos que se les presenta. Ésta sería una manera eficaz de consolidar los puentes entre las diversas islas académicas.

Una segunda manera de favorecer el crecimiento de la epistemología es organizar una sociedad de epistemología, que con su actividad regular (conferencias, seminarios, mesas redondas, congresos, etc.) facilite los contactos interpersonales y con ello la discusión de problemas epistemológicos.

Otra manera de intensificar los estudios epistemológicos es organizar la profesionalización de la epistemología. Para esto convendrá instituir programas universitarios de epistemología, inicialmente al nivel de maestría y más adelante de doctorado. Se dirá que es imposible hacerlo mientras no se cuente con un número suficiente de epistemólogos. Respondo: es difícil pero no imposible, a condición de que se ponga cuidado en distinguir el aprendiz honesto y dispuesto a especializarse, del charlatán que ofrece una mercancía que no posee. Si se procede con cautela y dedicación se puede lograr, a la vuelta de un decenio, la formación de un plantel de epistemólogos profesionales capaces de satisfacer la demanda creciente de docentes y autores.

El propósito de este trabajo es bosquejar un *plan de maestría en epistemología* que puede llevarse a cabo con recursos relativamente modestos en cualquier universidad donde funcionen en un buen nivel maestrías en ciencias puras y aplicadas.

2. PERSONAL DOCENTE

Los profesores de la Maestría en Epistemología (en adelante ME) deberán haber realizado trabajos en la materia que enseñen. Podrán ser designados en forma permanente sólo aquellos que hayan publicado trabajos de investigación, de preferencia en revistas de nivel internacional. Los demás docentes serán encargados de curso o profesores visitantes.

No se impartirán sino los cursos para los cuales se haya encontrado docentes competentes. En caso de no haberlos para determinadas asignaturas, el alumno podrá completar su plan de estudios llevando asignaturas científicas o tecnológicas en el nivel de maestría. Por ejemplo, en caso de fuerza mayor un físico podrá llevar Mecánica cuántica avanzada; un biólogo, Biomatemática; un ingeniero, Investigación operativa; un médico, Neurofisiología.

Tanto para ahorrar en personal docente como para promover las interacciones con otras dependencias universitarias, se procurará que los alumnos de la ME tomen algunos cursos en otras facultades o universidades. Por ejemplo, las ciencias formales podrán aprenderse en la Facultad de Ciencias, y la filosofía de la ingeniería en la Facultad de Ingeniería.

3. ALUMNOS

Es obvio que no se puede filosofar responsablemente sobre una disciplina cualquiera si no se tienen conocimientos adecuados de ella. Por ejemplo, es condición necesaria (aunque no suficiente) saber algo de matemática para hacer filosofía de la matemática, y algo de biología para hacer filosofía de la biología. Por este motivo el ingreso en la ME debiera requerir una licenciatura en alguna ciencia, formal o fáctica, pura o aplicada: en matemática o en física; en astronomía o en geología; en química o en bioquímica; en biología o en psicología; en sociología o en economía; en ingeniería o en medicina, o en cualquier otra rama de la ciencia o de la tecnología. Aunque parezca paradójico, solamente los egresados de las carreras de filosofía, de letras, de historia y de derecho debieran quedar excluidos.

Cada alumno deberá ser asesorado, en la elección de sus materias, por uno de los profesores de la ME o por un comité *ad hoc* elegidos teniendo en cuenta las afinidades disciplinarias. El alumno podrá indicar sus preferencias y solicitar el relevo de su asesor.

4. PLAN DE ESTUDIOS

La duración de la ME será de dos años calendario divididos en seis cuatrimestres lectivos.

Durante cada uno de los cuatro primeros cuatrimestres el alumno deberá llevar tres asignaturas. Durante los dos últimos cuatrimestres llevará una sola, a saber, un seminario de tesis por cuatrimestre.

Habrá pues un total de 14 asignaturas. La mitad serán obligatorias para todos los alumnos de la ME. Las restantes, es decir, las optativas, serán elegidas por el alumno con el consentimiento de su asesor, quien deberá cerciorarse de que aquél posee la preparación necesaria para llevarlas con éxito. Por ejemplo, un licenciado en economía podrá tomar Filosofía de las ciencias sociales pero no Filosofía de la física.

5. ASIGNATURAS

Las asignaturas comunes a todos los alumnos de la ME serán:

ME 1 Lógica matemática (cálculos proposicional y de predicados).
ME 2 Matemática abstracta I (conjuntos, relaciones, funciones).
ME 3 Historia de la filosofía I (Antigüedad y Edad Media).
ME 4 Historia de la filosofía II (Renacimiento a la fecha).
ME 5 Historia de la ciencia moderna (siglo XVII a la fecha).
ME 6 Epistemología I (problema, hipótesis, ley, teoría).
ME 7 Epistemología II (explicación, predicción, comprobación empírica, inferencia).
ME 8 Seminario de tesis I.
ME 9 Seminario de tesis II.

El alumno deberá elegir, con el consentimiento de su asesor, cinco asignaturas adicionales entre las siguientes:

ME 10 Matemática abstracta II (semigrupos, grupos, reticulados, álgebras de Boole, espacios topológicos, espacios métricos, sistemas axiomáticos).
ME 11 Lógica avanzada (sistemas axiomáticos en lógica, metamatemática).
ME 12 Lógica avanzada III (teoría de modelos).
ME 13 Filosofía de la lógica y de la matemática.
ME 14 Filosofía de las ciencias físicas.

ME 15 Filosofía de las ciencias biológicas.
ME 16 Filosofía de la psicología.
ME 17 Filosofía de las ciencias sociales.
ME 18 Filosofía de la ingeniería.
ME 19 Filosofía de la medicina (en particular bioética).
ME 20 Semántica de la ciencia (significado y verdad en ciencias).
ME 21 Ontología de la ciencia (cosa, propiedad, ley, cambio, espacio, tiempo, vida, psique, sociedad, historia, etcétera).
ME 22 Axiología y ética de la ciencia y de la técnica.
ME 23 Sociopolítica de la ciencia y de la técnica.
ME 24 Historia de la epistemología.

6. RESUMEN

a] La epistemología está interesando cada vez más en nuestros países, donde puede desempeñar un papel capital en la orientación del desarrollo cultural.

b] No hay aún suficientes epistemólogos para satisfacer la creciente demanda de servicios de los mismos en la docencia, la investigación y la publicidad. Esta carencia ha facilitado la actuación de charlatanes, con el consiguiente desprestigio de la filosofía entre científicos y tecnólogos, y el extravío de estudiantes.

c] Es hora de organizar la formación de epistemólogos profesionales en América Latina. Para facilitarla convendrá instituir maestrías en epistemología.

d] Debiera ser condición necesaria, para enseñar epistemología a nivel universitario, el haber hecho investigaciones en la materia. Y para aprenderla, el haber estudiado alguna ciencia, sea formal o fáctica, natural o social, pura o aplicada, en el nivel de licenciatura.

e] Las asignaturas de una maestría en epistemología debieran agruparse en dos clases: generales y especiales. Las primeras, comunes a todos los alumnos, debieran ser: lógica matemática, nociones de matemática abstracta, historia de la filosofía, historia de la ciencia, epistemología general, y seminario de tesis. Las asignaturas especiales, de las cuales el alumno debiera poder elegir las más afines a su preparación científica, serían todas las filosofías de las ciencias y técnicas especiales (p. ej., filosofía de la física, filosofía de la economía y filosofía de la medicina), así como las ramas no gnoseológicas de la epistemología, tales como la ontología y la ética de la ciencia y de la técnica.

BIBLIOGRAFÍA

CAPÍTULO 1

Ayer, A. J. (comp.) (1959), *Logical positivism*, Glencoe, III, The Free Press.
Bunge, Mario (1969), *La investigación científica*, trad. de M. Sacristán, Barcelona, Ariel.
——— (1973), *Method, model and matter*, Dordrecht, D. Reidel Publ. Co.
Feigl, Herbert (1943), "Logical empiricism", en Dagobert D. Runes (comp.), *Twentieth century philosophy*, Nueva York, Philosophical Library.
Kraft, Victor (1953), *The Vienna Circle*, Nueva York, Philosophical Library.
Popper, Karl R. (1962), *La lógica de la investigación científica*, Madrid, Tecnos.

CAPÍTULO 2

Boudon, Raymond (1967), *L'analyse mathématique des faits sociaux*, París, Librairie Plon.
Bunge, Mario (1977), *The furniture of the world*, Boston, D. Reidel Publ. Co.
——— (1979), *A world of systems*, Boston, D. Reidel Publ. Co.
Kuhn, Thomas S. (1970), *The structure of scientific revolutions*, 2a. ed., Chicago, The University of Chicago Press.

CAPÍTULO 3

Bunge, Mario (1976), "El ser no tiene sentido y el sentido no tiene ser: notas para una conceptología", en *Teorema*, VI, pp. 201-212.
——— (1977), *The furniture of the world*, Dordrecht-Boston, D. Reidel Publ. Co.
Huntington, E.V. (1913), "A set of postulates for abstract geometry, expressed in terms of the simple relation of inclusion", en *Mathematische Annalen*, núm. 73, pp. 522-559.
Vaihinger, Hans (1920), *Die philosophie des als ob*, 4ª ed., Leipzig, Meiner.
Wang, Hao (1974), *From mathematics to philosophy*, Londres, Routledge & Kegan Paul.

CAPÍTULO 4

Bolzano, Bernhard (1837), *Wissenschaftslehre*, 4 vols., reimpreso en Aalen, Scientia Verlag, 1970.
Bunge, Mario (1974a), *Sense and reference*, Dordrecht-Boston, D. Reidel Publ. Co.
——— (1974b), *Interpretation and truth*, Dordrecht-Boston, D. Reidel Publ. Co.
——— (1975), "¿Hay proposiciones?", en *Aspectos de la filosofía de W. V. Quine*, Valencia, Teorema.
——— (1980), *Materialismo y ciencia*, Barcelona, Ariel.
Popper, Karl R. (1972), *Objective knowleage*, Oxford, Clarendon Press.
Putnam, Hilary (1971), *Philosophy of logic*, Nueva York, Harper & Row.
Quine, Willard Van Orman (1960), *Word and object*, Cambridge, Mass., The Technology Press of the MIT.
Quine, W. V. (1970), *Philosophy of logic*, Englewood Cliffs, N. J., Prentice-Hall.

CAPÍTULO 5

Bunge, Mario (1971), "A mathematical theory of the dimensions and units of physical quantities", en M. Bunge (comp.), *Problems in the foundations of physics*, Berlín-Heidelberg-Nueva York, Springer-Verlag.
——— (1974a), *Sense and reference*, Dordrecht-Boston, D. Reidel Publ. Co.
——— (1974b), *Interpretation and truth*, Dordrecht-Boston, D. Reidel Publ. Co.
——— (1978), *Filosofía de la física*, Ariel, Barcelona.

CAPÍTULO 6

Bunge, Mario (1967a), *Foundations of physics*, Berlín Heidelberg-Nueva York, Springer-Verlag.
——— (1967b), "A ghost-free axiomatization of quantum mechanics", en M. Bunge (comp.), *Quantum theory and reality*, Berlín Heidelberg-Nueva York, Springer-Verlag.
——— (1977), "The interpretation of Heisenberg's inequalities", en H. Pfeiffer (comp.), *Denken und umdenken: Zu Werk und Wirkung von Werner Heisenberg*, Munich-Zurich, Piper and Co.

CAPÍTULO 7

Bunge, Mario (1977a), *The furniture of the world*, Dordrecht-Boston, D. Reidel
    Publ. Co.
——— (1977b), "General systems and holism", en *General Systems*, XXII, 87.
——— (1979), *A world of systems*, Dordrecht-Boston, D. Reidel Publ. Co.
Jacob, François (1970), *La logique du vivant*, París, Gallimard.
Lehninger, Albert L. (1975), *Biochemistry*, 2ª ed., Nueva York, Worth Publ. Inc.
Lwoff, Andre (1962), *Biological order*, Cambridge, Mass, MIT.
Monod, Jacques (1970), *Le hasard et la nécessité*, París, Ed. du Seuil.
Watson, James (1976), *Molecular biology of the gene*, 3ª ed., Menlo Park, Cal.,
    W. A. Benjamin, Inc.

CAPÍTULO 8

Ayala, F. J. y T. Dobzhansky (comps.) (1974), *Studies in the philosophy of biol-
    ogy*, Berkeley, University of California Press.
Bunge, Mario (1973), *Method, model and matter*, Dordrecht-Boston, D. Reidel
    Publ. Co.
——— (1977a), "Emergence and the mind", en *Neuroscience*, 2, pp. 501-509.
——— (1977b), "Levels and reduction", en *American Journal of Physiology*, 3,
    R75-R82.
——— (1979), *A world of systems*, Dordrecht-Boston, D. Reidel Publ. Co.
Grene, M.y E. Mendelsohn (comps.), 1976, *Topics in the philosophy of biology*,
    Dordrecht-Boston, D. Reidel Pibl. Co.
Hull, D. (1974), *Philosophy of biological science*, Englewood Cliffs, N. J, Pren-
    tice-Hall.
Jacob, F. (1970), *La logique du vivant*, París, Gallimard.
Koestler, A. y J. R. Smythies (comps.) (1969), *Beyond reductionism*, Boston,
    Beacon Press.
Mahner, Martin y Mario Bunge (1997), *Foundations of biophilosophy*, Berlín-
    Heidelberg-Nueva York, Springer.
Monod, J. (1970), *Le hasard et la nécesité*, París, Ed. du Seuil.
Rensch, B. (1971), *Biophilosophy*, Nueva York, Columbia University Press.
Ruse, M. (1973), *The philosophy of biology*, Londres, Hutchinson University
    Library.
——— (1988), *Philosophy of biology today*, Albany, Nueva York, State University
    Press.
Sober, E. (1993), *Philosophy of biology*, Boulder CO, Westview Press.

CAPÍTULO 9

Bunge, Mario (1969), *La investigación científica*, Ariel, Barcelona.
————— (1985), *El problema mente-cerebro*, Madrid, Tecnos.
————— y Rubén Ardila (1988), *Filosofía de la psicología*, Barcelona, Ariel.
————— (1990a) What kind of discipline is psychology?, *New Ideas in Psychology*, 8:121-137.
————— (1990b), The nature and place of psychology, *New Ideas in Psychology*, 8: 176-188.
Doty, Robert W. (1965), "Philosophy and the brain", en *Perspectives in Biology and Medicine*, IX, pp. 23-34.
Hebb, Donald O. (1966), *A textbook of psychology*, Philadelphia, W. B. Saunders Co.
Popper, Karl R. y John C. Eccles (1977), *The self and its brain*, Nueva York, Springer International.

CAPÍTULO 10

Bindra, Dalbir (1976), *A theory of intelligent behavior*, Nueva York, Wiley.
Bunge, Mario (1969), *La investigación científica*, Ariel, Barcelona.
————— (1977), "Emergence and the mind", en *Neuroscience*, 2, pp. 501-509.
————— (1985), *El problema mente-cerebro*, Madrid, Tecnos.
————— y Rubén Ardila (1988), *Filosofía de la psicología*, Barcelona, Ariel.
Fernández Guardiola, Augusto (1979), *La conciencia*, México, Trillas.
Hebb, Donald O. (1966), *A textbook of psychology*, Philadelphia, W. B. Saunders Co.
————— (1980), *Essay on mind*, Hillsdale, N.J., Lawrence Erlbaum.
Thompson, Richard F. (1975), *Introduction to physiological psychology*, Nueva York, Harper & Row, Publ.

CAPÍTULO 11

Bonner, John Tyler (1975), Reseña de *Sociobiology*, de E. O. Wilson, *Scientific American*, octubre.
Boudon, Raymond (1979), *La logique du social*, París, Hachette.
————— y Francois Bourricaud (1986), *Dictionnaire de sociologie*, París, Presses Universitaires de France.
Bunge, Mario (1975), "A critical examination of dialectics", en *Dialectics/Dialectique*, Ch. Perelman (comp.), comentario de I. Narsky, "Bemerkungen uber den Vortrag von Prof. Bunge", La Haya, Nijhoff.
————— (1997), *La causalidad*, Buenos Aires, Sudamericana.

———— (1998), *Encontrando filosofía en las ciencias sociales*, México, Siglo XXI.
González Casanova, Pablo (1969), *Sociología de la explotación*, México, Siglo
   XXI.
Smelser, Neil J. (comp.) (1988), *Handbook of Sociology*, Newbury Park CA, Sage.
Solari, Aldo, Rolando Franco y Joel Jutkowitz (1976), *Teoría, acción social y desa-
   rrollo en América Latina*, México, Siglo XXI.

CAPÍTULO 12

Alker, H. R. Jr., K. W. Deutsch y A. H. Stoetzel (comps.) (1973), *Mathematical
   approaches to politics*, San Francisco, Jossey-Bass Inc., Publ.
Boudon, Raymond (1967), *L'analyse mathématique des faits sociaux*, París, Plon.
———— (1979), *La logique du social*, París, Hachette.
Bunge, Mario (1974), "The concept of social structure", en *Developments in meth-
   odology of sociat science*, W. Leinfellner y E. Kohler (comps.), Dordrecht-
   Boston, D. Reidel Publ. Co.
———— (1979), *A world of systems*, Dordrecht-Boston, D. Reidel Publ. Co.
———— (1995), Sistemas sociales y filosofía, Buenos Aires, Sudamericana.
———— (1998), Encontrando filosofía en las ciencias sociales, México, Siglo XXI.
———— (1998), *Social science under debate*, Toronto, University of Toronto Press.
Coleman, James S. (1990), *Foundations of social theory*, Cambridge, Mass.,
   Harvard University Press.
Fararo, Thomas (1973), *Mathematical sociology*, Nueva York, John Wiley & Sons.
Homans, George C. (1974), *Social behavior: its elementary forms*, ed. revisada,
   Nueva York, Harcourt Brace Jovanovich Inc.
O'Neill, John (comp.) (1973), *Modes of individualism and collectivism*, Londres,
   Heinemann.
Popper, Karl R. (1974), "Autobiography", en *The philosophy of Karl Popper*, vol.
   I, P. A. Schilpp (comp.), La Salle, Ill., Open Court.
Ziegler, R. (1972), *Theorie und modell*, Múnich, Oldenbourg.

CAPÍTULO 13

Agassi, Joseph (1975), *Science in flux*, Boston, D. Reidel Publ. Co.
———— (1985), *Technology. Philosophical and social aspects*, Dordrecht-Boston,
   D. Reidel Publ. Co.
Bugliarello, George y Dean B. Doner (comps.) (1979), *The history and philosophy
   of technology*, Urbana, University of Illinois Press.

252

Bunge, Mario (1977a), "The GST challenge to the classical philosophies of science", en *International Journal of General Systems*, núm. 4, pp. 29-37.
——— (1977b), "Towards a technoethics", en *The Monist*, núm. 60, pp. 96-107.
——— (1977c), "The philosophical richness of technology", en *Proceedings of the 1976 Biennial Meeting of the Philosophy of Science Association*, vol. 2, F. Suppe y P.D. Asquith (comps.), East Lansing, Mich., Philosophy of Science Association.
Mitcham, Carl (1994), *Thinking through technology. The path between engineering and philosophy*, Chicago, University of Chicago Press.
——— y Robert Mackey, compiladores (1972), *Philosophy and technology*, Nueva York, The Free Press.
——— y Robert Mackey (1973), *Bibliography of the philosophy of technology*, Chicago, University of Chicago Press.
Susskind, Charles (1973), *Understanding technology*, Baltimore, The Johns Hopkins University Press.

CAPÍTULO 15

Bunge, Mario (1977), "Tres políticas de desarrollo científico y una sola eficaz", *Interciencia*, 2:76-80.
——— (1997), *Ciencia, técnica y desarrollo*, Buenos Aires, Sudamericana.
Roche, Marcel (1968), *¿La ciencia entre nosotros?*, Caracas, Ediciones IVIC.